本书由
湖北省教育厅科学技术研究项目
湖北省资源枯竭城市转型与发展研究中心
湖北师范学院学术著作出版基金
湖北师范学院应用经济学省级重点学科
共同资助出版

邓光君 著

中国资源再生产业发展

——理论、政策及实践研究

Zhongguo Ziyuan Zaisheng Chanye Fazhan

——Lilun、 Zhengce Ji Shijian Yanjiu

中国社会科学出版社

图书在版编目(CIP)数据

中国资源再生产业发展：理论、政策及实践研究／邓光君著. —北京：中国社会科学出版社，2015.5

ISBN 978-7-5161-6233-0

Ⅰ.①中… Ⅱ.①邓… Ⅲ.①再生资源行业—产业发展—研究—中国 Ⅳ.①F259.23

中国版本图书馆 CIP 数据核字（2015）第 123589 号

出 版 人　赵剑英
责任编辑　郭　鹏
责任校对　艳　萍
责任印制　李寡寡

出　　版　中国社会科学出版社
社　　址　北京鼓楼西大街甲 158 号
邮　　编　100720
网　　址　http：//www.csspw.cn
发 行 部　010-84083685
门 市 部　010-84029450
经　　销　新华书店及其他书店

印刷装订　北京君升印刷有限公司
版　　次　2015 年 5 月第 1 版
印　　次　2015 年 5 月第 1 次印刷

开　　本　710×1000　1/16
印　　张　15.75
插　　页　2
字　　数　266 千字
定　　价　56.00 元

凡购买中国社会科学出版社图书，如有质量问题请与本社联系调换
电话：010-84083683

前　言

自然资源（尤其是矿产资源）是社会存在与发展永不可缺的必需品，是国民经济发展的基石。中国自然资源禀赋较差，人均占有量少，45 种主要矿产资源中，有 19 种已出现不同程度的短缺，其中 11 种国民经济支柱性矿产缺口尤为突出；重要资源自给能力不足，石油、铁矿石、铜等对外依存度逐年提高。经济社会发展面临的资源约束矛盾日益明显，已经严重影响到中国经济社会的可持续发展。资源综合利用和资源的再生利用是解决可持续发展道路中合理利用资源和减轻环境污染两个核心问题的有效途径，既有利于缓解资源匮乏和短缺问题，又有利于减少废物排放。资源再生产业作为发展循环经济的重要载体和有效支撑，是战略性新兴产业的重要组成部分，具有广阔的发展前景，有利于加快构建资源节约、环境友好的生产方式和消费模式，增强可持续发展能力。

有关研究表明，目前世界上 80% 以上的可开采金属矿产资源已变成各类产品和废物，每年生产的产品有 70% 变成废旧物资，而据测算，每回收利用 1 万吨废钢铁，可出钢 8500 吨，节约成品铁矿石 2 万吨，节能 0.4 万吨标准煤，少产生 1.2 万吨矿渣；每利用 1 万吨废纸，可生产纸浆 8000 吨，节约木材 3 万立方米，节约能源 1.0 万吨标准煤，节水 100 万立方米，节电 600 万千瓦时。可见发展资源再生产业不仅仅对缓解资源短缺、维护可持续发展的国家资源安全战略体系具有重要的战略意义，而且对减排温室气体、降低碳排放、维系经济与环境的协调发展也具有不可忽视的重要意义。

有关数据显示，全世界再生资源产业的产值可以达到每年 6000 亿美元，其中美国达到 1100 亿美元，日本 350 亿美元，而中国仅为 200 亿美元。与此同时每年可以回收利用但是没有回收利用的再生资源价值达 350 亿—400 亿美元，如何将这些庞大的资源迅速转化为市场需求的资源，为其构筑一条高效的转化渠道是一个亟待解决的问题。这既反映了中国与发达国家的差距，也显示出中国资源再生产业发展的巨大空间。

改革开放以来，中国资源再生产业规模逐步扩大，部分区域性的集散市场正在初步形成，已取得一定的经济和社会效益。据有关研究，“十一五”期间我国回收再生资源总量约 4 亿吨，年均回收量约 8000 万吨，年均增长率在 12% 以上，对于提高中国资源利用效率，减轻资源约束和环境污染压力，对于提供就业机会，推进资源节约型和环境友好型社会的建设，均产生了积极影响。然而从产业发展状况来看，虽然中国资源再生产业发展取得了一定成绩，但仍然存着在包括产业链脆弱、体系不健全、经营欠规范、技术较落后等诸多问题，而且相比较西方发达国家卓有成效的资源再生产业实践，还有不小的差距。《十二五规划纲要》指出：“十二五”期间要加快资源循环利用产业发展，加强矿产资源综合利用，鼓励产业废物循环利用，完善再生资源回收体系和垃圾分类回收制度，推进资源再生利用产业化。借鉴发达国家经验，构建一个高效率的产业发展模式，推进我国资源再生产业又快又好的发展，已经成为当前产业发展的重要课题。

胡锦涛总书记在“十七大”报告中指出：“坚持节约资源和保护环境的基本国策，关系人民群众切身利益和中华民族生存发展，必须把建设资源节约型、环境友好型社会放在工业化、现代化发展战略的突出位置，落实到每个单位、每个家庭。”而再生资源产业与资源节约和环境保护都有着天然的、密切的关系，是节约资源、保护环境的支柱型产业之一，因此在当前形势下进行资源再生产业研究具有相当的理论意义、现实意义。党的十八大报告中，五次提到了循环经济和资源利用问题，指出：“建设生态文明，是关系人民福祉、关乎民族未来的长远大计。努力建设魅力中国，实现中华民族的永续发展。”中国要发展“循环经济，促进生产、流通、消费过程的减量化、再利用、资源化”。

在上述的背景下，本书基于循环经济理论，对资源再生产业发展的理论、政策及实践应用几个方面进行系统的总结与研究，试图为完善中国资源再生产业发展模式、全面推进资源再生产的宏伟事业、促进中国的循环经济发展，总结经验、提供参考。

全书分为以下几个部分：第一部分为理论研究篇，归纳和总结了中国国内外在再生资源、循环经济、“城市矿产”、静脉产业、资源再生产业等领域的重要研究成果和相关理论，从国外的生产者责任延伸制度、商业生态学到国内的资源综合利用论，从商品生态学、循环经济以及产业链角度来探讨资源再生及资源再生产业发展的本质问题；第二部分为回顾展望篇，重点对“十一五”以来的中国循环经济发展状况、循环经济政策体系建设、再生资源循环经济产业化发展的进展以及“十二五”循环经济发展趋势、再生资源回收行业发展趋势等进行回顾、展望，并深度解读；第三部分为探索实践篇，从发达国家在循环经济、“城市矿产”开发、资源再生产业发展方面的先进经验入手，对循环经济、资源再生产业发展较好的美国、德国、日本、瑞典等发达国家在资源再生体系建设方面的实践进行详细综述；总结了中国在“城市矿产”、循环经济、资源再生领域的发展现状及所做出的努力与尝试，并对我国发展循环经济的试点省市、地区的循环经济、“城市矿产”开发进行总结与分析；第四部分为综合案例篇，以专题案例的形式对河北邱县工农业复合循环经济园区、日照钢铁循环经济联合体、广西河池市有色金属尾矿无害化及综合利用、山西百成新能源有限公司电动汽车等发展循环经济、发展资源再生产业的典型做法和经验进行深度解读。

本书研究的目的旨在为中国发展资源再生产业、发展循环经济，尤其是促进资源型城市的转型研究提供一个理论研究和实践探索的可行思路。由于作者水平有限，加上时间与条件限制，部分基础研究工作只能浅尝辄止，书中所探讨的问题及论述分析必然会存在一些偏差甚至错误，欢迎国内外同行专家与学者给予宝贵的意见和建议。

邓光君

2014 年 8 月 16 日

目　　录

第一篇　理论研究篇

第二篇　回顾展望篇

第三篇 探索实践篇

第四篇 综合案例篇

第 一 篇

理论研究篇

第一章　再生资源

第一节　资源与再生的讨论①

一　资源的概念与分类

资源是一个庞大宽泛的集合名词，对其概念的理解分歧较大，见仁见智。如有“广义资源”和“狭义资源”的区分，也有“自然资源”、“社会资源”和“知识资源”之说，还有“硬资源”和“软资源”等。究其原因，是因为资源的概念范畴随着人类社会进步而不断演化。正如成升魁（1998）所说：一部人类社会发展史，就是人类不断认识资源、萃取资源的历史，人类社会的每一重大进步，都仅仅伴随着对资源的认识、开发和利用的革命性变化。因此，对资源概念的梳理，必须要从人类社会发展的历史范畴来进行审视。

《辞海》中收录的资源定义为“资财之源，一般指天然的财源”。《英国大百科全书》中将资源定义为：人类可以利用的自然生成物以及生成这些成分的环境功能。前者包括土地、水、大气、岩石、矿物及其森林、草地、矿产和海洋等，后者则指太阳能、生态系统的环境机能、地球物理化学的循环机能等。这两个权威的定义代表了人类历史很长一段时间对资源的认识：资源即自然资源。在20世纪之前漫长的人类历史进程中，自然资源始终是人类认识资源的焦点：从原始社会钻木取火、刀耕火种，到青铜器时代、铁器时代对矿产资源的开发利用，再到工业社会初期对石油、煤开采使用，人类社会的进步和科学技术的发展始终推动着自然资源

① 郭庭政：《我国资源再生产业集群化及影响因素研究》，大连理工大学博士学位论文，2009年。

范畴的扩展。而进入20世纪以来，随着工业化革命在全球的迅速推进，新兴技术的不断应用，人类进入了前所未有的大发展时代。在这一过程中，也使人类对资源的认识不能仅仅狭义地局限在自然资源上，因为人们发现"知识资源"、"信息资源"、"人力资源"、"财力资源"等非物质形式的资源，对人类开发利用自然资源，起着越来越重要的作用。与此同时，反映人类精神文明进步的"旅游资源"、"文化资源"等新内涵形式也被赋予资源的概念。人类对资源的这些新的理解和认识，极大地丰富了资源的内涵，也扩充了资源概念的范畴。

通过对资源概念演进的简单回顾，我们可以发现人类对资源的认识大体上可以分为两个阶段，第一阶段即以自然资源为主的物质形态的资源，第二阶段即以知识资源等为代表的非物质资源。本书所讨论的是资源再生问题，其研究对象显然是以自然资源为主的物质形态的资源范畴，故需要聚焦自然资源这一概念。

对自然资源最有代表性的定义是联合国环境规划署（UNEP）提出的："所谓自然资源，是指在一定时间、地点的条件下能够产生经济价值的、以提高人类当前和将来福利的自然环境因素和条件的总称。"尽管目前学术界对自然资源这个概念虽然表述不尽相同，但是都具有这样几个组成要素，即自然性、有用性、可用性、物质和能量，但自然资源并非必然有限性的。因为自然资源有耗竭性资源和非耗竭性资源之分：耗竭性自然资源，也称有限性自然资源，它是指该种资源的存量会随着时间的推移而日渐减少，直至枯竭。而非耗竭性自然资源，也称无限性自然资源，它是指自然界生成的数量丰富而稳定，并且几乎不会因为人类社会经济活动对其的利用而导致枯竭的资源。在经济学中，这类资源被称为"自由物品"或"无价物品"，一般被排除在经济学研究的视野之外。因此，我们可以进一步聚焦到耗竭性自然资源。

而耗竭性资源根据其形成过程的内生性，可以分为可再生资源和不可再生资源两类：可再生资源指在自然条件下自身可以通过繁殖、生长而实现自我更新替代的资源；不可再生资源是本身没有自我循环生长能力，随着人类的使用而日渐消耗减少直至枯竭的资源。另外，耗竭性资源根据其使用过程和使用后能否被回收循环利用，还可以分为可循环利用资源和不可循环利用资源。

从自然资源的分类我们可以发现：对于不可循环利用的耗竭性资

源，我们只能接受这种“沉没成本”；对于不可再生可循环利用的资源，毫无疑问是本书的研究重点，而可再生可循环利用的资源，由于其具有耗竭的属性，一旦人类对它的利用程度超过了其再生速度、规模及其维持正常再生过程的必要环境条件，它也会枯竭，因此同样也是本书的研究对象。

二　再生的内涵与梯度

“再生”同样也是一个比较宽泛的概念，根据再生的对象不同而内涵不同。前面我们已经初步确定研究对象是可循环利用的耗竭性自然资源，因此可以大大缩小“再生”的范畴。即便如此，在“资源再生”这个领域里，国内外的许多文章、报告中对“再生”概念的理解和使用仍然比较模糊，如“再生资源”、“可再生资源”、“再生金属”、“再生能源”等，对应国外的用法如“generation”，“Recovery”，“Recycling”等，究其原因是对“再生”概念内涵的混淆。

首先，“再生”既可以是内生性的再生，也可以是外生性的再生。内生性的再生过程是自身主动行为，如动植物资源的再生；而外生性的再生过程则是受外在因素的作用下的被动行为，如金属矿产资源的再生。对于可循环利用的耗竭性资源，其再生的内涵显然指外生性的再生，目前在这个角度国内外文献中的争议不多。

其次，根据热力学第一定律，再生过程有能量损失，从这个角度看再生有梯度之分。再生梯度来源于美国环保局（USEPA）在固体废物管理计划（Solid Waste Management Program）中提出的固体废物管理层级（Solid Waste Management Hierarchy）概念，按照能量损失由少到多将固体废物管理分为重用、再循环利用、焚烧转化能力和填埋焚烧（废能量转化）四个层级。而后欧盟 WEEE 指令中给出了报废家电明确再生优先顺序及其定义：重用（Reuse）>再循环利用（Recycling）>能量转化（Recovery）。可以看出，再生分为三个梯度：一是重用（Reuse），指产品的原有功能和使用价值部分损失，但仍能够继续使用，或者经过修复之后仍能够恢复其原来功能和使用价值，这是最高等级的再生，其过程能量的损耗最小。最典型的案例如啤酒瓶的回用，此外再制造（Remanufacture）也是这个再生等级很重要的方式；二是再循环和（Recycling），指产品已经失去原有功能和使用价值，必须经过重新加工用于其他用途或还原为原材料，但不包括以焚烧方式获得热量的用途，这是中间等级的再生，也是涵盖领域最广的；三是能量转化（Recovery），指完全失去原有功能，也不能循环使用，只能通过焚烧获取热能的转换，这是最低等级的再生。

尽管在理论上可以将再生分为多个梯度，但是在实际应用中，我们发现这三个梯度之间并没有严格的界限，因此才出现很多概念混淆的问题。比如，最常见的争议是关于焚烧和填埋是否划为再生的范畴问题，我们认为从再生的本质看，无论是哪个等级的再生过程，其核心目的是实现对耗竭性资源的循环利用，而不是将其作为废弃物排放在自然环境中，因此，如果以能量转化为目的的焚烧和用以堆肥的填埋，对社会经济系统仍然是有价值反馈，属于再生范畴，而单纯意义上的焚烧和填埋处置，没给社会经济系统有价值反馈，而是完全给自然生态系统增加的一种负荷，则不属于再生范畴。

按照这样的思路，在以上对再生概念内涵的比较分析基础上，本书重新界定“再生”的概念：再生指部分或全部失去原有功能和使用价值的产品，对其恢复原有功能或获得新使用价值的过程，它包括重用（Reuse）、再循环利用（Recycling）和能量转化（Recovery）三种方式。由于这三种方式中再循环利用（Recycling）是涵盖领域最广的再生方式，因此当前大多文献在英文中比较认可的用再循环利用（Recycling）来对应“再生”的概念。

三　资源再生的主体

讨论资源再生的主体，即需要给资源前加个定语，回答要再生的是什么资源。通过前文对资源和再生两个概念讨论之后，我们已经将资源的范畴缩小为可循环利用的耗竭性资源，但这只是从资源的根本属性角度出发的界定，而在经济系统中，这些可循环利用的耗竭性资源以各种形态赋存，所以也导致了对资源再生的主体有很多相近的概念。

国外在资源再生领域使用的概念比较权威的表述主要有两类，其一是美国环保局（USEPA）提出的城市固体废物（MSW），是指居民家庭、商业、工业或农业活动中产生的任何垃圾和废物，其形态不仅包括固体，还包括半固体、液体以及气体。从定义可以看出，虽然城市固体废物（MSW）从用词上似乎只是城市产生的固体废物，但从美国环保局（USEPA）对其定义上看出它与广义的废物 Waste 是一致，所以在很多文献中常用 Waste 来表示 MSW，而其他概念如 Trash，Garbage，Refuse，Residual 等都是在 MSW 概念范畴下。其二是美国废料再生工业协会（ISRI）使用的废物料（Scrap）的概念，在美国废料再生工业协会（ISRI）的观点认为：废物料不是废物，Scrap 是 MSW 中分离出来的能够再生循环利用的具有可交易性的商品，而不是只能填埋或焚烧处置的废物。显然由于这两个权威机构所站的角度不同而导致对概念认识的分歧，美国环保局（USEPA）是从生命周期的角度认为，人类经济活动中的所有产品在其生命周期末，都以废物形式排入环境，尽管采取的再生、填埋、焚烧无外乎都是为了减少环境负荷而已，因此其定义范围非常宽泛；而美国废料再生工业协会（ISRI）则是站在物料的内在使用价值角度，认为尽管都是废物，但是有些可循环再生的废物，经过再生加工可以成为制造业所使用的原材料，这些废物是具有使用价值的，是废物料（Scrap），而对于那些不能循环再生的废物，只能进行填埋或焚烧处置的废物（Waste），不具有使用价值，则不在他们的研究范畴。所以，美国废料再生工业协会（ISRI）的“废物料”的概念与我们这里资源再生的主体比较接近，但是美国废料再生工业协会（ISRI）将填埋和焚烧排除在概念范畴之外并不恰当，他仅仅把填埋和焚烧看成是经济系统的“沉没成本”，但忽略了这些废物中蕴含的能量，通过能量转化（Recovery）仍可以反馈给经济系统，比如堆肥、制沼气、焚烧发电等技术都已经成功应用，因此，这类废物（Waste）仍然属于废物料（Scrap）。

国内比较有代表性的概念有三：“废弃物品”、“废旧物资”、“再生资源”。

“废弃物品”最早来源于 1958 年《国务院关于加强对废弃物品收购和利用工作的指示》，文中正式使用了“废弃物品”这一名词。如果说资源再生的主体是废弃物品，显然过于宽泛，因为尽管从人类历史不断发展的角度来看，任何废弃物品最终都可能成为有用之物，但在一定的技术条件下，并非所有的废弃物品都能够成为有用之物，有一些充其量只是潜在的有用之物。

“废旧物资”是继“废弃物品”之后出现的说法，可以理解为“废物资”和“旧物资”的集合。对于“废物资”，这种表述严格说有自相矛盾之嫌，因为“物资”一词本身是指生产和生活上所需要的物质资料，隐含着有用性和可用性之意，再与“废”搭配一起，似乎难以解释；至于

“旧物资”，包括两类情形：其一存放时间较长的“积压物资”，仍在其基本用途范围之内，与再生无必然联系；其二是“二手货”、“旧货”，通过物权转让继续使用，也谈不上再生。所以，“废旧物资”作为资源再生的主体也不恰当。

而“再生资源”这一概念则比较新，1987 年中国国家经济委员会等联合发布《关于进一步开发利用再生资源若干问题的通知》中首次提出的，商务部颁布的《再生资源回收管理办法》中，对再生资源给出了明确的定义，是指在生产和生活消费中产生的，不再具有原来使用价值，但经过回收、分类和加工处理，能够获得新的使用价值的各种废物。如报废交通工具、废旧电子电器产品、废纸废塑料、废轮胎废橡胶等，均是再生资源。

通过以上对中国国内资源再生主体相关概念的述评可以发现，由于从经济系统中产生的废物种类繁多，形态各异，从不同的视角提出的概念侧重点也各不相同：从在社会经济系统中被使用过、失去原有用途的角度看可以是废物（Waste）、废物料（Scrap）、废弃物品或废旧物资等，它是作为再生加工系统的原材料投入；而从经过再生加工后还可以重新投入社会经济系统的角度看是再生资源，再生资源概念与自然生态系统的原生资源概念相呼应。实际上，再生加工系统并非独立于社会经济系统之外，而是其中的一部分，显然再生资源更能体现这种系统内部自循环的含义。此外，还需要特别指出的是，从社会经济系统以废物料流出后，到以原材料再反馈流入社会经济系统之前的所有物质形态都用再生资源概念来表示，既包含未进入再生加工系统加工前的各种废物料形态，也包括经过再生加工之后可以用于经济系统使用的原材料形态，在当前更多的把再生资源理解成为后一种形态，如“再生金属”、“再生塑料”、“再生纸”等，但这种顾名思义的习惯用法并非代表再生资源概念的全部。综上分析，“再生资源”作为资源再生的主体应该是最为恰当的，但对于其概念目前还没有比较统一完整的界定，需要进一步完善。

国内学者对再生资源概念也进行了辨析和界定。吴解生（2002）在比较分析了现有相关定义的基础上，将经济和技术可行性纳入衡量因素，将再生资源定义为那些曾经被制成某种物品，但在物品已经失去其使用价值或由于种种原因不再被用于原有用途的情况下，可以在不仅具有技术可能性，而且具有经济可行性的基础上被再次用于相同途径或其他途径的物质或物品。但是由于他将再生资源只限定为“曾经被制成某种物品”，而将那些已进入人类生产系统但未被使用过的物质，如某些共生半生矿、工业边角料和“三废”等排除在再生资源范畴之内，因此仍不够完整。朱海伦（2005）对再生资源概念现有观点进行了讨论，考虑了资源的产权属性和无害化利用问题，提出再生资源是具有明确产权所有人，一切人类活动过程中产生的不具有原有使用价值而以各种形态赋存，但在一定的经济技术条件下可以无害利用的，使其获得有效用使用价值的各种物料的总称。然而，这一定义却忽略了再生资源准公共物品的特征，将再生资源限定为“具有明确的所有权人”，例如垃圾堆中的废瓶、废纸等，并无所有权人，但仍然是再生资源，所以仍略有不足。

基于以上对再生资源概念的讨论，结合前文对“再生”内涵的分析，得到本书对再生资源的界定：再生资源，指在一切人类活动过程中产生的，部分或全部失去原有功能或使用价值，但在一定的经济技术可行条件下，能够使其恢复原有功能或获得新使用价值的各种物料的总称。至此，可以提出本书资源再生主体即为符合这一概念界定的再生资源，也就是说，所谓资源再生问题，即为再生资源的再生问题。

第二节　资源再生产业的界定

产业（Industry）的概念最早是作为产业经济学的研究对象而被提出的，是指国民经济中以社会分工为基础，在产品和劳务的生产和经营上具有某些相同特征的企业或单位及其活动的集合。在国民经济中，从各类物质生产部门到提供各种服务的各行各业，都可以称之为产业。产业既不是微观经济的概念，也不是宏观经济的范畴，而是介于二者之间的中观经济概念。微观企业的集合构成产业，产业是国民经济的组成部分，产业的集合与消费者和政府的经济活动构成国民经济。因此，可以看出产业概念的核心要素是具有某些相同特征企业的集合，而目前对于从事“资源再生”的企业集合，国内外学者和研究机构还没有形成权威的定义。

一　相关定义回顾

欧盟环境署（EEA）、荷兰环境评价所（EAA）、加拿大国家资源（NRCAN）等官方机构通常用“Recycling Industry”表示资源再生产业，而美国废料再生工业协会（ISRI）使用“Scrap Recycling Industry”，虽然这些官方机构或权威组织使用的概念表示基本一致，但并没有从产业角度系统界定这一概念，而是大都集中在对“再生”内涵的界定上，因为“再生”直接决定了哪些是资源再生产业的范畴，哪些不是。不同的废弃物形态、不同的分类方式以及不同的再生选择，导致每个学者或组织机构在研究这一问题时，都从各自的研究目的出发，对“再生”进行界定。

日本学者则最早使用静脉产业（Venous Industry）一词来形象地描述“资源再生”企业集合，他们认为：在循环经济体系中，根据物质流向的不同，可以分为两个不同的过程：从原料开采到生产、流通、消费的过程和从生产或消费后的废弃物排放到废弃物的收集运输、分解分类、资源化或最终废弃处置的过程。仿照生物体内血液循环的概念，前者可以称为动脉过程，后者称为静脉过程。相应地，承担动脉过程的产业称为动脉产业，承担静脉过程的产业称为静脉产业。

而在国内，主要有资源再生产业、再生资源产业、静脉产业三种称谓。

资源再生产业和再生资源产业，只是汉语语法上的表述不同而已，“再生资源”产业是一种常用的名词作定语的用法，而“资源再生”产业是一种典型的动宾短语作定语的用法。吴解生（2002）将再生资源产业界定为专门或主要从事再生资源流通（即收购与销售作为各种再生资源赋存形式的物品）与加工利用（即以再生资源为原料生产制造各种成品、半成品并加以销售）以及与其相关的科技开发、信息服务和设备制造等经济活动的集合。周宏春（2008）则指出资源再生企业包括从事再生资源回收经营的流通企业、以再生资源为原料的加工利用企业、再生资源加工利用的机械制造企业、再生资源市场交易组织、科研及信息等服务性企业。可以看出，二者在内涵上并无本质差异。

而静脉产业的用法则来源于日本，原中国国家环境保护总局在2006年6月2日发布实施的《静脉产业类生态工业园区标准》中对静脉产业的定义是：静脉产业（资源再生利用产业）是以保障环境安全为前提，以节约资源、保护环境为目的，运用先进的技术，将生产和消费过程中产生的废物转化为可重新利用的资源和产品，实现各类废物的再利用和资源化的产业。

二　产业结构与内涵解析

从吴解生和周宏春两位学者对资源再生产业的定义，可以清楚地勾画出资源再生产业链，构建资源再生产业结构框架，资源再生产业结构按照物质流的方向分布，将赋存于社会经济系统中的再生资源，经过回收系统流入再生环节进行价值恢复，又重新回到社会经济系统，并且与其他产业一样，所以产业活动也必须是在相关辅助行业的支撑下完成的。

从产业结构的层次来看，产业链上的分工清晰地体现了再生的梯度。二手市场和再制造企业对应的是重用（Reuse）梯度，再生加工企业体现的是再循环利用（Recycle）梯度，而焚烧、堆肥等处置企业则代表的是能量转化（Recovery）梯度。再生资源在各个层次内和层次间的物质流纵横交错，表明各类企业间联系密切，形成了复杂的产业结构网络。

从再生资源的回收价值属性，资源再生产业有广义和狭义之分。社会经济系统产生的再生资源来源可以分为两大类，一类是来源于居民消费领域，如报废产品、生活垃圾等；另一类是来源于工业生产活动领域，如加工废料、工业“三废”等。这些再生资源的回收价值差异很大：居民消费领域的报废产品和工业生产过程的加工废料，具有较高的回收价值，在经济效益驱动下，企业会主动从事回收再生加工活动，这也是通常意义上的资源再生产业，即狭义资源再生产业；而对于居民生活垃圾、工业“三废”等这类再生资源，如果通过焚烧、堆肥等处置方式，不但可以以能量恢复的方式反馈给社会经济系统，还可以大大降低环境负荷，具有明显的环境绩效，但由于再生价值较低，这类生产活动由政府承担或企业被动完成，通常被称为“环卫工程”和“环保产业”，但仍属资源再生产业范畴，因此，将其与狭义资源再生产业一起构成广义资源再生产业的概念。

三　资源再生产业概念界定

通过以上对国内外资源再生产业相关定义的回顾，可以发现：从传统经济模式的视角看，资源再生产业同属制造业范畴，这个产业以再生资源作为其生产的原料，经过产业的生产活动为社会经济系统提供产品和服务，在中国《国民经济分类标准》（GB/T4754—2002）中，资源再生产业与两位数产业“废弃资源和废旧材料回收加工业”相对应，被划分在制造业分类下，因此，当前大多数文献对该产业的定义也都从产业链和产业结构角度描述其制造业特征；但从循环经济模式的视角看，资源再生产业作为构成物质闭环流动型经济的唯一逆向物流产业，扮演着“分解者”的角色，因此“静脉产业”的概念更形象地表达了新经济模式下资源再生产业的重要意义。

第二章　循环经济

第一节　循环经济理论的产生

循环经济是20世纪90年代以后，发达国家实行可持续发展战略中形成的一种经济模式，这种经济模式以一种新的发展思维实现了巨大的经济效益、生态效益和社会效益。循环经济是一种物质闭环流动型经济，以物质、能量梯次和闭环循环使用为特征，具有“资源—产品—再生资源—产品”的反馈式流动，表现为所有的物质和能源在不断循环中得到合理持久利用，节约资源，减少污染，减少对环境的危害。它本质是一种生态经济。循环经济是在物质不断循环利用基础上的一种符合可持续发展战略的一种全新发展模式。作为经济发展理论的重要突破，循环经济克服了传统经济理论人为割裂经济与环境系统的弊端，要求以环境友好的方式利用自然资源和环境容量，实现经济活动的生态化转向，实现可持续的生产和消费。

循环经济思想萌芽于20世纪60年代，源于美国经济学家鲍尔丁提出的“宇宙飞船理论”和美国生物学家卡逊出版《寂静的春天》一书关于农药破坏食物链和生物链的批判。到了70年代，两次世界性能源危机的发生，引发人们对经济增长方式的深刻反思。1972年，罗马俱乐部在《增长的极限》报告中首次向世界发出资源消耗与增长极限的警告，并倡导“零增长”；20世纪80年代，人们开始探索可持续发展道路，1987年，挪威首相布伦特夫人在《我们共同的未来》的报告里首次提出可持续发展理念；1989年，美国福罗什在《加工业的战略》一文中，首次提出工业生态学概念；1992年，联合国世界环境与发展大会通过了《里约宣言》和《21世纪议程》，正式提出走可持续发展之路；2002年，世界环境与发展大会决定在世界范围内推行清洁生产，并制订行动计划。由此，可持续发展与循环经济成为国际社会的共识，循环经济理念应运而生。

第二节 循环经济的基本概念与内涵

循环经济是基于生态经济学原理和系统集成战略的减物质化经济模式，是一种以资源的高效利用和循环利用为核心，以“减量化、再利用、资源化”为原则，以低消耗、低排放、高效率为基本特征，符合可持续发展理念的经济增长模式，是对“大量生产、大量消耗、大量废弃”的传统增长模式的根本变革。

传统的经济发展模式中，物质的流动方向表现为“资源—产品—废弃物”的单向式直线过程，这意味着创造的财富越多，消耗的资源越多，产生的废弃物也越多，对环境的负面影响就越大；循环经济模式中物质的流动方向表现为“资源—产品—废弃物—再生资源”的反馈式循环过程，以尽可能小的资源消耗和环境成本，获得尽可能大的经济效益和社会效益，从而使经济系统与自然生态系统的物质循环过程相互和谐，促进资源永续利用，实现经济社会与环境的可持续发展。

循环经济以“减量化、再利用、资源化”为操作原则（简称3R原则）。“减量化”是在生产和服务中，尽可能减少资源消耗和废弃物产生，核心是提高资源利用效率；“再利用”是指产品多次使用或修复、翻新或再制造后继续使用，尽量延长产品的使用周期，提高产品和服务的利用效率，减少一次用品的污染；“资源化”是指将废弃物最大限度地转化为资源，变废为宝、化害为利，既减少自然资源的消耗，又减少污染的排放。

第三节 国内外循环经济重要理论概述

一 布劳恩加特等的“聪明的产品体系”

布劳恩加特和恩格尔弗里德把产品分为三类消耗品、服务产品和不可出售的产品，其中消耗品是指一般只使用和消耗一次然后就变成废弃物的产品。服务产品主要是通常所说的耐用消费品，也包括非耐用品。所谓不可出售的产品是指有毒化学品、放射性物质、聚氯联苯、重金属等诸如此类的东西。根据他们的分析，工业生产出的几乎每一种东西都将最终被列入前两类中的一类。布劳恩加特和恩格尔弗里德所建议的将制造商与他自己所生产的废弃物捆绑的做法即循环经济的“生产者责任延伸”的制度和理念，抓住了废弃物产生源头，责任应由制造商承担，这样可以为公司重新设计甚至重新考虑他们的企业和生产过程提供强烈的动机。

二 霍肯的“商业生态学”

指任何废物对于别的生产方式都存在价值，因此一切都可以回收、重新利用和循环再生。他认为，应服从“废物等于食物”的原则，在工业生产中完全彻底地消灭废物，即循环经济模式。并指出线性经济存在严重的弊端以及“系统设计”在循环经济发展模式中居首要位置。除此之外，还应建立与可持续发展相适应的健康商业，必须重新认识企业的性质、企业的经营、企业的活动对社会的影响。

三 巴里·康芒纳的“同于失控”

他认为在对待污染物的问题上，预防胜于控制，因为控制的结果最终必然是失去控制经济及技术因素导致资源未能完全实现循环利用。他提出了多种措施以促进资源的循环利用并从源头预防污染。这些措施包括重新设计经济系统、工业生产系统、农业生产系统、公共交通系统等，引导并鼓励公众积极参与、发挥环境民主的力量，推动政府绿色采购。

四 洛文斯的“自然资本理论”

他认为，地球生态系统无偿为人类提供服务，离开这些服务人类将难以生存，而采用可提高资源生产率的先进技术对我们经营商业的方式做某些简单改变，就可以为今天的人类和后代带来惊人的利益。在洛文斯看来，在通往自然资本论的进程中，商业经营模式会发生以下四方面变化。第一，大大提高自然生产率，以减少对自然资源的使用。这一变化即循环经济所倡导的减量化原则。第二，转向在生物学上受到鼓励的生产模式，即循环经济模式。自然资本论追求的不仅是减少废料，而且要从根本上改变废料观念本身。第三，向以解决问题为根本的商业模式转变，即循环经济所倡导的职能经济或服务经济模式。第四，对自然资本再投资。必须对恢复、保持和扩大最重要的资本形式，即他们自己的自然环境和生物资源基地投资。

五 艾瑞克·戴维森的垃圾定律

他认为所谓垃圾是包括农业、工业和消费行为所产生的所有废弃物，它们会逐渐渗透、扩散并消失在环境里。在垃圾问题上存在着“科技动力学定律”。产品应采用“内建式回收设计”以彻底解决垃圾问题。政府应发挥积极的作用，创造经济诱因，如通过征税或抵税来抑制或奖励生产者和消费者的破坏或保护资源环境的行为。

六 循环经济“资源综合利用论”（中国）

“循环经济”一词在中国最初由刘庆山在《开发利用再生资源缓解自然资源短缺》一文中首次使用（1994），他从资源再生角度提出废弃物的资源化利用，其本质是自然资源的循环经济利用。冯良认为，循环经济是指通过废弃物或废旧物资的循环再生利用发展经济，目标是使生产和消费中投入的自然资源最少，向环境中排放的废弃物最少，对环境的危害或破坏最小，即实现低投入、高效率、低排放的经济发展，其核心是废旧物资回收和资源综合利用。同年，周宏春主持完成的国务院发展研究中心调研报告中，主要也是从资源综合利用角度界定循环经济的。

七 循环经济“发展模式论”（中国）

持这种观点的学者认为循环经济是对物质闭环流动型经济的简称，是基于工业化运动以来以“高开采、低利用、高排放两高一低”为特征的线性经济模式的弊端所提出的一种人类社会未来应该建立的以物质闭环流动为特征的经济模式，是实现可持续发展所要求的环境与经济发展双赢的途径，它要求把经济活动组织成为“自然资源—产品和用品—再生资源”的反馈式流程，所有的原料和能源都能在这个不断进行的经济循环中得到最合理的利用，从而使经济活动对自然环境的影响控制在尽可能小的程度。

八 循环经济“经济形态论”（中国）

齐建国认为，循环经济是在生态环境成为经济增长制约要素、良好的生态环境成为一种公共财富阶段的一种新的技术经济范式，是建立在人类生存条件和福利平等基础上的以全体社会成员生活福利最大化为目标的一种新的经济形态。段宁也认为，循环经济是以人类可持续为增长目的、以循环利用的资源和环境为物质基础，充分满足人类财富需求，生产者、消费者和分解者高效协调的经济形态。

九　循环经济“5R 理论”（中国）

中国著名学者吴季松参与了国际循环经济理念从 3R 向 5R 转变的讨论。“5R 理论”主要包括，再思考：改变旧经济理论，新经济理论的重点是不仅研究资本循环、劳力循环，也要研究资源循环，生产的目的除了创造社会新财富以外，还要保护被破坏的最重要的社会财富，维系生态系统，充分挖掘资源节约的潜力。减量化：将原有的减量化原则扩展到减少第二产业的城市化集中，在提高人类的生活水准中合理地减少物质需求。再使用：将原有的在使用原则延伸到企业和工程充分利用可再生资源的领域。再循环：除了原有的再循环原则所包含的范畴外，还延伸到经济体系由生产粗放的开链变为集约的闭环，形成循环经济的技术体系与产业体系。再修复：自然生态系统是社会财富的基础，是第二财富，不断地修复被人类活动破坏的生态系统与自然和谐也是创造财富。

十　再生资源与国家矿产资源安全（中国）

邓光君（2012）在《国家矿产资源安全研究》中提出了基于经济学角度的国家矿产资源安全体系，采用经济学的供给需求理论，从供给和需求的角度，总结出中国国内矿产资源可得性、国内矿产资源储备、国内矿产资源利用、再生资源供给、获取国外矿产资源的价格、国外矿产资源运输、国外矿产资源可得性、技术对资源的替代率、经济结构/产业结构、国家经济增长速度、国家宏观政策导向、矿产资源消费观念等影响国家矿产资源安全的三个层次的 18 个因素，初步建立了基于供给—需求理论的国家矿产资源安全评价体系。

在这 18 个影响因素当中，再生资源供给与国内矿产资源可得性、国内矿产资源储备和国内矿产资源利用水平一起构成了资源持续供给的重要影响因素（见图 2－1）。

有研究表明，目前世界上 80% 以上的可开采金属矿产资源已变成各类产品和废物，每年生产的产品有 70% 变成废旧物资，而据测算，每回收利用 1 万吨废钢铁，可出钢 8500 吨，节约成品铁矿石 2 万吨，节能 0.4 万吨标准煤，少产生 1.2 万吨矿渣；每利用 1 万吨废纸，可生产纸浆

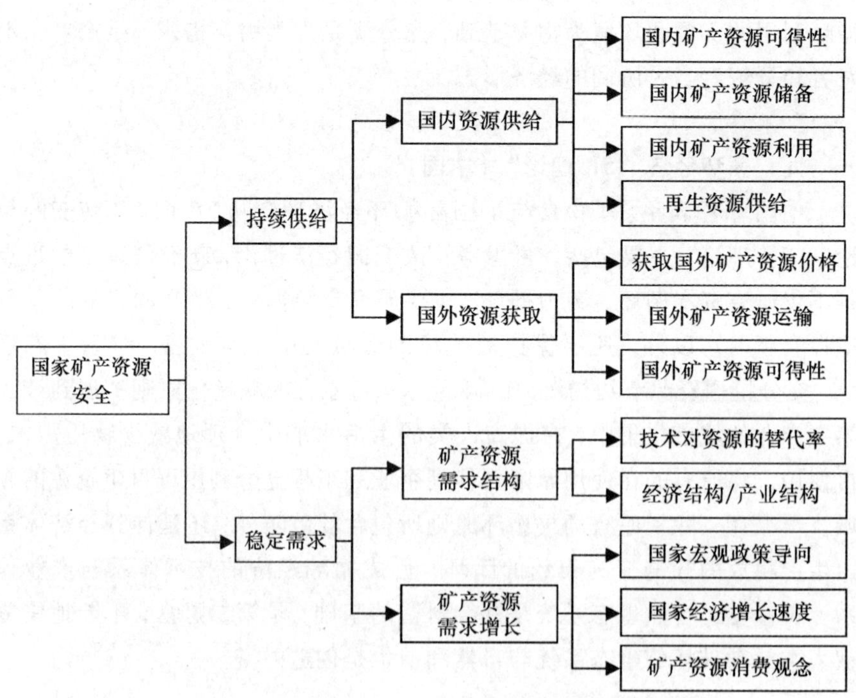

图 2－1 国家矿产资源安全影响因素示意图

8000 吨，节约木材 3 万立方米，节约能源 1.0 万吨标准煤，节水 100 万立方米，节电 600 万千瓦时。可见发展资源再生产业不仅仅对缓解资源短缺、维护可持续发展的国家资源安全战略体系具有重要的战略意义，而且对减排温室气体、降低碳排放、维系经济与环境的协调发展也具有不可忽视的重要意义。

有关统计表明全世界再生资源产业的产值可以达到每年 6000 亿美元，其中美国达到 1100 亿美元，日本 350 亿美元，而中国仅为 200 亿美元。与此同时每年可以回收利用但是没有回收利用的再生资源价值达 350 亿—400 亿美元，如何将这些庞大的资源迅速转化为市场需求的资源，为其构筑一条高效的转化渠道是一个亟待解决的问题。这既反映了中国与发达国家的差距，也显示出中国资源再生产业发展的巨大空间。

第三章 “城市矿产”

经过人类大规模开采，众多矿产资源已由“地下”转入“地上”，蕴含在人类所创造的物质财富之中，这些物资财富在使用后又以废弃物形式汇集在城市内，形成了资源新的聚集方式，积极开发利用城市废弃物中的有用价值已经成为应对资源环境问题的重要途径。近年来，“城市矿产”概念逐渐引入我国，加强相关领域的研究对于促进我国循环经济的发展具有重要的现实意义。

第一节 “城市矿产”的概念与内涵

“城市矿产”（Urban Mine、Urban Mining、Urban Ore）是一个相对较新的概念。普遍认为，“城市矿产”概念和理念源于20世纪60年代，由美国著名的城市学家简·雅各布斯（Jane Jacobs）明确描述。简·雅各布斯在1969年出版《城市经济》一书中指出“城市是座矿藏，在未来高度发达的经济中，城市很可能成为多种原材料巨大而富饶的矿藏。这些矿藏与现在所发现的都不相同，因为它们会随时间和开采次数的增多而变得更加富饶。收益递减原理适用于其他采矿操作：哪怕是最富饶的矿藏，开采完毕后也就再无用处了。但在城市中，同样的材料可以重复利用。那些原来被忽视的新矿藏将一直开放下去。另外，就像我们目前的废弃物中含有过去所没有的成分一样，未来高度发展的经济也会生成我们目前所没有的废弃物成分。那些最大型、最繁荣的城市，将会是最富饶、最容易开采、最取之不竭的矿藏”。[①] 在此基础上，简·雅各布斯还分别对水中废弃物和其他废弃物的开发利用方式进行了设想。1988年，日本东北大学选矿

---

① 简·雅各布斯：《城市经济》，项婷婷译，中信出版社2007年版。

精炼研究所教授南条道夫基于金属资源的回收利用，把城市比作可以进行二次开发的矿山，将蓄积有再生资源的废旧电子电器、机电设备等“再生资源蓄积场所”称为“都市矿山”，这一概念在日本得到广泛认可。[①]

相比较而言，“城市矿产”的思想在中国出现较早，在20世纪80年代就有研究人员已经提出了与“城市矿产”相类似的“城市矿山”“都市矿山”[②]，强调废旧金属的回收再利用。2010年，国家发改委和财政部联合下发了《关于开展城市矿产示范基地建设的通知》，在国家层面明确了“城市矿产”的概念。“城市矿产”是指工业化和城镇化过程产生和蕴藏在废旧机电设备、电线电缆、通信工具、汽车、家电、电子产品、金属和塑料包装物以及废料中，可循环利用的钢铁、有色金属、稀贵金属、塑料、橡胶等资源，其利用量相当于原生矿产资源。“城市矿产”是对废弃资源再生利用规模化发展的形象比喻。根据上述定义，“城市矿产”的内涵具有四方面的特征。

第一，“城市矿产”具有很明显的地域特征。顾名思义，城市对“城市矿产”的地域进行了限定，即“城市矿产”主要来自于城市。上述定义虽然强调了工业化，但就历史发展而言，工业化和城市化是相伴而生的，工业发展和现代城市紧密相连，上述概念映射着对城市矿产的区域界定。在区域范围界定方面，各种“城市矿产”相关概念的理解基本一致。

第二，“城市矿产”的来源特指固体废弃物。在简·雅各布斯最初的理解中，“城市矿产”的来源不仅涵盖固体废弃物，而且还包括废气（宾夕法尼亚电力公司收集二氧化硫制硫酸是雅各布斯论述城市废弃物再生利用中的典型事例）和废水。中国有学者也强调“城市矿产”的普适性：“广义资源包括一切对人类有用的物质及其相互之间的关系”，城市矿山包括“废热、废气、废水等低质稀薄资源”，“应该将‘城市矿产’视为资源再循环过程的一个环节，是人类在使用资源（包括原生资源和二次资源）进行生产生活过程中产生的废弃物的总称”。[③] 这些是其中具有代表性的观点。但考虑到废气、废水与固体废弃物在回收和处理方式等方面的差异，目前国际上关于“城市矿产”的理解大都限定在固体废弃物范

① 周永生：《国内外城市矿产研究与实践综述》，《学术论坛》2012年4月。

② 杨显万：《试论城市矿产的开发》，《云南冶金》1985年3月。

③ 周永生：《国内外城市矿产研究与实践综述》，《学术论坛》2012年4月。

围，特别是含有金属的固体废弃物，与之相同，前文“城市矿产”国家层面上的定义也是从固体废弃物角度来阐述的。

第三，“城市矿产”的概念更加突出了废弃物使用功能的完结。依据前文的定义，“城市矿产”来源主要是指具有某种功能且被人类生产和制造出来的产品或材料，在其使用功能得到充分发挥或不再具有使用价值情况下所形成的废弃物。在生命周期内具有某种功能是作为“城市矿产”来源的重要前提，正是基于这个原因，生活废弃物、工业领域的废旧生产设备、建筑废弃物是“城市矿产”来源的主体，面粉煤灰、冶金渣、化工渣等工业生产过程中产生的固体废弃物，即使在城市范围内，也不在“城市矿产”的来源之列。同时，由于同样是在生命周期基本结束时被加以处理，上述废弃物回收过程具有一定的相似性。

第四，“城市矿产”强调资源再生利用的规模性。上述“城市矿产”的定义中，明确提出了“其利用量相当于原生矿产资源”的要求。在现有技术的条件下，该要求属于较高的标准，但是，在“城市矿产”定义中强调规模化发展，不仅表明了中国政府发展资源再生利用的信心和决心，而且也有助于激发资源再生利用产业的发展。此外，随着废弃物所蕴含的资源存量的增加、再生利用技术的发展、相关制度的完善，资源再生利用的范围将不断扩大，资源再生利用规模也将大幅提高。

再生资源是循环经济领域的另一重要概念，与“城市矿产”密切相关。相比较而言，再生资源在中国应用较为广泛。关于再生资源的定义也存在一定的争议，有学者对再生资源的相关定义进行了总结，共归纳出五种观点[①]：再生资源就是废弃物；再生资源就是可以利用的废旧物资；再生资源是废旧物资；再生资源是指生产、流通、消费等过程中产生的不再具有原有使用价值而以各种形态赋存，但可以通过不同的加工途径而使其获得使用价值的各种物料的总称；再生资源是为那些曾被制作成某种物品，但在该物品已失去其使用价值（或由于种种原因不再被以原有用途使用）的情况下，可以在不仅具有技术可能性，而且具有经济可能性的基础上被再次用于相同途径或其他途径的物质或物品。上述定义虽然略有差别，但关于再生资源的基本含义均是指在废弃物中可以被再生利用的物质。国家层面上再生资源的定义也经过了几次调整。1987 年，在中国国家

① 朱海伦：《对再生资源概念的理论思考》，《再生资源研究》2005 年 3 月。

经委等部门下发的《关于进一步开发利用再生资源若干问题的通知》中，再生资源被界定为“社会生产和消费过程中产生的可以利用的各种废旧物资。目前，主要包括企事业单位产生的金属和非金属边角废料，报废的各种设备和运输工具，城乡居民及企事业单位出售的各种废品和旧物”；1991 年，《国务院关于加强再生资源回收利用管理工作的通知》中，再生资源“主要是指社会生产和消费过程中产生的可以利用的各种废旧物资，其中包括企事业单位生产和建设中产生的金属和非金属边角废料、废液，报废的各种设备和运输工具，城乡居民和企事业单位出售的各种废品和旧物”；2007 年，商务部等部门颁布了《再生资源回收管理办法》。其中对再生资源的描述为“在社会生产和生活消费过程中产生的，已经失去原有全部或部分使用价值，经过回收、加工处理，能够使其重新获得使用价值的各种废弃物。包括废旧金属、报废电子产品、报废机电设备及其零部件、废造纸原料（如废纸、废棉等）、废轻化工原料（如橡胶、塑料、农药包装物、动物杂骨、毛发等）、废玻璃等”。

通过概念对比可以看出，虽然“城市矿产”和再生资源均是对固体废弃物回收利用的描述，但两者之间还是存在明显差异。“城市矿产”特指蕴含在废弃物中的有用资源，而在目前的概念中再生资源通常是指包含有可利用资源的废弃物本身。从这个意义上讲，“城市矿产”是再生资源的内在价值，再生资源是“城市矿产”的外在形式，这是两者之间最为显著的差别。此外，如前所述，“城市矿产”具有较强的地域性和较高的规模化要求，在现有技术条件下“城市矿产”所涉及废弃物的范围要小于再生资源。总体来看，“城市矿产”不仅是再生资源规模化利用的形象比喻，而且在一定意义上可以看作再生资源概念的升级。

另外，也有研究者提出了所谓城市再生资源的概念①——在城市的社会生产、流通、消费等一系列人类活动中产生的、不再具有原使用价值而以各种形态赋存，但在现存技术及经济条件允许下，可以通过绿色回收及加工途径而使其重新获得新的使用价值的各种物资的总称。上述概念虽然加上了“城市”的区域限定，但仍然是以再生资源为核心的，并未脱离再生资源的概念框架，与“城市矿产”概念之间依然存在明显差异。

---

① 刘岩：《城市再生资源协同管理研究》，大连理工大学博士学位论文，2009 年。

第二节 “城市矿产”的价格机制分析

虽然也被称为“矿产”，但一方面，作为再生利用资源，“城市矿产”与原生的矿产资源之间在定价机制方面存在明显差异，而另一方面，由于在使用功能和创造效用方面具有较强的替代性，“城市矿产”与原生矿产资源两者之间的价格形成机制又密切相关、相互影响。

矿产资源是自然资源的重要组成部分，而且矿产资源所代表的可耗竭性是自然资源有别于其他资源和商品的基本特征，也是自然资源定价理论得以自成体系的重要条件，矿产资源定价和自然资源定价在研究方法和基本理论等方面具有高度的一致性。价格是经济学的核心问题，自然资源的定价很早就受到经济学家的关注，在以亚当·斯密、李嘉图为代表的古典经济学中，自然资源价格就已经成为重要研究内容。[①] 就一般理论而言，价值是价格的基本决定因素，价格可以看作价值的具体表现形式。虽然较早就开始了相关研究，但到目前为止，关于自然资源和矿产资源价值问题还未形成统一的认识，仍存在较大争议。主要的观点可以分为两大类，一类是基于劳动价值论的观点，一类是基于效用价值论的观点，相比较而言，分歧主要来自基于劳动价值论的认识。有研究对目前自然资源价值理论进行了归纳，共总结出九种自然资源价值理论[②]：自然资源不包含人类劳动，因而没有价值；为了保持经济社会稳定发展，人类必须对自然资源的再生产投入劳动时，自然资源就表现为有价值；自然是一种财富形式，具有相应的价值；自然资源本身具有价值，同时还包括社会投入的价值；自然资源价值利用于效用，价值量由生产费用决定；自然资源的价值具有二元性，是作为物质的无价值和作为资本的虚幻社会价值的结合体；自然资源的价值包括经济价值、生态价值和社会价值，多种价值构成一个统一的整体；自然资源和人类劳动的消耗是决定商品价值的最终基础，替代和补偿这种消耗称为代偿价值；货币是衡量经济活动中人的作用和贡献的工具，并不衡量自然的作用与贡献，能值是衡量整个自然和人类社会经济系统的可观标准，可以用来衡量自然资源财富。

---

① 晏智杰：《自然资源价值刍议》，《北京大学学报》2004 年 11 月。

② 洪丽君：《自然资源定价理论与方法综述》，华中科技大学硕士学位论文，2007 年。

建立在不同自然资源价值观的基础上①，目前已形成多种自然资源和矿产资源定价理论。由于价值观存在一定的争议，各种自然资源和矿产资源定价理论、模型和方法也具有明显差异。

影子价格理论。该理论强调自然资源的稀缺性和最优配置，通过线性规划测算经济效益最大化时的价格，作为自然资源价格的基准。在具体的计算中，影子价格是社会总收益最大化时的资源投入的边际效益，即资源投入量每增加一个单位所带来社会总收益的增加量。总体上看，影子价格是从资源稀缺角度对现行资源市场价格的修正，具有一定的现实意义和实践价值。

边际机会成本理论。该理论突出自然资源由于使用而丧失的当期和未来的收益，是现代西方经济学理论在资源定价领域的集中体现。经过多年的发展，资源的边际机会成本也有所扩展，环境成本也被考虑到自然资源定价之中。通常认为，自然资源边际机会成本包括反映资源生产直接投入的边际生产成本、体现使用资源所放弃的未来收益的边际使用成本和计算生态环境影响的边际环境成本，而自然资源的价格是由边际机会成本所决定的。

市场估价理论。该理论基于市场的基础性调节作用，通过自然资源在市场上的表现来综合自然资源开发利用所形成正负效应，进而测算自然资源的合理价值。由于具有较强的可操作性，市场估价理论发展较快，形成了若干具体模型和方法。依据市场情况，市场估价法可以分为直接市场估价法、间接市场估价法、替代市场估价法、模拟（假设）市场估价法。

能值定价理论。该理论建立在自然资源能值价值理论基础之上，提出了用能值转换率、能值投入率、能值净产出率等一系列客观的指标来衡量各具体自然资源和环境的内在价值，从而放弃了自然资源价值的货币尺度，具有一定的创造性和新意。能量定价理论。该理论认为自然资源中所蕴含的能量是其创造效用的主要来源。根据现实经济生活中能量消耗与经济效益之间的相关关系，确定能量与货币之间的转换关系，再通过计算自然资源中所包含的总能量来测算自然资源价格。通过能量作为统一标准和媒介，能量定价理论将自然系统和人类经济系统联系起来，具有较强的实用价值。

① 王舒曼、王玉栋：《自然资源定价方法研究》，《生态经济》2000 年 4 月。

尽管不同自然资源定价理论在具体定价思路和定价方法上存在较大差异，但大部分定价理论均强调，在自然资源价格中，除了包括直接的生产成本之外，还应体现自然资源耗竭性及生态环境影响。相比较而言，机会成本理论对上述思想的表现最为直接和突出。由耗竭性所形成的机会成本是自然资源和矿产资源开发过程中机会成本的主要组成部分，目前已经形成了多种关于资源耗减价值的具体计算方法，最具代表性的方法包括净价格法、净租金法、使用者成本法、净现值法、交易价格法、替代成本法和持续价格法。此外，以代际公平和生态环境补偿为基础的资源税、“庇古税”也是自然资源价格偏离生产成本的重要因素。[①]

在众多自然资源价格理论中，霍特林最优开采模型最具代表性。霍特林最优开采模型是自然资源经济学的经典模型，自然资源经济学中的诸多理论和模型是以霍特林最优开采模型为基础发展演化而来的，同时基于企业开采收益最优化分析，霍特林最优开采模型中包含机会成本的资源价格符合企业收益最大化原则，在理论层面上是企业自主抉择，而非在外界压力下的被动选择。本章以霍特林最优开采模型作为原生矿产资源开采代表企业定价分析基础。霍特林最优开采模型是在资源条件约束情况下，对可耗竭资源所有者在全部开采期内收益现值进行最大化分析[②]。企业开采成本包括生产成本和机会成本两部分，假定边际开采成本与开采率和资源存量无关，企业最优开采条件是价格等于边际生产成本与机会成本相加，即使在完全竞争条件下，最优开采资源价格也要高于边际生产成本。令 P_t 为 t 时期资源价格，C_t 为边际生产成本，λ 为机会成本，e 为利率。

霍特林最优开采模型中企业最优开采条件可以表示为：$P_t = C_t + \lambda e^n$

矿产资源的耗竭性是企业供给价格偏离边际生产成本的根本原因，由于资源存量有限，企业必须面对在不同时期合理配置资源的抉择。然而，对于“城市矿产”而言，虽然在每一个特定的时期内资源数量也是有限的，但循环利用放大了“城市矿产”的资源存量，如果不考虑损耗，“城市矿产”存量在时间维度上将趋近于无限大。因此，“城市矿产”并不存在耗竭性所造成的机会成本问题，在完全竞争条件下，“城市矿产”厂商

---

① 肖加元：《资源税改革理论逻辑与发展路径》，《中南财经政法大学学报》2011 年 5 月。

② 阿兰 · V. 尼斯、詹姆斯 · L. 斯威尼：《自然资源与能源经济学手册》（第三卷），李小西等译，经济科学出版社 2010 年版。

生产最优选择与一般产品相同，即价格等于边际生产成本。令 cu 为“城市矿产”厂商边际生产成本，

“城市矿产”厂商最优条件可以表示为：$Pt = cu$。

这里需要说明的是，在霍特林最优开采模型中，生产成本为开采成本，而为了具有可比性，本章中的生产成本均为生产出相同原料时的全部成本，矿产资源生产成本包括开采成本、选矿成本和冶炼成本，“城市矿产”生产成本包括回收成本、拆解成本、加工成本。在这种成本内涵下，令矿产资源开采企业和加工企业一体化，霍特林最优开采模型的条件依然成立。此外，为了简化，在不影响分析的一般性情况下，本章均采用固定边际成本假定。

假定原生矿产资源产品和“城市矿产”产品在量上不存在差异，具有完全替代性，矿产资源产品生产厂商和“城市矿产”产品生产厂商面临相同的需求曲线。在同一个市场竞争中，成本优势决定了不同厂商的竞争优势。如果原生矿产资源的边际生产成本与机会成本之和 $C_t + \lambda e^n$ 小于“城市矿产”边际生产成本 cu，原生矿产资源的生产能力将得到充分发挥，“城市矿产”厂商将面对原生矿产资源产品消耗后的剩余需求曲线，需求空间受到极大压缩；同理，如果原生矿产资源的边际生产成本与机会成本之和 $C_t + \lambda e^n$ 大于“城市矿产”边际生产成本 cu，“城市矿产”的生产能力将得到充分释放，原生矿产资源厂商面对的“城市矿产”产品消耗后的剩余需求曲线，产品空间将大幅减少，“城市矿产”最大限度地发挥了资源保护和生态环境保护效果。

就理论而言，在矿产资源最优生产轨迹中，由于机会成本的存在，原生矿产资源厂商所要弥补的成本在某一个时间点上会高于“城市矿产”的边际成本，“城市矿产”的经济环境效应得到充分发挥。但另一方面，从中国相关产业发展的实际情况来看，由于产权制度不健全，矿产资源企业过度追求短期效益现象较为突出，加之大多矿产资源还具有相当存量以及资源环境税收体系不完善，机会成本对矿产资源企业约束较弱，企业生产决策主要依据边际生产成本；同时，原生矿产资源已经具有较长的发展历史，相关技术和规模效益均达到了较高水平，销售渠道也较为发达。反观“城市矿产”，产业整体还处于培育阶段，诸多技术领域仍有待突破，规模效益还未充分发挥，与矿产资源产品相比不具备成本优势，甚至处于成本劣势；此外，受长期合同和搜寻成本的限制，“城市矿产”产品交易

成本远高于原生矿产资源产品。因此，就现实而言，“城市矿产”在与原生矿产资源竞争中处于弱势地位，“城市矿产”产品需求在很大程度上被挤压，在一定程度上限制了“城市矿产”产业的发展。而且，当产品需求被挤压到一定程度，“城市矿产”厂商将无法达到最优生产条件，不得不在价格低于边际成本的条件下生产，企业正常利润受到侵蚀，即使从财务成本角度看，行业整体将处于微利、无利，甚至亏损状态。基于现实情况和“城市矿产”的资源环境效用，在健全矿产资源产权制度和税收体系的同时，应当给予“城市矿产”产业适度的政策优惠和政策扶植，营造公平的竞争环境，促进产业健康有序的发展，为中国资源环境保护做出应有贡献。

第四章 “城市矿产”产业链

第一节 “城市矿产”产业链

产业链是一个既熟悉又陌生的概念，一方面，产业链在相关研究中被大量应用，另一方面，关于产业链的概念、内涵缺乏统一和权威的认识。关于产业链的概念起源有多个版本，有研究认为，1958 年赫希曼就在《经济发展战略》一书中从产业的前向联系和后向联系的角度论述了产业链的概念；有研究提出，1983 年法国经济学家蒙特福特等较早使用产业链描述通过从事不同活动的独立单位的一系列运营提供给最终消费者商品和服务的系统；有研究考证，国内产业链一词最早出现在中国学者姚齐源、宋武生于 1985 年发表的文章《有计划的商品经济实现模式——区域市场》中；还有学者认为，在中国产业链一词最早是由傅国华于 1990—1993 年在立题研究海南热带农业发展课题中正式提出来的，产业链可以说是一个中国化的名词。目前，关于产业链的概念界定和定义多达几十种，不同的研究者从各自角度对产业链的内涵进行描述，但产业链的多数定义均强调围绕着用户需求的某一类最终产品跨企业、跨产业的价值增值过程。价值增值是产业链的重要特点，相关研究大多认为产业链是价值链在产业层面上的延伸。与涉及多个企业不同，关于产业链是否跨产业存在较明显的争论，多数研究认为产业链应该包含多个产业，但也有研究者将产业链局限在一个产业内，还有学者提出了所谓产业价值链的概念。[①] 其实，关于产业链是否包含多个产业的基本内容还是较为接近和一致的。

“城市矿产”是建立在循环经济基础上的概念，其对应的是从回收、

---

① 唐晓华：《现代产业经济学导论》，经济管理出版社 2011 年版。

资源化、再加工、再利用、再消费、再回收周而复始的循环经济体系，“城市矿产”在循环经济体系中实现闭合流转。但如前所述，价值增值是产业链的基本特征，而价值增值过程通常而言是单向的，在闭合体系无法实现全过程价值增值。“城市矿产”增值过程是由循环经济模式所创造的，正是由于循环经济的发展，传统废弃物才重新具有了价值增值，进而形成体系增值过程的产业链。单从价值增值的基本特征来看，“城市矿产”产业链应从废弃物回收开始到“城市矿产”产品再消费之前截止，因为再消费属于价值减量的过程。但除此之外，产业链还涉及范围问题，具体到“城市矿产”主要是再加工延伸深度和广度。如果“城市矿产”原料和原生矿产资源原料无差别，“城市矿产”得到广泛应用，那么“城市矿产”再加工的延伸可能使“城市矿产”产业链包含整个制造业体系，这个范围明显过于宽泛，也不利于对“城市矿产”的分析。然而另一方面，如果将精深加工置于“城市矿产”产业链之外，则不利于指导“城市矿产”产业发展和“城市矿产”基地的建设，同时，考虑到“城市矿产”还处于起步阶段，在众多领域的利用量还无法和原生矿产资源相比，本章将以“城市矿产”为主要原料的精深加工（下文中“城市矿产”精深加工均是建基在此意义之上）纳入“城市矿产”产业链之中。据此，“城市矿产”产业链主要包括废弃物回收、废弃物分拣及拆解、资源化生产、再加工利用。

按照价值增值的顺序，废弃物回收是“城市矿产”产业链的第一个环节，也是“城市矿产”产业发展的基础环节。废弃物回收环节的主要功能是将分散在居民、企事业单位的废旧物品、废弃物品进行收集、分类、简单加工、储存、运输，为后续废弃物规模化再利用创造条件。在物流领域，将与从生产到消费所谓“正向物流”相反的过程称为“逆向物流”，具体定义可以表述为，以重新获取产品价值或使其得到正确处理为目标，产品从消费地到来源地的移动过程。从上述概念看，废弃物回收属于较为典型的逆向物流。与“正向物流”的从集中到分散不同，废弃物回收则表现为从分散到集中，同时与“正向物流”中消费者积极参与（前往商店或专卖店购买）不同，现阶段废弃物产生源在回收过程中更加被动。因此，废弃物回收往往需要建立更加庞大的回收网络。城市废弃物回收代表性的流程是，从遍布生活小区和企事业单位的回收点，由固定或流动个体回收者和垃圾处理部门运输到各类回收站集中处理，再经由个体回收经营户或回收企业到再生资源集散交易市场。有研究将废弃物回收分为五种模式[①]：由大量分散回收者、小型初级拆解者以及数个废弃物集散地组成的分散型网络模式；通过设立分公司和层级式管理将回收网络内部化的大型回收企业的层级网络模式；在收取一定的管理费基础上，由回收企业对回收人员统一管理的柔性管理模式；回收企业针对生产企业建立稳定回收渠道的点对点模式；具有公共服务性质的承包协议模式。相关分析显示，废弃物各种回收模式各具特点，适应不同的条件。此外，随着信息技术的发展，废弃物回收网络的内涵也不断扩展，有研究强调现代信息技术与废弃物回收的融合，认为现代废弃物回收体系不仅要包括以物质流转为主体的物流网络，而且也应涵盖协助物流网络运行的信息网络，物质网络关注的重点是回收设施的数量、规模和选址，信息网络的建设则应侧重及时可靠的信息服务[②]。根据目前废弃物回收领域发展趋势来看，信息技术的作用日益突出，包括物联网在内的现代信息技术的植入已经成为提高废弃物回收乃至“城市矿产”产业链整体效率的重要途径。

在许多研究中，废弃物分拣及拆解并未被作为产业链中的单独环节，而是被纳入废弃物回收或加工环节之中。为了突出废弃物分拣及拆解的特殊性和重要性，本章将其作为“城市矿产”产业链中的单独环节加以描述。废弃物分拣及拆解主要功能是根据不同废弃物的物化特性，将混杂或作为整体的多种废弃物集合体进行分离，实现统一性能的物质的集中，为再生资源化创造条件。废弃物分拣及拆解在“城市矿产”资源化过程中发挥着极其重要的作用，极少量的异物掺杂将直接影响“城市矿产”资源化产品的性能和质量（表4－1显示不同异物对再生玻璃产品的影响）。目前，循环经济总体上还处于导入阶段，再生资源加工多为事后处理，废弃物分拣及拆解较为困难，分拣和拆解多以手工为主，许多关键技术亟待突破，是“城市矿产”技术创新的重点领域。

---

① 张菲菲、李慧明：《再生资源产业回收模式比较》，《再生资源与循环经济》2010年3月。

② 徐建平：《再生资源回收利用网络研究》，东华大学博士学位论文，2011年。

表 4－1 **异物对再生玻璃产品的影响**

异物种类	对再生玻璃产品的影响
塑料、纸类商标等有机物	有机物在炉内起到还原剂的作用，有机物的变化造成了玻璃色调的改变并使玻璃产生气泡
铝、铝制标签	瓶盖等铝制品进入熔炉内，会产生化学反应还原二氧化硅，生成硅酮。由于硅与玻璃的膨胀率不同，所以会造成玻璃裂缝，玻璃强度下降
陶瓷	熔炉内一部分未溶解的陶瓷会残留下来，影响玻璃瓶的外观。如果残留在瓶底，则会使玻璃瓶破裂
异类玻璃	平板玻璃等不会引起大的问题，但是耐热玻璃等结晶化玻璃则会融化不彻底，残留在玻璃瓶中。耐热玻璃和硅酮一样，比玻璃瓶的膨胀系数小很多，会使玻璃瓶破裂
玉、石类	只要不是大量进入熔炉，就不会引起大的问题。由于玉类同陶瓷器很难区分，因此影响手工甄别的效率
铁、其他金属	熔炉内一部分未溶解的金属会残留下来，影响玻璃瓶的外观，如果残留在瓶底，则会使玻璃瓶破裂，大块的金属残留在炉底会侵蚀炉底的砖瓦

资料来源：国家发改委与日本国际协作机构联合开展的“城市典型废弃物循环利用体系建设及示范点项目”相关研究报告。

资源化生产是通过对分拣和拆解后的废弃物进行生产加工，使废弃物中蕴含的物质重新具有资源特征，成为工业生产的再生原材料。资源化生产是“城市矿产”产业链的核心环节和形成基础，正是由于资源化生产，废弃物才重新恢复资源属性、重新具备使用价值而成为再生资源，“城市矿产”整个产业链才得以建立和发展。在内在传导机制的作用下，资源化生产所创造的消费需求直接关系到“城市矿产”全产业链的经济效益，加强技术创新和产品标准体系建设，确保产品性能和品质，确立良好的产品信誉，稳定和扩大市场需求，对于资源化生产乃至“城市矿产”产业链的健康发展至关重要。同时，资源化生产是“城市矿产”与原生矿产资源直接竞争的领域，通过技术创新和产业组织优化形成成本优势和竞争优势，是“城市矿产”综合效益充分发挥的重要条件。此外，作为“城市矿产”污染防治的重点，加强资源化生产领域“二次污染”的防治是“城市矿产”生态环境内涵的基本要求。

“城市矿产”精深加工是在对再生原材料进行再加工和再利用的基础上，制成满足特定需求的工业制成品。由于原生资源的竞争和产业链传导机制的作用，“城市矿产”资源化及上游环节的经济效益受到一定的限制，而精深加工则是“城市矿产”产业链中最具价值增值潜力的领域，通过产业链的不断拓展，再生产品附加值将大幅提升，精深加工环节的经济效益也将得到进一步提高。在国家或地区"城市矿产"产业的发展过程中，特别是对于"城市矿产"基地和"城市矿产"园区的建设，延伸产业链、培育精深加工环节是重要内容和发展方向。同时，作为"城市矿产"循环经济体系中的重要组成部分，"城市矿产"精深加工领域应进一步强化循环经济理念，不断改进产品设计和生产工艺，为产品废弃后更加便利的再生利用创造条件，提高"城市矿产"循环经济体系整体运行效率。

除了上述直接相关行业之外，有研究认为，加工利用设备制造、信息服务和科研服务也应被纳入再生资源产业体系之中。① 目前，上述行业规模较小，许多职能还未完全独立，而从属于某一特定行业。而且随着"城市矿产"的发展，上述行业与"城市矿产"的融合趋势将更加明显。

关于产业归类，目前并没有"城市矿产"的产业分类。根据新近修订的《国民经济行业分类》(GB/T—4754—2011)，在制造业名录下设有废弃资源综合利用业的条目，指废弃资源和废旧材料回收加工。具体包括：金属废料和碎屑加工处理，即从各种废料［包括固体废料、废水（液)、废气等］中回收，并使之便于转化为新的原材料，或适于进一步加工为金属原料的金属废料和碎屑的再加工处理活动，包括废旧电器、电子产品拆解回收；非金属废料和碎屑加工处理，即从各种废料［包括固体废料、废水(液)、废气等］中回收，或经过分类，使其适于进一步加工为新原料的非金属废料和碎屑的再加工处理活动。对比废弃物的范围，废弃资源综合利用也明显较"城市矿产"更为宽泛，而且，废弃资源综合利用业主要涉及废弃物的分拣、拆解和简单加工处理，"城市矿产"资源化和再加工则被分别归属于产业分类标准中橡胶、玻璃、塑料、金属制造等行业。此外，在批发零售业条目下设有再生物资回收与批发，指将可再生的废旧物资回收，并批发给制造企业作初级原料的活动。由此可见，就产业分类标准而言，"城市矿产"产业是由多个行业、子行业的整体或部分集合而成。

第二节　发达国家"城市矿产"发展经验

多年来西方发达国家相继进行了卓有成效的"城市矿产"发展实践，取得了可观的经济和社会效益。目前，西方国家废钢铁的回收率为60%—

① 张越：《再生资源产业内涵及其与相关产业关系》，《再生资源与循环经济》2008 年 12 月。

70%、废纸为70%、包装物的回收率为40%以上。通过对国内外大量相关文献的解读，研究西方国家资源再生产业现状，可以得到如下结论：

第一、“城市矿产”发展得益于政府导向的市场化发展模式。[①] 首先，“城市矿产”发展的关键是政府的政策导向。西方国家一直以来就非常重视资源再生问题，政府不但在政策上对资源再生给予正确引导，制定鼓励产业发展的相关政策，而且在财政上也给予直接支持；其次，“城市矿产”发展的平台是产业化政策和配套的产业布局。西方国家“城市矿产”的发展，得益于政府的产业化政策及相应的产业布局。政府运用税收优惠和补贴政策、产业配套设施建设等市场化手段，构建产业化发展体系，形成产业聚集效应和规模效益，为“城市矿产”的发展提供了有效的市场空间；最后，“城市矿产”发展的保障是健全的法律规范。西方国家资源再生的相关法律、规范比较完善，已经形成标准化和系列化，同时辅以必要的量化措施，可操作性非常强。

第二、“城市矿产”发展得益于市场化产业链体系。根据大量的资料分析与总结[②]，西方国家的资源再生体系总的来看主要由制造商一体化体系、废弃物转运体系、处理—加工商体系、零售—批发商体系、临时性体系等五个体系共同构成了一个完整高效的产业链体系。从产业模式看，各个体系是把可回收利用废弃物资与最终市场的物资需求联结起来的纽带，体现了市场的整合与调节机制。这些体系能否正常运行，不仅取决于该体系自身的功能和作用，还取决于再生物资的市场供给与需求的有效性，即再生物资的回收利用必须有良好的市场前景及市场化的有效渠道。

第三节 中国“城市矿产”的产业链分析

一 中国“城市矿产”产业链现状

“城市矿产”以生产和消费过程中产生的各种废弃物为原料，在一定的经济技术条件下，进行回收、加工和再利用[③]。随着“城市矿产”市场

① 解振华：《大力发展循环经济》，经济科学出版社2003年版；冯之浚：《循环经济在实践——中国循环经济高端论坛》，人民出版社2006年版。

② Lindhqvlst. T. *Extended Producer Responsibility in Cleaner Production.* Lund University. Sweden. PhD. Dissertation. 50－55, 2000.

③ 曲格平：《发展循环经济是21世纪的大趋势》，《中国环保产业》2001年第1期，第12—18页。

的逐步规范与发展，中国已经基本形成了从回收（固定收购点、流动收购点、拾荒者）、资源化加工（企业）等层层筛选、分类，最终到利用企业的完整流程（见图4－1）。

回收环节：第一个环节是废旧物资回收环节。居民、生产企业、商业企业和行政事业单位等消费或生产排放产生的废弃物由回收者回收，集中转卖给专业回收者或直接进入给集散交易市场。整个过程由市场交易链接实现。通过此环节使废弃物从社会生产、消费的各个领域的分散状态变得相对集中。

资源化加工环节：资源化加工是资源再生产业链的第二个环节，是资源再生产业链上下游的桥梁和纽带。回收的废旧物资经初步分类，失去原有使用价值的部分，进入再生资源集散交易市场；还有部分使用价值的废品进入旧货市场，部分被修理、组装、拼（改）装后成为二手货，进行二次销售，余下的已经失去修理价值的进入集散市场；进入集散交易市场的废旧物资，经进一步的分类、拆解、破碎、打包等初加工后一部分在管理较规范、规模较大、技术设施较好的交易市场会进一步做资源性加工，如将不同塑料细分造粒，废金属经精炼等供应不同生产企业生产相关产品。还有相当一部分进入专门从事资源化加工的企业，加工成再生原料后销售到利用企业作为生产原料。

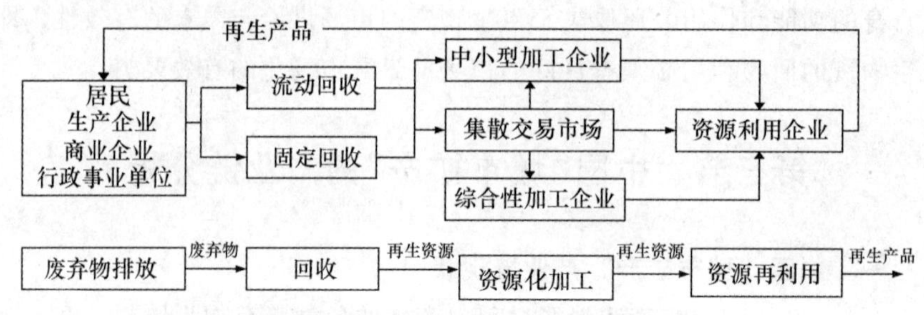

图4－1　中国资源再生产业链模式

再利用环节：资源再生产业链的第三个环节是再生原料被资源利用企业加工成各种再生产品，进入流通市场。这个环节的工作由两类企业来实现：一是原有的各加工行业的企业，二是新建的专门利用再生资源进行生产的企业。

客观来看，上述的资源再生产业链体系的实践在中国已经取得初步成效，形成了一批典型企业，建立了一些大型废旧物资配送交易中心和省级再生资源加工园，实现了一定的经济效益和社会效益，从一定程度上缓解了中国的资源约束矛盾。

二 “城市矿产”产业链运行机制分析

（一）产业链运行实质

“城市矿产”产业链的运行源于物质资源（原生资源与再生资源）的实物流动，同时再生资源物流运动的过程又伴随着一系列市场交易（产品市场交易和资源市场交易）所形成的价值流动过程，引导并推动着物质的流动。物（质）流与价值流在两个市场的参与之下，相辅相成、逆向运行，构成了一个完整的产业链循环体系，形成了“原生资源—原生产品—废旧物资—再生资源—再生产品”的资源再生利用循环。（见图 4－2）

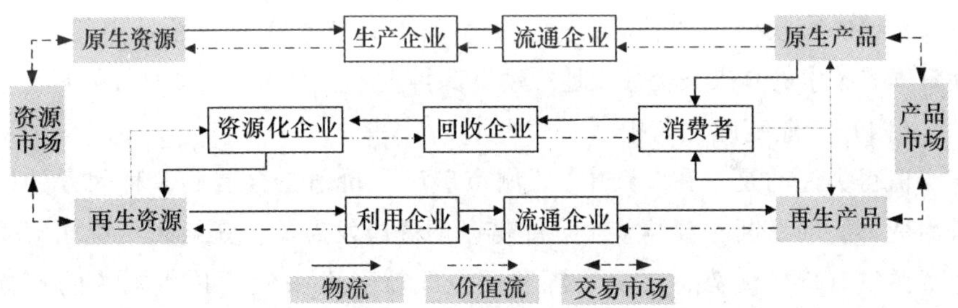

图 4－2 我国资源再生产业链物流、价值流、交易市场关系示意图

（二）产业链运行的动力机制

从产业链条运行的动力机制来看，引导和推动“城市矿产”产业链正常运行的动力来源于两个方面：一是产业链内固有的价格机制和竞争机制对“城市矿产”自身产生的拉动作用；二是产业链外资金、技术、政策等对“城市矿产”发展产生的推动作用。①

当前中国“城市矿产”产业链运行的基本动力由市场自发产生并通过市场的内在传导机制对再生资源的供给和需求产生影响。对于再生资源而言，适当的产量规模、合理的交易价格以及相当的行业利润将直接影响再

① 冯慧娟、张继承：《论再生资源产业的发展——基于产业链运行机制的分析》，《生态经济》2009 年第 10 期，第 91—94 页。

生资源的供给与需求状况，进而影响再生资源市场的正常循环。一方面，如果消费者不接受再生资源产品（消费观念或者市场价格影响），再生资源利用企业就没有动力在生产中使用再生资源，生产者不使用再生资源则资源化企业就不会对废旧物质进行加工与生产，从而回收企业也就不会对废旧物质实施回收；另一方面，如果回收企业、资源化企业、再生资源利用企业无法从产业链中获得必要的利润，也将直接导致产业链条的中断。

（三）产业链运行的内生循环机制

在上述产业链的循环推进过程中还自发衍生出一种内生循环机制——“利润吸引资本、资本推进技术、技术提升利润”。价值流的良性流动产生足够的行业利润，进而吸引逐利的资本的介入，资本的进入一方面持续推动物流前进，另一方面会有力引导和推进产业技术的更新与升级，技术的进步势必进一步提升整体行业利润，从而吸引产业链外资本的继续投入。因此，只要资源再生产业链本身能够在价值链的引导下实现物流顺畅运动，形成足够的有吸引力的利润，就会吸引资本和技术在这一领域中的介入，而资本和技术的介入又会极大地推动资源再生产业发展，形成良性循环。

（四）产业链脆化与中断

值得关注的是，在实践中，“城市矿产”价值链会受到多种因素的影响而变得脆弱易断，影响整个产业链条的健康发展。一是再生资源相对原生资源没有价格优势，再生资源利用企业就会失去使用再生资源的积极性，从而导致产业链中断；二是资源再生产业市场结构不合理，竞争机制不健全，市场竞争混乱无序，导致个别环节缺乏必要的利润空间，使得产业链脆化甚至中断；三是外部成本（动力、运输等）上升会压缩产业链利润，进而也会引起产业链中断；四是提高再生资源回收利用的环境标准、加大税负等引起相关成本增加的产业政策，将全面引发整个产业链的运行成本增加、利润降低，进而引起产业链中断。

三　中国“城市矿产”产业链运行分析

通过产业链运行机制分析可知，要保证“城市矿产”产业链的良性运作，必须强化产业链内的拉动力或产业链外的推动力来确保产业链各环节有必要的利润空间。在实践中必须要把握两个关键要素：一是解决再生资源的需求问题，这是整个产业链赖以生存的基础，二是要降低产业链运行成本、提升产业链整体利润，这是产业发展的必要条件。而从中国资源再生产业链运行的实际效果来看，受再生资源特性、消费观念和外部因素的影响，增加再生资源的市场需求和提升产业链利润空间都受到了很大的局限，主要表现在：

从产业链内部看，无论是再生资源的质量或是数量，都不利于产业链上的企业主体经营规模的扩大和成本的降低。在质量方面，由于再生资源的资源化利用本身就是一个综合利用的过程，而废旧物资成分复杂，再生资源中有价组分含量低而分散度高，增加了相应提取成本；在数量方面，由于再生资源回收范围广，可供资源化利用的再生资源数量难以形成必要的规模，无法满足基本原料数量的经济要求。因此，再生资源在数量和质量上的特点限制了产业运行成本的有效降低，整体利润长期低迷，进而阻碍了产业链外部的资本进入以及资本进入可能引发的企业规模的扩大和资源化技术的升级。

从产业链外部看，也难以找到提高再生资源价格水平和利润水平的合理方法。由于再生资源与原生资源相比缺乏价格优势，加上消费者固有的消费观念，使得再生资源的需求量长期低迷，价格上升空间被极大压缩，行业利润被长期低估，难以形成对外部资本的吸引力。同时，由于中国再生资源回收利用的相关利益主体尤其是废弃物的产生者和产品生产企业并未直接参与到产业链中，不但不能提供产业链运行及发展所需的资金，甚至对产业链的运行造成牵制，提高了下游资源再生产业链的运行成本。在推动产业链发展的政策方面，几年来国家虽然出台了旨在扶持资源再生产业发展的一系列政策，但从实际执行效果来看，由于缺乏产业发展的市场化平台，导致这些政策收效不显著甚至部分政策还在某种程度上阻碍了产业的健康发展。

总体看来，无论是产业链的内部还是外部，中国的"城市矿产"发展都缺乏足够的拉引力和推动力，使得产业链整体运行的脆弱性增加，动力不足，用十六个字来概括就是："上游匮乏、中游薄弱、下游无力、整体脆弱。"

上游匮乏：产业链前端（上游）缺乏完整而有效的废旧物资回收体系，再生资源的分类回收效率低下，大量废旧物质无法得到有效回收，难以达到支撑产业发展的必要资源数量；

中游薄弱：产业链中段（中游）缺乏大型的、综合性的资源综合利用联合企业，资源化企业规模普遍偏小、技术薄弱、手段落后污染严重、资源综合回收率偏低、行业利润无法体现，产业投资长期低迷，产业链运行所必需的内生循环机制基本无法发挥作用；

下游无力：产业链终端（下游）缺乏将再生资源有效融入资源市场（要素市场）的平台和机制，无法将资源市场和产品市场进行有机整合，再生资源（产品）与原生资源（产品）相比缺乏必要的竞争力，增加了产业链脆弱性；

另外，再生资源（产品）从消费观念、市场价格上均无法与原生资源（产品）相竞争，进一步压缩了产业生存与良性发展的有效空间。

第四节　政府主导产业发展模式及实现途径

一　政府主导产业发展模式的提出

基于上述分析，可以看出，中国“城市矿产”的生存与发展取决于整体产业链的完善程度，而要全面完善整体产业链单纯依靠市场机制和企业自身是无法做到的，往往会陷入恶性循环：“行业管理分散导致行业利润低下、行业利润低下就无法吸引外部投资进入、外部资本缺乏又影响行业技术进步和行业规模扩展、技术水平低规模小又影响整体行业利润的提高，最终整个‘城市矿产’将长期在低端水平徘徊。”所以，政府必须给予全力的推动，以政府力量推动“城市矿产”的全面发展。鉴于此，我们提出政府主导的产业发展模式，以政府强力推进为主导，上中下游三管齐下，全面打造“政府主导下的‘城市矿产’市场化发展平台”。

一是发挥政府的宏观调控作用，全面引导产业内企业进行有效整合，壮大产业链的上游和中游企业规模，扩大产业链前端的回收能力和效率，增强产业链中段的资源转化能力，提高行业整体利润水平，刺激产业内生循环机制发挥作用。

二是发挥政府的经济导向作用，利用有效的政策支持与优惠措施，鼓励和支持外部资本进入资源再生产业，增强产业的整体竞争实力，激发并促进内生循环机制的有效运转。

三是发挥政府的政策引导作用，制定和完善再生资源（产品）的价格体系，建立再生资源（产品）的交易平台，通过灵活的交易机制和定价机制，促进产品市场和资源市场的进一步融合。

四是发挥政府的宣传推广作用，在全社会范围内营造再生资源产品的消费氛围，引导资源循环利用的生活、消费新观念。

二 政府主导产业发展模式的实现途径

具体来看，政府主导产业发展模式可以通过以下途径来实现。

（一）构建综合性资源回收网络，强化前端产业链

在各地纷纷建立循环经济区和循环经济产业园的基础上，构建区域性、立体性、综合性的再生资源回收网络。政府出台相关政策，给予必要的行业补贴，积极扶持与鼓励辖区内废旧物资回收企业进行有效整合，建立综合性的物资回收企业，增加物资回收网点数量，加大废旧物资回收力度，进企业、进社区、进学校、进机关事业单位，依托现有物流体系，建设高效的再生资源回收网络，将各类工业废弃物、废旧电子电器、生活垃圾等进行有效的回收与集中。

（二）建立资源再生产业园，全面完善产业链

效仿循环经济区和循环经济产业园的经验做法，政府全力推动，在全国范围内建立若干个区域性的资源再生产业园，通过合理规划和强有力的政策支持，形成并完善资源再生循环产业链，快速形成良好的内外部产业循环。

一是全力引进建设大型的废旧物资初级利用中心，将再生资源回收网络回收的可再生资源进行初步的分类、分拣、拆解、初级加工，为资源综合利用企业提供原材料；同时引进必要的资源综合利用龙头企业落户园区，促进行业进一步整合，扩大资源再生的效率与规模，提升利润空间，催生产业链的内生循环。由于这个环节处于产业链的上游和中游，利润空间较小，企业规模显得尤为重要，而规模企业缺乏进入的动力，因此需要政府的全力扶持。

二是鼓励资源综合利用企业进行废旧产品和废弃物资深度资源化的关键技术研发，引进国内外先进资源化技术，加大科技攻关的投资力度，突破工业废弃物综合利用的技术瓶颈，提高再生资源综合利用效率，增加再生资源产品种类，提升再生资源产品质量和附加值，有效提高再生资源的竞争优势。

三是不断延伸和拓展产业链条，形成资源回收企业—资源综合利用企业—再生资源利用企业的紧密对接，实现资源、能源的循环利用和梯级利用。以提高自主创新能力为核心，以招商引资为推手，构筑产业链延伸平

台，通过优化产业链内部分工，进一步提高专业化协作水平，加速重点产业链条的形成，逐步形成以骨干企业为核心、以专业配套企业为依托、以产品为纽带、上中下游相互依存、互动发展的企业簇群和产业链条，实现园区内产业间物资、能源的集约利用，固体废物综合利用最大化和废物“零”排放。

（三）搭建再生资源交易平台（中心），优化产业链外部环境

以政府投资为主体，社会投资为辅助，建设并加快发展再生资源和再生产品交易平台（中心）。中央政府出台相关政策，建立灵活的市场交易机制和再生资源的定价机制，实现大宗工业废弃物及再生资源产品的交易规模化和产业化，为资源再生产业发展打造一个相对良好的外部环境，从市场机制上创造产业利润的提升空间。同时加大宣传力度，鼓励使用再生资源产品，在全社会范围内营造使用再生资源产品的良好氛围，因地制宜地制定并完善扶持性的金融政策、税收政策及财政补贴政策，对采购、使用再生资源产品的企业、团体、个人进行鼓励与支持。

第五章　清洁生产与循环经济[①]

第一节　中国从清洁生产到循环经济的历史进程

1992年，中国响应联合国环发大会可持续发展战略和《21世纪议程》倡导的清洁生产号召，将推行清洁生产列入《环境与发展十大对策》，由此正式拉开了中国实施清洁生产的帷幕。作为中国首次系统的清洁生产实践，《促进中国的清洁生产》项目启动后，清洁生产在中国大体经历了1992年—1997年间清洁生产的引进传播、企业审核示范和1997年—2002年间继续试点、围绕立法和政策研究推进清洁生产的两个发展阶段。《清洁生产促进法》的出台，意味着中国进入依法推行清洁生产的新阶段（见表5－1）。

表5－1　**推动清洁生产的国家行动**

年月	部门机构	政策文件/活动	内容要点
1992.8	国务院	《环境与发展十大对策》	“新建、改建、扩建项目，技术起点要高，尽量采用耗物耗小，污染排放量少的清洁工艺。”
1993.10	国家经贸委、国家环保（总）局	第二次全国工业污染防治工作会议	工业污染防治必须从单纯的末端治理向生产全过程控制转变，实行清洁生产
1993	国家环保（总）局	促进中国的清洁生产项目	包括28个试点企业技术示范和案例跟踪的政策研究
1994.3	国务院	《中国21世纪程》	将清洁生产列为优先实施的重点领域

① 摘选自张天柱《从清洁生产到循环经济，中国环境与发展评论》，社会科学文献出版社2007年版。

续表

年份	部门机构	政策文件/活动	内容要点
1995—1996	全国人大常委会	《大气污染防法》《固体废物污染环境防治法》《水污染防治法》	“企业应当采用原材料利用效率，污染物排放量少的清洁生产工艺。”；“国家鼓励支持清洁生产”；“企业应当采用原材料利用效率高，污染物排放量少的清洁生产工艺”
1996.5	国务院	第四次全国环境保护会议《关于环境保护若干问题的决定》	强调推动清洁生产
1997	国家经贸委	中国—加拿大清洁生产项目	建立淮河流域的造纸、化工行业清洁生产审核示范及信息系统建设。后期转入清洁生产政策研究以及立法起草
1997	中国环境与发展国际合作委员会（清洁生产工作组）	清洁生产政策示范	省试点政策研究（太原市，包括地方立法、推进计划、指标研究）
1997.4	国家环保（总）局	《关于推行清洁生产的若干建议》	结合环境保护政策与环境管理制度的实施清洁生产的要求
1998.9	国家环保总局代表中国政府	汉城《国际清洁生产宣言》	承诺推行清洁生产
1998.11	国务院	《建设项目环境保护管理办法》	“工业建设应当采用……清洁生产工艺”
1999.3	国务院	九届全国人大二次会议《政府工作报告》	“鼓励清洁生产”
1999	国家经贸委	《关于实施清洁生产示范试点计划》《淘汰落后生产能力、工艺和产品目录》《国家重点行业清洁技术导向目录》	10个城市5个行业清洁生产开展示范试点。发布淘汰目录，推荐技术目录
1999	全国人大环资委	清洁生产立法	清洁生产立法列入立法议程，进行立法调研和起草工作
2001.3	全国人民代表大会	中华人民共和国国民经济和社会发展第十个五年计划纲要	纲要提出“推行清洁生产，抓好重点行业的污染防治”
2002.6	九届全国人大常委会第二十八次会议	颁布《中华人民共和国清洁生产促进法》	促进清洁生产的专门法律出台，该法包括总则、清洁生产的推行、清洁生产的实施、鼓励措施、法律责任和附则六章42项条款

2002年起，中国经济翻番的势头日趋强烈，给资源（包括能源）环境造成了巨大的压力，中共中央高瞻远瞩，发出了树立科学发展观的最强音。伴随这一过程，循环经济应运而生。始于2002年环保系统启动循环经济的行动在先，继而自2004年有经济管理部门入主循环经济于后，循环经济在中国高潮迭起、热火朝天。当前中国发展循环经济的实践，正是以国家试点及立法为基础，朝着实质性行动的方向推进（见表5－1）。

表 5－2　　　　　　　　**推动循环经济的国家行动**

年份	机构/组织	活动/策划文件/计划
2002	国家环保总局	5 月 11 日，批复《关于贵阳市人民政府请求将贵阳市作为我国建设循环经济生态城市试点的复函》，贵阳市成为中国第一个循环经济试点城市
	国家环保总局	5 月 31 日，批复《关于申请将辽宁省列为全国循环经济建设试点省的函》，辽宁省成为中国第一个循环经济试点省
	中国环境与发展国际合作委员会	成立“循环经济与清洁生产”课题组，开展中国推进循环经济和清洁生产的策略赫尔机制研究
2003	党中央和中央政府	三中全会提出科学发展观。国家高层决策者对循环经济做出批示
	全国人大环资委 国家发改委 国家环保总局 科技部	11 月 6 日，在上海召开第一次“循环经济发展高级论坛”
2004	国家环保总局	7 月 30 日，在天津召开全国推进循环经济试点经验交流会
	国家发改委	9 月 28 日，召开全国循环经济工作会议，启动循环经济战略研究
	国务院	国家中长期科技规划第十专题《循环经济、污染防治和生态建设》研究
	中共十六届四中全会	中央文件首次提出发展循环经济
	中国环境与发展国际合作委员会	“循环经济”课题组成立，开展推进中国循环经济的政策和优先领域研究
2005	国务院	7 月，发布 21 号文件《国务院关于做好建设节约型社会近期重点工作通知》
	国务院	7 月，发布 22 号文件《国务院关于加快发展循环经济的若干意见》
	国家环保总局	10 月，印发《国家环保总局关于推进循环经济发展的指导意见》
	中共十六届五中全会	10 月，提出要加快建设资源节约型、环境友好型社会，大力发展循环经济，在全社会形成资源节约的增长方式和健康文明的消费模式
	国家发改委等 6 部门	10 月，发布国家循环经济试点通知（第一批）
	中共中央	国民经济与社会发展第十一个五年规划建议
	全国人大环资委 国家发改委 国家环保总局 科技部	11 月，第二次“循环经济发展高级论坛”（厦门），宣布循环经济列入人大立法计划
	全国人大环资委 国家环保总局 国家发展与改革委员会	先后启动了循环经济立法、政策、战略研究以及立法起草工作
2006	国务院	国民经济与社会发展第十一个五年规划纲要第二十二章《发展循环经济》指出：坚持开发节约并重、节约优先，按照减量化、再利用、资源化的原则，在资源开采、生产消耗、废物产生、消费等环节，逐步建立全社会的资源循环利用体系

第二节 从清洁生产到循环经济的启示

对于清洁生产和循环经济这两项在中国引人注目的实践，透视它们的产生及其发展过程，易于发现存在两个耐人寻味的现象。

其一，“一冷一热”的“突变”现象。按理说，2002年中国《清洁生产促进法》的出台，应该正是清洁生产大展身手的好时光。但实际上，这一曾经轰轰烈烈，甚至在立法中围绕职责问题还有所争执的清洁生产，此时却令人遗憾地出现了发展缓慢，甚至停滞的状态。尽管一些有关清洁生产的审核办法和标准的文件也间或发布，然而在全国各地发展经济的强劲势头引发的严峻资源环境问题面前，有着法律依托的清洁生产并没有大张旗鼓地实施、积极登上经济建设的主战场而展现其巨大威力。与之相对照的是，一个比“生产”似乎更吸引人、带有“经济”字眼儿的用语——循环经济，披挂上阵，以辽宁、贵阳等省市以及一批生态园区的循环经济试点工作为先导，迅速波及全国，形成了不断推进至今的循环经济热潮。

其二，“一先一后”的“越位”现象。如果以管理体制下的“部门”代表经济和资源环境两个不同的系统领域，众所周知，中国清洁生产的出现，最早是由环保系统引入的。1997年，由于中国—加拿大清洁生产项目的实施，促进了清洁生产进入了经济领域的大门，对清洁生产的主导作用逐步由环保部门转移到了经济部门。无独有偶，中国的循环经济再次出现了环保部门率先启动，有高层决策者批示，随后在2004年左右转至经济部门唱主角的类似情景。

对于这“一冷一热”“一先一后”的现象，人们当然可以从不同的角度进行各种方式的解读。但是，若从清洁生产和循环经济的共同特征看，其本质都是将对资源环境问题的考虑，从经济系统外部（或末端）转移纳入内部（或全过程），以改变经济系统自身的行为模式，促进经济发展与生态环境的协调相容。上述现象背后隐含着的，正是中国试图将资源环境要素从外部纳入经济内部，推动资源环境和经济增长发展为一体的演变过程。它深刻地体现了在认识、处理自身发展与环境相互关系上当今人类社会自我变革的基本内涵。若再联系到从清洁生产“突变”到循环经济期间曾发生过的一个小插曲，即“九五”期末，环保部门行将“淡出”清洁生产领域时，发动的那场急风暴雨式，但很快就在大的经济形势面前陷于尴尬处境的一控双达标零点行动。由此，一条“末端治理—清洁生产—（末端治理）达标行动—循环经济”的过程不难呈现出来，从而使我们能更清楚地看到这样一个不断将资源环境因素向经济系统内部渗透、反复推动资源环境和经济结合一体化的复杂历史脉络。

改革开放以来，短短20多年的时间，中国大体上完成了发达国家上百年的工业化过程，进入了经济学中称为工业化中期或加速期的阶段。但是，这一快速的经济发展是以资源能源的高消耗和环境的污染破坏为代价的。发达国家不同历史阶段出现的资源环境问题在中国短期内集中爆发出来。中国不仅遭遇发达国家早期经历过的能源危机与公害事件，而且面临着现代工业社会当前正应对的诸如电子废物、持久性有机污染、温室效应等新的环境问题。面对着人口众多，既要经济“翻两番”实现现代化，又要保护赖以生存发展的资源环境两者之间的尖锐矛盾，显然，压缩地模仿发达国家的工业化工程（包括环保的发展道路），不仅在当今的国际政治经济格局下已难以为继，更为重要的是透支地球资源，牺牲生态环境为代价的传统经济发展模式从根本上是错误和不可持续的。只有将排斥在经济系统之外的资源环境要素，融入经济系统内部全过程，从经济系统自身行为模式的转变上解决资源环境问题，这才是协调经济发展和资源环境保护的唯一出路。变革经济增长方式，推动资源环境与经济结合一体化，已是中国不容回避的现实要求和必然趋势。

但是作为发展中国家，源于富民强国的急迫要求而释放出来的发展经济的巨大能量冲动，由于观念、技术与体制等方面的原因，又使其难以挣脱传统经济发展模式与旧有生产消费方式的影响束缚。因而，长期排斥资源环境考虑的传统经济增长发展模式体系的巨大惯性，与将资源环境要素纳入经济体系内、推动资源环境与经济结合一体化的作用，必然形成两种力量的对阵较量而强烈地反映过来。显而易见，凸显于中国清洁生产和循环经济发展过程中的“一冷一热”和“一先一后”现象，正是这两种力量相互较量的典型特征。它一方面鲜明地表达了中国在将资源环境要素从经济系统外部（或末端）向其内部渗透，推动资源环境与经济结合一体化实践上的不断努力，另一方面，又突出体现着在这一转变中，中国经济发展模式向着经济堡垒内部冲击中两种力量此消彼长、交错推进的复杂特征。当然，将资源环境要素从外部渗透纳入经济内部一体化，绝非仅仅是转一下部门换一下门面就能大功告成。事实上，立了法的清洁生产不能进入经济建设的主流而坐着冷板凳，是一个值得深思的例证。

人类经济社会虽然具有自身运动的经济规律，但它不能不遵循自然规律。如果经济子系统的运作，不能与地球生态大系统相互协调，势必两败俱伤。向着资源环境与经济发展一体化下的经济增长方式转变，是当今中国处于巨大转折过程中，对长期沿袭的经济发展模式发出的变革挑战，既不等同于传统意义上经济发展模式转变，也有别于通常形式中的生态环境保护。虽然一般概念中的增长方式转变，总会带来资源能源的消耗和废物产生排放的不同程度的降低，但是问题的要害在于，如果不能从根本上扭转经济社会与其外部生态大系统的“错位”关系，依然置资源环境与“既定”的外部地位而不是经济增长的内涵因素，那么提高资源环境“生产率”方面的考虑，在转变经济增长方式的问题上当然也就无足轻重不必顾及。即使是“质量效益”的提高，也还是出于经济角度的衡量。与之相反，将资源环境纳入经济体系内的一体化增长方式，采取依靠提高资源环境生产效率（或说“生态效率”），通过不断减少生产和消费生命周期全过程的资源能源消耗以及废物产生排放，去实现经济系统的产出增加与效益的提高。它是一种融入资源环境要素、革除经济体系生态机能缺陷的转变，是一种不仅要经济质量效益，同时还包括获取资源环境效益的综合效益型的转变。

伴随着从人类环境会议到里约环发大会两次环境浪潮以来的进程，为从根本上解决来自人类社会系统自身结构与机能所导致的与生态环境大系统的矛盾冲突关系，国际上推动从“外部”到“内部”的一体化实践，不断涌现。联合国发起的清洁生产全球战略及与可持续消费相结合的举措，欧盟推出的物质流分析实践，德国伍珀塔尔（Wuppertal）研究所提议的 MIRS、4/10 倍因子（减物质化）理念方法，八国峰会新近启动的着眼废物的 3R 计划以及诸如日本实施的循环型社会建设等国家行动等，它们从不同的角度与层面，汇成了当今国际社会的时代潮流，丰富、深化并促进着资源环境和经济发展一体化进程。可以说，中国 20 世纪 90 年代以来清洁生产和循环经济的实践，正是国际一体化转型变革潮流在中国条件下的综合表现。

第三节 走出废物循环的循环经济误区

在中国扑面而来的循环经济浪潮中，始终存在着一种把循环经济演绎为种种废物循环的倾向。无论是循环经济初起时到处飞扬的“垃圾经济”呼声，还是此后循环经济实践中刻意追求的各种“链”“圈”设计，循环经济中的“循环”二字，使得人们费尽心思、削足适履，去追求各种废物的大小循环。仅从是否具有循环内容或活动来引经据典诠释循环经济，很容易一叶障目、以偏概全，误导对循环经济的认识，极大地束缚着促使将资源环境要素纳入经济体系内部的过程，严重抹杀弱化了循环经济的转变经济增长方式发展规模的深刻本质与丰富内涵，从而使循环经济在中国经济建设的主战场上难当重任。

仅以近期中国经济系统物质输入输出的几项指标为例看“十五”期末，中国能源消耗（标准煤）、二氧化硫排放、废水排放、固体废物产生总量分别比2000年增加了64.4%、27%、26%、64%。就在“十一五”规划刚刚实施的2006年上半年，原本规定需削减的单位产值能耗、二氧化硫和化学需氧量等约束性指标，再次出现不降反升的局面，分别同比增加0.8%、6.5%和4.1%。事实充分证明，如果不从导致中国资源环境问题的经济增长方式与结构入手，在资源节约和废物减量上下大力气，一味地在废物产生后面依靠“循环”而对旧有的经济体系模式修修补补，其结果显然对有效降低资源能源消耗与废物产生，提高资源环境生产效率于事无补，最终只会落入隔靴搔痒的无奈结局。

一段时间以来，德国的《循环经济与废物管理法》（或称《物质闭合循环与废物管理法》）和日本的《促进循环社会建设基本法》，成为中国用来表明国际上推动循环经济的发展方向与重大努力的典范，进而被广为宣传，以为这就是能转变中国经济发展方式的“循环经济”。德国和日本确实是目前国际上采用立法表达其循环实践的两个典型国家，其经验值得充分肯定，也需要学习。但是，就这两个国家的立法内容实施实践总体特征看，着眼点还是废物，特别是社会终端消费环节产生的废物与其循环利用问题。实际上，不细谈前已述及的国际社会在经济产生领域中不断涌现出来的各种“绿色”努力，即使是在德国和日本，也必须看到它们在“循环经济/社会法”外对产业开展的更大量的“绿色”实践。在德国，经济增长的重要特征之一就是生产领域的生态化。尽人皆知的简单例子就是为促进生态产品在世界最早实行“蓝衣使”计划以及曾让中国吃过“苦头”的偶氮染料禁令。而在日本，迫于资源匮乏，特别是20世纪70年代的石油危机，极大地促进了全国工业生产的能源效率，明显地提高了日本经济发展的质量和产品的国际竞争力。综合看待所有这些活动才能有助于整体把握“循环经济”在国际上的发展态势与本质内涵，从而为中国发展循环经济提供借鉴。

“九五”以来，资源环境问题一直是催促中国转变经济增长方式的积极动力之一。然而，眼下国家的“十一五”规划纲要已明确指出循环经济是转变经济增长方式的有效途径，用循环经济变革传统经济增长方式的时机真的来了，结果却既不从根本上触动传统增长方式的内在机制，也不谈对新型工业化具有决定作用的经济/产业结构生态化转型，反将循环经济导入着眼废物循环利用为主的种种活动，这不能不令人感到叶公好龙并非寓言。

废物循环利用，并非不重要。但要看到，它只是循环经济中改变物质代谢过程的方式之一。即便在发达国家的资源环境政策里，废物循环也成为最优先的行动选择。更重要的是，我们应该清醒地认识到：第一，废物的循环利用会有益于减少触及资源的消耗，但不一定必然降低物质流动数量。相反，经济扩张条件下，废物的循环利用甚至会加速物质流通速度，从而可能导致恶性的循环效应。第二，很多循环利用过程（特别是以目前的方式）往往是一种资源能耗更多、污染生产更为严重的活动。所以，对不可避免的废物建“圈”构“链”开展循环利用，不谈它的经济、技术问题，至少也应当在对循环利用活动的生命周期环境影响评价基础上进行才是。

第四节 “抓两头带中间”推动循环经济建设

跳出以废物循环作为循环经济的误区，采取“抓两头带中间”的方式，大力实施清洁生产，强化末端管制，应是中国推进循环经济的基本行动任务。

一 突出清洁生产在循环经济中的地位

在由生产与消费两个基本作用组成的经济系统中，生产环节（产业系统）是经济增长的直接支撑。从资源环境角度看，没有生产方式的转变，经济增长方式和发展模式的变革只能成为空谈。清洁生产向着传统生产模式吹响了进军的号角。进一步将清洁生产提升到包括消费问题的循环经济层面，这种对清洁生产的升华与深化，不仅有助于在循环经济的层次高度，推动以清洁生产为基础的产业系统的生态化转型，而且有助于促进消费方式的转变。

中国虽然面对由于人口增加与生活水平提高而带来消费环节的大量废物问题，但更主要的是面对经济高速增长中生产领域引发的严重资源环境问题。但是，如果把中国的循环经济基本实践不分重点、半斤对八两地将生产、消费一概而论，将以生产活动为主要对象的清洁生产，表面化地“转移”到废物循环，包括对社会消费废物的循环形式中，不仅难于从根本上扭转生产领域中对资源能源的大规模不合理需求与低效利用局面，而且无助于为转变消费行为提供绿色产品的有效支撑，从而只会使“循环经济”在中国“翻两番”的经济建设主战场面前显得苍白无力。特别地，在当前经济全球化下的国际产业大转移过程中，以重化工为特征的传统制造业正在向着中国大举登陆急剧发展，催生着中国成为“世界加工车间”。显然，中国发展循环经济的重点，必须针对中国经济发展与资源环境的基本矛盾特征，直接面向经济建设的主流，置于经济系统物质流的“源头”，即生产环节上。

2005 年，国家发改委等六部门联合启动了包括重点行业、再生资源回收利用领域、产业园区以及省市区域四个层面，共 82 家“单位”为对象的第一批国家循环经济试点工作。不难看到，主要试点对象均在生产环节。所提出的具体方案内容，除去那些上规模的产能扩产活动与“循环经济”根本不沾边外，符合循环经济试点方案评审要求的基本活动实际上就是清洁生产（甚至可以说，还是处于较低层次的清洁生产活动）。

因此，无论从道理上讲还是从现实中看，清洁生产成为中国（至少现阶段）发展循环经济的首要任务和基本实践，不容置疑。没有清洁生产，循环经济也就失去其生存的活力。突出中国循环经济中清洁生产的地位，更能紧密结合中国社会经济发展阶段的基本特征和新型工业化主战场建设的需要，更能直接促使将资源环境纳入经济系统内部、支持降低资源能源能耗和废物产生量的国家目标的实现，从而更能积极体现循环经济在根本上是以变革传统增长方式的“经济”内涵。

值得提出的是，中国清洁生产和循环经济实践中，对清洁生产往往存在一种狭隘的认识。一说清洁生产，以为仅是针对单个企业生产过程的活动，且不说这非但体现不了联合国的清洁生产概念内涵，反映不了国际社会上多样性的清洁生产实践，就是从中国《清洁生产促进法》的规定看，这一理解也明显存在相当大的偏差。清洁生产的要旨在于围绕结构生态化重组转型，推进产业生态化，它涉及产品（包括服务）、生产过程及其集合即产业系统不同层面。针对导致“资源—产品—废物”线性物质代谢模式的核心：产品，实施生态设计，是深化中国清洁生产的关键。产品的清洁生产，将会直接带动产品及其结构的绿色升级换代，改变生产过程技术和产业体系结构，促进产品生命周期过程中物质流的改观，提高生产的市场竞争力，同时利于打破在国际产业转移中只能用我们宝贵的资源能源为外国打工，甚至动辄被发达国家利用绿色壁垒打压中国的被动局面。大力在“产品”问题上下真功夫，使清洁生产上档次，这样才能获取更大的清洁生产成效，切实走出发展循环经济的路子。

从清洁生产到循环经济，是清洁生产在更高层面、更大范围上的拓展与深化。在循环经济的层次高度上实施清洁生产，有助于推动产业系统的生态化转型，而且有助于支持促进消费方式的转变，从而使清洁生产在循环经济中获得更为彻底的发展。

二 以强化末端管制促进资源环境和经济一体化

虽然人类社会，主要是发达国家，在实践上被认为曾走过一段末端模式的曲折道路而需要我们引以为戒。但也应看到，正是通过这种严格的外部或末端要求所形成的压力，才促使了它们将对资源环境的考虑向着经济活动内部的积极转移。因此，需要辩证认识发达国家的教训，变“废”为宝。

从经济活动末端转向内部，绝不意味着放弃末端管制要求，把洗过澡的水连孩子一起泼掉。我们要打破的是单纯依靠末端治理解决资源环境问题的模式体系，而并非简单地否定在经济活动末端应有的管制要求。很难设想，在一个连最低限度的末端要求都无法保障，而可以听之任之的情况下，在经济系统内部还会存在积极主动的清洁生产和循环经济行动。当然也更不难理解，为什么一说实施清洁生产和循环经济，就得出钱给优惠（这里绝非否定需要政府资金和政策的支持）而陷入举步维艰的境地。

中国经济发展以及资源环境保护处于混合阶段特征意味着，在以清洁生产为基础实施循环经济时，必须强化末端管制（并非一定是要上末端治理设施）。某种意义上，采取断其后路的“倒逼”机制，迫使对资源环境的考虑进入经济活动内部，是促进对清洁生产和循环经济产生有效需求的重要途径。

第五节　以制度创新打造发展循环经济的上下互动机制

中国推行循环经济的过程与实践，具有明显自上而下的特点，它表达了国家发展循环经济的决心和意愿。但是，清洁生产与循环经济的成功实施，更有赖于各级政府与广大企业等全社会扎扎实实地行动。

透过循环经济国家试点方案中暴露出现的一些共性现象，不难对“闻风而动”的各地循环经济实践“略见一斑”。例如，第一，相当部分的方案目标指标，特别是关键性的资源能源消耗与污染排放削减目标指标，很难看到与实施行动间的内在依托与关联。第二，很多方案内容，是在循环经济帽子下扩产计划的再版。甚至不少项目干脆就是赤裸裸的资源开发、大干快上的重化工工程。第三，方案实施依然是以高投入为支撑，鲜有含金量较高的技术创新内容。就连精心筛选的试点单位，其“包装”过的方案质量尚且如此，试点工作的实施效果也就难免不大打折扣。联系国家“十一五”规划纲要明文规定的资源（能源）环境硬指标不降反升的问题，显而易见，循环经济目前仍然是高层一头热的决策意愿，尚没有完全通达底部而形成上下互动的局面。循环经济实践中出现这些问题并不奇怪，它不过是在资源环境要素融入经济增长发展中时大量深层次制度（包括观念）障碍的各种折射反映。

彻底变革旧有经济模式赖以运行的制度基础，才能为循环经济扫平道路、创造依托条件。因此，运行将资源环境要素融入经济系统中的制度创新，应当是发展循环经济中一个极其重要的任务，其核心内容是围绕“绿色”市场的培育，建立政府—市场—微观主体（企业、社会公众）的循环经济推动和运行机制。虽然企业、社会公众是循环经济的行为主体，但是，这种制度机制的建立，关键还在于政府。令人高兴的是，一些政府部门已经行动起来并迈出可喜的一步，但是，也有一些政府的行为表现确实令人担忧：长期存在着的经济与资源环境脱节“两张皮”、追求短期政绩的观念与决策机制，各自为政相互分割的行政运行机能、部门分工权力利益化的趋向以及传统的管理方式等。没有政府的创新，循环经济的制度创新无异于竹篮打水、画饼充饥。

当前正在开展的循环经济立法，是中国循环经济制度创新的集中体现。采用立法手段肯定有助于促进循环经济的发展，然而从影响中国清洁生产法不能有效实施的种种原因表现看，循环经济立法也会面对同样的挑战。至少存在一个问题值得关注。这就是在中国立法实践中，往往把法律当作只是专门针对企业或社会群众等被管理者的工具，而缺乏对政府行为的明确约束和问责要求。面对推动经济增长发展模式变革，促进资源环境与经济一体化发展时政府具有的重要地位作用，如何对政府的种种行为，特别是重大经济管理决策行为进行规范，应该成为循环经济立法中的重要内容。促进资源环境与经济的一体化，首先是政府活动中纳入资源环境因素的一体化，唯此，才能有效改变当前中国循环经济实践中的上下脱节状态，将发展循环经济的政治意愿变为实际行动，推动“政府—市场—企业与社会公众”的循环经济运行机制的建设与形成。

清洁生产是循环经济的基础，循环经济是清洁生产的深化与拓展。采取“抓两头带中间”的策略，突出清洁生产，强化末端管制，应成为中国发展循环经济的基本实践。以政府为重要对象的制度创新是扭转当前中国循环经济实践中上下脱节的必要条件。

将以发展国内生产总值为导向的传统经济模式转变为一种资源环境和经济于一体的循环经济模式，本质是一场将资源环境要素从经济系统外部融入内部，充满着“纳入”与“排斥”两种作用力量的相互较量，此长彼消、反复曲折的变革。形势喜人也更为逼人，要实现中国经济的可持续发展，任重而道远。

第 二 篇

回顾展望篇

第六章 “十一五”循环经济发展概况

“十一五”是中国循环经济发展的重要时期，循环经济理念深入人心，循环经济政策体系初步形成，循环经济技术创新体系日趋完善，技术创新成效显著，循环经济取得了长足进步，为“十一五”资源环境目标的实现与和谐社会的发展做出了重要贡献。

21世纪以来，中国经济社会进入了新的发展阶段，经济高速增长，综合国力大幅增强，工业化和城市化进程不断加快，与此同时发展中的各种矛盾也集中凸显，经济社会发展面临严峻挑战。以科学发展观为指导，积极探索和实践新的发展模式成为“十一五”时期的重要主题。

第一节 “十一五”循环经济发展综述

一 中国在全球化背景下工业化、城镇化、信息化加速推进

自20世纪90年代开始，全球化成为世界经济发展潮流，经济全球化步伐明显加快。2001年中国成为世界贸易组织的成员，标志着中国开始融入经济全球化发展。以此为契机，中国对外开放水平进一步提高，成为世界经济的重要组成部分，世界制造业基地的地位基本确立，“中国制造”受到普遍关注。中国在世界经济发展中发挥着越来越重要的作用，在2008年爆发的世界金融危机中，中国经济的高增长速度对于世界经济的稳定和复苏所做出的贡献得到广泛好评。2010年，中国国内生产总值达到5.88万亿美元，占世界经济总量的比重为9.5%①，成为世界第二大经济体。2010年，中国货物进出口总额约2.97万亿美元（见表6－1），

① 国家统计局：《国际地位稳步提高 国际影响持续扩大——“十一五”经济社会发展成就系列报告之十七》，中国统计信息网，2011年3月24日。

进出口总额分别比2000年和2005年增长527%和109%。2010年，中国货物进出口占世界贸易总量的比重达到9.71%，分别比2000年和2005年提高了6.11个和3.05个百分点，其中出口总量居世界第一位，进口总量居世界第二位。“十一五”期间，我国外商直接投资累计约达到4260亿美元，年均增长11.9%，是“十五”期间的1.55倍，全球排名由“十五”末的第四位上升至第二位。

表6-1　　**2000年—2010年中国对外贸易和利用外资情况**　　单位：亿美元,%

年份	出口	进口	进出口	占世界贸易总量的比重	外商直接投资额	增长率
2000	2092.0	2250.9	4742.9	3.60	407.15	0.98
2001	2661.0	2435.5	5096.5	4.02	468.78	15.14
2002	3256.0	2951.7	6207.7	4.69	527.43	12.51
2003	4382.8	4127.6	8509.9	5.51	535.05	1.44
2004	5933.2	5612.3	11545.5	6.14	606.30	13.32
2005	7619.5	6599.5	14219.1	6.66	603.25	-0.50
2006	9689.4	7914.6	17604.0	7.17	630.21	4.47
2007	12177.8	9559.5	21737.3	7.69	747.68	18.64
2008	14306.9	11325.6	25632.6	7.89	923.95	23.58
2009	12016.1	10059.2	22075.4	8.77	900.23	-2.56
2010	15777.5	13962.4	29740.0	9.71	1057.40	17.45

资料来源：国家统计局、世界贸易组织。

在经济全球化加速发展的背景下，中国工业规模迅速扩大。2010年，中国工业增加值达到16万亿元，按照不变价格来算，“十一五”期间累计增长73.78%，为2000年的2.91倍。21世纪以来，中国工业化的特征相当明显，重工业成为工业增长的主要力量。“十一五”期间，规模以上工业中重工业累计增长102.5%，比轻工业累计增长率高出19.3个百分点；2010年重工业比重为64.81%，比2005年提高2.08个百分点，比2000年提高了4.29个百分点（见表6-2）。重工业基础原材料产量大幅提高，2010年钢材产量为7.98亿吨，水泥产量为18.8亿吨，其中有色金属产量为0.31亿吨，纯碱和烧碱产量为0.41亿吨，乙烯产量为0.14亿吨，分别为2005年（2000年）的2.11倍（6.07倍）、1.76倍（3.02

倍)、1.89倍、2.84倍(5.03倍)、1.88倍(3.02倍)。与20世纪80年代后期和90年代初期“补课式”重工业化不同,本轮重工业化具有坚实的即期需求基础,是中国整体工业化进程中的重要组成部分。

表6-2 **2000年—2010年规模以上工业增加值增速及结构** 单位:%

年份	年增长率			比重	
	工业	轻工业	重工业	轻工业	重工业
2001	9.9	8.6	11.1	39.66	60.52
2002	12.6	12.1	13.1	39.48	60.79
2003	17	14.6	18.6	38.67	61.62
2004	16.7	14.7	18.2	38.01	62.41
2005	16.4	15.2	17	37.62	62.73
2006	16.6	13.8	17.9	36.72	63.43
2007	18.5	16.3	19.6	36.03	64.02
2008	12.9	12.3	13.2	35.84	64.19
2009	8.6	8.5	8.9	35.81	64.37
2010	15.7	13.6	16.5	35.16	64.81

资料来源:国家统计局。

与工业化发展相伴,中国城市化水平也大幅提高。2010年末,中国总人口约为13.41亿人,其中城镇人口6.6978亿人,占总人口比重为49.95%,分别比2005年和2000年提高6.45个和13.17个百分点(见表6-3)。2010年,中国50万人以上的城市数量已经达到234个,分别比2000年和2005年增加141个和13个;100万人以上的特大城市有125个,分别比2000年和2005年增加85个和12个;城市人口密度为2209人/平方公里,分别是2000年和2005年的5.01倍和2.54倍。

在世界信息化浪潮的带动下和新型工业化道路的引领下,信息化成为中国工业化的重要组成部分。2010年,规模以上电子信息产业实现增加值1.4万亿元,占全部工业增加值的比重达到8.8%。尽管受国际金融危机的影响,2008年和2009年增速有所下降,但按照名义价格计算,2005年—2010年规模以上电子信息产业增加值累计增长109.6%,年均增速为15.95%。[①] 2010年,

① 依据《2010年电子信息产业统计公报》相关数据计算,工信部网站,2011年2月11日。

电子信息产品进出口额达10128亿美元，占全国外贸总额的34.1%，其中出口5912亿美元，占全国出口总额为37.5%。2010年，中国集成电路产量为652.5亿块、程控交换机产量为3133.3万线、手机产量为9.98亿台、微型计算机产量为2.46亿台，分别是2005年（2000年）的2.42倍（11.10倍）、0.41倍、3.29倍（19.02倍）、3.04倍（36.58倍）。

表6-3　**2000年—2010年中国人口结构**　单位：万人,%

年份	总人口	城镇人口	比重	乡村人口	比重
2000	126743	45906	36.22	80837	63.78
2001	127627	48064	37.66	79563	62.34
2002	128453	50212	39.09	78241	60.91
2003	129227	52376	40.53	76851	59.47
2004	129988	54283	42.01	75705	57.99
2005	130756	56212	43.5	74544	56.5
2006	131448	58288	44.34	73160	55.66
2007	132129	60633	45.89	71496	54.11
2008	132802	62403	46.99	70399	53.01
2009	133450	64512	48.34	68938	51.66
2010	134091	66978	49.95	67113	50.05

资料来源：国家统计局。

在信息产业发展的带动下，中国信息化水平显著提高。目前，已有89%的机械企业建立了电子财务管理系统，超过90%的钢铁企业引用了电子采购、财务、销售等系统，ERP、SCM、CRM等信息系统在石材、建材、食品、轻工等行业应用也不断深化。2009年中国电子商务交易额达3.8万亿元，是2005年的3.15倍；大中型企业的网上采购与销售（B2B）占销售的比重达36.8%[①]。2010年，中国电话普及率达到86.41/百人，比2000年和2005年分别提高352%和51%，并且从2004年开始中国移动电话普及率超过固定电话普及率，2007年出现了移动电话替代固定电话的趋势，中国开始进入移动通信时代。2010年，中国移动电话普及率

① 《工业、通信业和信息化“十一五”规划落实情况》，工信部网站，2010年10月20日。

达到64.36部/百人。2010年，中国互联网上网人数达到4.57亿，分别为2000年和2005年的19.9倍和4.1倍，网民数量居全球首位（见表6-4）。

表6-4 **2000年—2010年我国居民信息化水平**

年份	移动电话交换机容量（亿户）	长途光缆线路长度（万公里）	互联网宽带接入端口（亿个）	互联网上网人数（亿人）	电话普及率（含移动电话）（部/百人）	移动电话普及率（部/百人）	互联网普及率（%）
2000	1.4	28.66	—	0.23	19.1	6.72	—
2001	2.19	39.91	—	0.34	26.55	11.47	—
2002	2.74	48.77	—	0.59	33.67	16.14	4.6
2003	3.37	59.43	0.18	0.8	42.16	21.02	6.2
2004	3.97	69.53	0.36	0.94	50.03	25.91	7.3
2005	4.82	72.3	0.49	1.11	57.22	30.26	8.5
2006	6.1	72.24	0.65	1.37	63.4	35.3	10.5
2007	8.55	79.22	0.85	2.1	69.45	41.46	16
2008	11.45	79.8	1.09	2.98	74.29	48.53	22.6
2009	14.41	83.1	1.38	3.84	79.89	56.27	28.9
2010	15.03	81.81	1.88	4.57	86.41	64.36	34.3

资料来源：国家统计局、工信部。

二 中国所面临的资源环境压力不断加大

与发达国际的发展历程不同，中国作为人口众多的发展中大国，在全球化背景下在较短时期内实现工业化、城市化、信息化整体推进面临着更加严峻的挑战。重工业资源高消耗、污染物高排放的特点，城市规模扩展导致的能耗和生活垃圾问题，信息产业稀有资源高消耗和信息产品升级形成的电子垃圾，以及在国际价值链分工中的低端地位使资源环境面临着巨大压力。中国已经探明可供开采的主要能源资源和矿产资源储量占世界总储量的比重相对较低，其中石油为1.8%，天然气为0.7%，铁矿石不足9%，锰矿石约为18%，铬矿石为0.1%，铜矿石不足5%，铝土矿为2%，钾盐矿小于1%。即使相对较为丰富的煤炭资源，人均储量也仅为世界水平的76%，经济快速增长与资源供给不足的矛盾日益显现。2010

年，中国原油进口量达到2.38亿吨，分别比2000年和2005年增加238%和87%；原油消费对外依存度为54.73%，分别比2000年和2005年提高26.49个和15.26个百分点（见表6-5）。2009年，中国铁矿石进口量为6.28亿吨，比2000年增长2.67倍；进口铁矿占生铁原料用量比重为66%，比2000年提高31.55个百分点（见表6-6）。

表6-5　**"十一五"时期原油供给情况**　单位：亿吨，%

项目	2000年	2005年	2006年	2007年	2008年	2009年	2010年
生产量	16300.0	18135.3	18476.6	18631.8	19044.0	18949.0	20301.4
进口量	7062.5	12681.7	14517.5	16316.0	17888.5	20365.3	23768.2
出口量	1030.6	806.7	633.7	388.4	423.8	507.3	303.0
消费量	21232.0	30086.2	32245.2	34031.6	35498.2	38128.6	42874.6
消费对外依存度	28.24	39.47	43.06	46.80	49.20	52.08	54.73

资料来源：《中国能源统计年鉴》，对外依存度为计算所得。

表6-6　**2000年—2009年中国铁矿石进口情况**　单位：亿吨，%

年份	国产铁矿石	进口铁矿石	生铁	进口铁矿石占生铁原料用量比重
2000	2.4	0.7	1.31	34.45
2001	2.17	0.92	1.49	40.05
2002	2.31	1.11	1.71	42.51
2007	7.07	3.83	4.71	52.09
2008	8.15	4.44	4.71	51
2009	8.8	6.28	5.44	66

资料来源：余永富等《铁矿石选矿技术进步对炼铁节能减排增效的显著影响》，《矿冶工程》2010年8月。

与资源消耗相关，中国所面临的环境形式相当严峻。尽管"十一五"期间采取了较为严厉的措施，环境保护取得了显著成效，但随着经济规模和城市规模的扩大，环境压力依然相当大。2010年，全国废水排放总量为617.3亿吨，工业废气排放总量为51.92亿立方米，工业固体废弃物产生量为24.09亿吨，分别比2005年增加18%、93%和79%。虽然水环境和城市空气质量均有所好转，但2010年七大水系劣V类水质断面比例仍占16.4%，近岸海域298个海水水质监测点中IV类、劣IV类海水仍占23.2%，空气质量三级和劣三级的城市比重为18.3%。

三 需要探索科学发展观途径和有效载体

就发展而言，目前中国仍处于工业发展的中期，同时面临城市化、信息化加速发展的局面，经济增长所引发的资源、环境问题已不容回避。而另外，中国经济社会发展面临着诸多内部压力，扩大就业、缩小收入差距、国家财政增收、人口老龄化等问题均需要经济保持较快增长。相对于发达国家的工业化，中国不能走“先污染、后治理”的老路，作为发展中大国，在经济全球化条件下已经不具备上述条件。在这种背景下，探寻一条全新的资源、环境和经济协调发展的道路刻不容缓。循环经济以其独有的特点，成为破解上述难题的战略选择。依据循环经济的发展模式，深入把握资源、环境和经济之间的内在关系，积极主动实现三者相互融合，既是对发达国家经验教训的总结，又是落实科学发展观、构建社会主义和谐社会的重大战略举措。

第二节 “十一五”循环经济实践主要成效和基本经验

“十一五”期间，把推进循环经济发展作为一项重大战略任务，在钢铁、有色金属、煤炭、电力、建材（水泥）、石油和化工、造纸、矿业、再制造等工业部门，以及农业加工园区、再生资源回收体系、废旧金属、废旧家电、废旧塑料、废旧橡胶和废纸等重点领域，积极推动重点企业和重点园区开展实践，取得了长足进步，产生了明显效果。

一 “十一五”循环经济发展主要成效

（一）由理念转化为共同行动

在最早明确提出循环经济概念的德国，循环经济主要是一种环境管理手段。根据中国现阶段工业化和城市化的国情，循环经济发展已进一步上升为协调经济发展与资源节约、环境保护关系的制度安排，已由基于废物循环利用的经济提升为国家经济发展模式，发展循环经济作为重大战略列入《国民经济和社会发展第十一个五年规划纲要》。

"十一五"期间，有关部门和新闻媒体围绕发展循环经济主体，结合循环经济发展，开展系列宣传教育活动，循环经济的理念深入人心，形成了良好的社会氛围。在此基础上各地把发展循环经济作为确立和落实科学发展观的载体，建立健全工作机制，开展多方位、多层次试点工作，全国各地、各行业都开展了循环经济工作，发展循环经济不仅成为全社会共识，而且成为全社会的共同行动。

（二）自主创新支撑作用显著增强

循环经济的发展从内部产生了对新技术的需要，国家促进自主创新的政策和对循环经济发展的大力推动，大大激发了企业加快基于资源高效利用和循环利用的自主创新的积极性，催生了一批提高资源利用效率和废弃物综合利用效率的新技术，显著增强了自主创新对循环经济发展的支撑作用。例如，山东新汶矿业集团自主研发了一系列具有自主知识产权的循环经济关键技术，几年来共同完成各类技术攻关、新技术推广及系统优化项目800余项，极大提高了循环经济的经济效益和物质再生利用效率。山东泉林纸业有限公司以秸秆等非木纤维为原料制浆造纸，先后获得相关授权发明专利45项，公司自主研发的"秸秆清洁制浆"和"制浆废液源化利用"等技术达到国际领先水平，解决了传统草浆生产废物高、污染重、效率低、质量差等技术难题，为中国利用秸秆麦草造纸这一传统产业的现代化发展提供了强有力的技术支撑。中国汽车零部件等机械装备再造技术已达到国际领先水平，形成了独具中国特色的汽车零部件再制造产业。自主创新正在逐步改变过去把循环经济视为"破烂经济"的认识和看法。

（三）科技支撑体系初步形成

《2020年中长期科技发展专项规划》对循环经济技术研究与开发进行了专门描述，科技部在"国家科技支撑计划"和"863"计划中均把循环经济作为专项领域，重点支撑了20多项重大攻关项目。国家发改委联合相关行业，组织编印了10多个行业的循环经济支撑技术，对提升循环经济发展水平、推动行业技术进步发挥了重要作用。

围绕自主创新，结合技术引进、消化和吸收，中国企业开发、示范和推广了一批对行业有重大带动作用的共性和关键链接技术。粉煤灰生产氧化铝的技术和工艺达到了国际先进水平；新疆天业集团研发建设聚氯乙烯干法乙炔配套110万吨新型干法水泥生产线，废渣利用率达到100%，不仅在电石渣水泥生产技术上创行业之先，也开创了具有中国特色的聚氯乙烯工业。纯低温余热发电、干法熄焦、高炉炉顶压差发电、钢渣水渣综合利用、电石渣干法制水泥、高炉回转炉吸纳社会废物等一批适用技术得到广泛应用，一批成熟的农业循环经济技术在广大农村逐步推广。

（四）涌现出一批典型企业（园区）和模式

通过规范循环经济准入，加快现有企业循环经济技术改造，以及健全区域层面和社会层面的制度创新安排，“十一五”期间新的循环经济模式的技术经济范式逐步形成，涌现出一批具有中国特色的高效率的循环经济发展模式和一批典型循环经济企业（园区），对循环经济发展起到先导作用。以山东新汶矿业集团、山西潞安矿业集团和云南驰宏等为代表的矿山绿色综合高效开采与资源能源跨行业综合利用循环经济发展模式，集矿山生态开采、共伴生资源和废弃物跨行业高效综合利用、资源深加工与生态回复建设与一身，不仅提升了资源开采回收率和综合效益，增加了就业，而且显著降低了资源开采和生态保护成本；以北京水泥厂、苏州工业园等为代表的企业（园区）协同处理城市危险废弃物或工业固体废物，与城市共享污染处理基础设施，共建或共用信息管理系统和服务平台，实现了企业（园区）与城市的有机融合或一体化发展；以贵港集团、泉林纸业、东园家酒和甘肃定西为代表的工农复合循环经济发展模式，在企业获得了较好效益的同时，对农村地区土地集约利用，农村环境保护与能源结构改善，促进产业升级和发展模式转型，提升新农村建设水平，以及促进城乡一体化等都发挥了重要作用。其他如以济钢、宝钢为代表的长流程钢铁行业循环经济模式，以上海化工园区、山东海化、北疆电厂等为代表的核心企业或核心产业主导、多产业集聚共生的园区循环经济发展模式，以浙江台州再生金属园区、青岛新天地、湖南汨罗等为代表的再生资源或“城市矿产”专业园区模式等，都是各重点行业和重点领域中发展循环经济的典型。

（五）取得显著的资源能源和环境效益

2010 年，中国工业固体废弃物综合利用量约达 15.09 亿吨，综合利用率达到 67.04%，比 2005 年提高 7.45 个百分点（见表 6－7）。其中，尾矿综合利用量约达 1.7 亿吨，利用率达到 14%，比 2005 年提高 7 个百分点；煤矿石综合利用量约达 3.6 亿吨，综合利用率约达 61.4%，比 2005 年提高 8.4 个百分点；粉煤灰综合利用量约达 3.2 亿吨，综合利用率达到 68%，比 2005 年提高了 2 个百分点；工业副产石膏综合利用量达

0.58 亿吨，综合利用率达 42%；冶金渣综合利用量达 1.7 亿吨，综合利用率达 55%，比 2005 年提高 18 个百分点（见表 6－8）。目前，中国大宗固体废弃物除尾矿、磷石膏、脱硫石膏受技术经济等条件的限制利用率较小外，其他废弃物基本实现了由“以储为主”向“以用为主”的转变。全国共伴生金属矿产约 70% 的品种得到了综合开发，矿产资源总回收率和共伴生矿产综合利用率分别提高到 35% 和 40%，煤层伴生的油母页岩、高岭土等矿产进入大规模利用阶段。2010 农作物秸秆综合利用量达到 4.81 亿吨，综合利用率达 70.6%。

表 6－7　**“十一五”期间工业固体废弃物综合利用状况**　单位：万吨，%

年份	产生量	综合利用量	排放量	综合利用率
2005	124324	74083	1494	59.59
2006	142053	86304	1199.93	60.75
2007	164238.7	102537.2	1075.62	62.43
2008	177721	114932	697	64.67
2009	190673.5	128607.6	631.57	67.45
2010	225093.6	150899.4	437.89	67.04

资料来源：相关年份《中国统计年鉴》。

表 6－8　**“十一五”期间大宗工业固体废弃物综合利用情况**　单位：亿吨，%

名称	2005 年		2010 年	
	产生量	利用率	产生量	利用率
尾矿	7.33	7	12.4	14
煤矸石	3.47	53	5.94	61.4
粉煤灰	3.02	66	4.8	48
工业副产石膏	0.55		1.37	42
冶金渣	1.17	37	3.15	55
建筑废物	4		6.28	71

资料来源：国家发改委《大宗固体废弃物综合利用实施方案》。

重点领域中的再生资源综合利用成绩斐然，节能减排效果突出。“十一五”期间，中国钢铁企业总共消耗废钢铁 3.78 亿吨，年均增长量 470

万吨，与用生铁炼钢相比，减少二氧化碳等气体排放 9.4 亿吨；减少废水排放 11.3 亿—18.9 亿吨；减少冶金固体渣排放 11.1 亿吨。2009 年，主要再生有色金属总产量占当年 10 种有色金属产量的 24.3%，相当于 10 年前全国 10 种有色金属总产量，其中再生铜在铜产量中占 52%，再生有色金属产业已形成较大规模，"十一五" 前四年，中国再生有色金属与生产等量原生金属相比，节约 4650 万吨标准煤，节水 18.8 亿立方米，减少固体废物排放 34.5 亿吨，减少二氧化硫排放 112 万吨；2010 年，再生总产量增至 775 万吨，再生金属产业已经成为中国有色金属工业的重要组成部分。

重点行业主要产品单位能耗有较大幅度下降，能效整体水平显著提高。"十一五" 期间，火电供电标准煤耗由 2005 年的每千瓦时 370 克下降至 355 克，重点钢铁企业平均吨钢综合能耗由 694 千克标准煤降至 605 千克标准煤，吨氧化铝综合能耗由 998 千克标准煤下降至 591 千克标准煤，水泥熟料烧成能耗由 144 千克标准煤下降至 115 千克标准煤，吨原油加工综合能耗由 127.1 千克标准煤下降到 99.3 千克标准煤，吨乙烯生产能耗由 1582.1 千克标准煤下降到 1356.4 千克标准煤。"十一五" 期间，全国国内生产总值单位能耗下降 19.1%，二氧化硫排放量减少 14.29%，化学需氧量排放减少 12.45%，单位工业增加值用水量下降 36.7%，基本完成了规划《纲要》确定的目标任务，其中循环经济发展做出了主要贡献。

（六）有力地促进了发展方式转变

通过企业间的物质、能量和信息集成，构建企业间的产业链和共生网络，把废弃物变为资源，节省运输成本和废弃物处理成本，不仅可以使企业实现较好的经济效益，大大缓解对资源的依赖，也可以极大促进区域环境改善和地方经济发展。通过企业集聚，生产力合理布局，实现基础设施共享，废弃物收集和处理规模化，降低交易成本，产业链延长，提高资源和能源利用效率，提升竞争力，促进地区经济可持续发展。

通过发展循环经济，资源综合利用产业、节能环保产业和再制造业已成为中国新的经济增长点。"十一五" 期间，中国节能环保产业发展迅速，每年以 15%—17% 的速度增长，成为我国主要的新兴产业，循环经济已成为中国走新型工业化道路、促进结构优化、转变经济发展方式的重要载体。循环经济发展也有力地促进了社会的发展。商务部、财政部投入

17.5亿元，支持建设了44个城市的33075个再生资源回收网点、181个分拣中心、22个集散市场和36个区域性大型再生资源集散市场。2010年中央财政支持的40多个试点城市和36个回收利用基地再生资源回收量就达到了6500多万吨，回收总值3200多亿元，回收率达到近70%。

二　“十一五”循环经济发展的基本经验

“十一五”是中国从国家战略层面推动循环经济发展的起步阶段，循环经济实践和取得的成效也为“十一五”全面推进循环经济发展提供了十分宝贵的经验。

（一）统一认识和科学规划相结合

“十一五”期间，通过有关部门的大力倡导和积极宣传，各级政府、企业乃至广大群众对循环经济理念的认识上升到一个新的高度，为循环经济工作的开展奠定了坚实的基础。循环经济是一种基于资源合理布局、要素合理配置的经济发展模式。它强调以尽可能少的资源消耗和尽可能小的环境代价，达到最大的经济产出和最少的废物排放，实现经济、环境、社会效益的统一，促进资源节约型和环境友好型社会的建立。发展循环经济涉及生产、生活的各个层面，是一项涵盖范围广、复杂程度高的系统工程。“十一五”期间，国家有关部门从制度创新、技术创新、观念创新等多方面入手，结合国民经济和社会发展，进行统筹规划。根据缓急轻重，明确发展循环经济的基本思路、主要和阶段性目标、重点任务和项目载体，实施协调配套的政策等，为保证循环经济有序发展起到重要的保障作用。

（二）政府推动和市场主导相结合

发展循环经济是从根本上解决环境污染的有效途径，具有明显的正的外部特性。在资源价格体系尚未体现全部环境价值，尤其是再生资源定价体系还未理顺、外部环境监管相对较松的情况下，企业作为“经纪人”必然把利润最大化放在首位，其发展循环经济的动力不足。因此，在循环经济发展的初期阶段政府推动作用尤为主要。“十一五”期间，国家加大支持循环经济相关项目建设的专项资金投入，部分省市设立了循环经济专项资金，很好地解决了企业发展循环经济初始投入不足、积极性欠佳等问题，达到了“四两拨千斤”的效果。同时，税收和价格政策调整，也发挥了重要的支撑作用和导向作用，为循环经济发展提供了坚实有力的保障。

（三）技术创新和制度创新相结合

循环经济生产方式是通过资源、能源高效利用和循环利用，实现全过程环境保护和污染治理。因此，开发和应用资源高效和循环利用的关键与共性技术是循环经济发展的重要支撑。同时，作为一种新的发展模式，循环经济更是一种新的技术经济范式和制度安排。“十一五”期间循环经济的发展，既离不开纯低温余热发电、工业固体废弃物综合利用等一批对行业有重大带动作用的共性、关键链接技术的开发应用，也离不开园区和区域循环经济发展协调，更离不开国家在制度上的大力推动，陆续出台《循环经济促进法》、《废弃电器电子产品回收处理管理条例》、《再生资源回收管理办法》、《中国资源综合利用政策大纲》等一批法律法规，以及不断完善财政、税收和投融资等配套政策。

（四）集约发展和合理布局相结合

按照企业入园模式，相关产业联合形成企业之间的循环经济联合体，形成企业集群，发挥产业集聚效应，构建“产业集聚、企业入网、专业分工、产业成链、技术创新、清洁生产、设施共享、物流循环”的发展新格局，实现集约化和专业化发展，对提升竞争能力，提高资源和能源利用效率，降低能耗，减少污染物排放发挥了重要促进作用，也有力带动了地方经济加快转型发展。根据资源循环利用产业发展现状及循环经济试点成效，根据发改委、财政部等部委首批选择天津子牙循环经济产业区等7家区域性资源循环利用园区开展“城市矿产”示范基地建设，国家环保部先后批准了几批封闭管理的“静脉产业”园区，对改变市场分散、无序发展状态，优化资源循环利用发展布局，提高资源循环利用水平起到了重要推动作用。

（五）试点推动和典型带动相结合

“十一五”期间，国家发改委等六部委先后组织了两批国家循环经济试点，工信部、商务部分别组织了工业固体废物综合利用、再生资源回收利用体系建设试点。试点工作催生出一批新技术，多数试点单位都取得了较好经济效益。在试点工作推动下，探索建立了重点行业、重点领域和不同区域发展循环经济的有效模式，通过“以点带线，以线带面”，促进了循环经济的全面深入发展。

第三节　“十一五”循环经济发展中存在的突出问题

“十一五”是我国循环经济发展全面推进阶段，循环经济发展取得了显著成效和宝贵经验，但不可否认，仍然存在许多突出问题，需要在“十二五”乃至更长时期加以解决。

一　经济发展定位有待明确

对循环经济概念的认识具有一定的局限性。有观点认为只有社会层面的静脉产业才是循环经济，而再制造、企业内部和园区包括区域企业间的物质循环等都不属于循环经济的范畴；在学术界，循环经济被看作“废弃物经济”，或等同于企业清洁生产的显现较为突出。另外，循环经济“泛化”解读显现广泛存在，即把企业环境保护和污染治理活动全部看作循环经济活动。

目前占主流的观点认为，微观上，循环经济是基于物质流实现物质的网络化，以物质循环和能量梯级利用过程替代传统的单项生产过程，实现资源能源利用效率的提高，减少污染排放。宏观上，循环经济通过生产、流通和消费全过程的减量化、再利用和资源化，实现经济社会可持续发展，其本质是一种以技术创新和制度创新为依托，以资源高效利用和污染低排放为特征的技术经济范式。与以资源高消耗、污染高排放为特征的传统经济发展模式相比，循环经济就是一种以资源低消耗、废物少排放和环境代价小为特征的新型经济发展模式。但也有观点认为，循环经济活动形成产业，循环经济就是类似于环保产业形式的循环经济产业。甚至有人认为，其核心就是静脉产业，或者再生资源综合利用产业。

此外，对循环经济与节能减排、低碳经济、绿色经济等概念之间的关系也存在一定争议。循环经济文化体系尚待完善。目前社会仍然没有建立起从城市设计、工业园区设计、工程设计、产品设计开始即按照循环经济原理进行规划设计，进行资源配置，构建循环经济产业链网络体系，从产品生产、包装运输、使用消费、报废回收和再生利用等全过程进行全寿命周期管理的文化体系。

二 长效机制和政策体系有待健全

《循环经济促进法》颁布之后，各地分别制定了适合本地区循环经济发展的相关政策、条例和办法等，但与《循环经济促进法》相配套的规范化的法律法规体系尚不完善。例如，目前尚未针对重点再制造产品颁布任何行政性法规。

“十一五”期间，国家发改委和相关部门，以及各地实施了一些有利于促进循环经济发展的财政和税收政策，如对试点企业给予适当财政补贴、调整再生资源增值税政策等，调整和完善了节能型汽车消费税，在降低企业进入障碍、促进再生资源的有效利用、减轻污染、加强环境保护等方面，发挥了积极作用。但现有的财政和税收政策还是零星的、不系统的，调节的范围和力度还远远不够。例如，以废旧物为主要原料生产的最终产品和以原生资源生产的产品适用同一税率精算进项税额，就赋税而言，前高于后者。

资源价格没有理顺，一些原生资源与再生资源比价关系存在严重的扭曲情况。部分矿产资源、电力、天然气、石灰石和木材等原材料价格较低，企业仅依靠规模扩大和粗放发展即能获得较大的发展空间，影响企业发展循环经济的内在动力。在废气、废水和废物排放环节，我国并没有设置适当的税种，排污费收取水平不高，且很多地方存在博弈空间，企业的排污负担较轻，尚未形成严格的环境末端倒逼机制。

中国尚未制订强制回收目录，实践中难以全面实施生产者责任延伸制度。相当多地方也担心全面实施生产者责任延伸制度对经济增长影响过大，实施该制度也面临着相当大的阻力。循环经济联合体是发展跨企业循环经济的一种重要模式，但在现实中建立企业循环经济联合体还存在所有制、地方利益、部门利益等诸多合作壁垒。

此外，实际中一些现行制度客观上对企业和社会资本投入循环经济起到的是反向激励作用。

三 技术创新支撑能力有待进一步加强

目前，在循环经济的许多领域还存在着技术瓶颈，使得循环利用资源成本过高，制约着循环经济的发展。例如在废旧电子产品循环利用、废旧电池循环利用、利用尾矿进行矿井回填、工业废水中回收有价元素、有毒有害的有色金属矿渣再生利用等领域，都存在技术瓶颈制约经济效益问题。资源节约和环境保护重点技术的研发还比较薄弱，资源高效利用和循环利用的关键技术有待突破。在与循环经济相关的运用生态设计理念对材料的组成、生产流程、产品的反复使用、再生利用途径、开展全面的新型设计理念等方面，缺乏科技创新思维，企业创新能力较弱，多循环经济的节点性关键技术和重点技术研究与研发投入不足。循环经济发展通常涉及多个环节，需要将其集成起来，形成稳定的技术组合。在实现集成创新过程中，在应用环节还存在着一些障碍。市场化的技术交易、转移和扩散平台尚未形成，社会化的技术成果转移机制还不完善，先进技术面临全面推广困难。

在废弃物综合利用领域，产业组织结构相对分散，主要以中小型企业为主，技术水平参差不齐和多样化的现象并存。由于缺乏技术线路优化体系，多种技术线路并存，尚没有形成多方案的技术经济效果综合比较评价机制，许多资源和废弃物被低价值利用。

四　工农业和地区发展不平衡问题较为突出

近年来，农业发展迅速，化肥使用量加大，面源污染加剧，同时受城市土地资源约束，污染由城市向农村地区转移的速度加快，中国农业和农村地区环境问题日益突出，加快发展循环经济的内在需求日益迫切。目前，受农业和农村地区工农业生产规模偏小、财力偏弱等因素影响，农户和企业主体发展循环经济的能力相对较弱，农业和农村地区循环经济发展相对滞后。

“十一五”循环经济发展重点集中于工业中的钢铁、有色、煤炭、电力、石油石化、化工、建材、纺织和造纸等9个重点耗能行业中的大中型企业。但相比较而言，对所谓的非重点行业，如食品制造业等，以及重点行业中的中小企业，则重视不够。废弃物再生利用是循环经济的重要领域，但我国废弃物回收体系尚不健全，恶性竞争现象较为突出，加工利用企业规模小，数量多。由于技术落后，环境管理滞后，缺乏完善的管理体系，因此再生利用水平低，二次污染显现时有发生。生活垃圾处理能力仍严重不足，一些城市甚至出现“垃圾围城”现象，且主要以无害化处理为主，资源化率很低，我国大部分乡镇地区的生活垃圾处理率不及20%。

与沿海经济发达地区和中心城市相比，中西部地区由于经济发展水平相对落后，政府可掌控的财税资源相对较少，对循环经济的投入和支持力度相对较小。以粉煤灰、脱硫石膏综合利用为例，东部综合利用率总体较高，上海、南京等地综合利用率已达100%，但在山西、内蒙古、陕西、贵州等资源丰富的西部欠发达地区，煤炭资源和火电厂较为集中，固体废弃物产生量大，但受价格、市场等因素的限制，综合利用规模较小。

五 基础管理工作和服务体系较为薄弱

在中国现有统计框架中，多种重要资源消耗、产品产出和环境检测数据主要依赖相关协会、企业和地方政府向统计部门提供。受机构改革等多种因素的影响，一些资源性产品产出和消耗统计不完善。除少数学者和部分地方开展了一些尝试新的物质流核算实践外，多数地方尚未在政府部门主导或组织下开展物质流核算工作。

多数地方尚未充分利用现代信息技术，建立有效的公共管理和服务平台，导致很多中小型企业对发展循环经济的信息、技术和政策了解不多，企业间废弃物信息交流不畅，一些企业不得不自己处理废弃物。目前，中国除出台部分清洁生产标准外，循环经济的相关标准和标识工作仍非常不完善。由于缺乏相应的标准，产品在推广和市场接受中遇到一定的困难，虽然可临时借助政府手段的推动，但缺乏可持续性。

六 试点示范工作尚需进一步推进

由于示范工作启动时间较短，试点示范覆盖面较窄，数量较少，带动能力仍有待提高。受税收等各种因素影响，政府部门能直接投入的资金有限，试点示范主要以形象宣传导向为主，资金投入为辅，税收政策支持面仅限于废弃物回收和再生资源利用领域，且执行较难。尽管试点示范工作总体上取得了显著成效和宝贵经验，但试点示范单位验收工作和开展试点示范活动的总结工作尚未全面展开。

第七章 “十一五”循环经济政策体系建设

“十一五”期间，循环经济收到高度重视，政府政策给予循环经济大力支持，相关实践工作取得了长足进步，宏观管理取得了显著成效。

第一节 循环经济发展列入国家宏观及相关专项规划

2005年7月，国务院发布了《关于加快发展循环经济的若干意见》，提出“以提高资源生产率和减少废物排放为目标，以技术创新和制度创新为动力，强化节约资源和保护环境意识，加强法制建设，完善政策措施，发挥市场机制作用，促进循环经济发展”的指导思想和“力争到2010年建立比较完善的发展循环经济法律法规体系、政策支持体系、体制与技术创新体系和激励约束机制。资源利用效率大幅度提高，废物最终处置量明显减少，建成大批符合循环经济发展要求的典型企业。推进绿色消费，完善再生资源回收利用体系。建设一批符合循环经济发展要求的工业（农业）园区和资源节约型、环境友好型城市”的发展目标，成为循环经济发展的纲领性文件。

2006年3月，《国民经济和社会发展第十一个五年规划纲要》对循环经济发展加以专门规定，提出“坚持开发节约并重、节约邮箱，按照减量化、再利用、资源化的原则，在资源开采、生产消耗、废物产生、消费等环节，逐步建立全社会的资源循环利用体系”，标志着发展循环经济已经成为国家发展战略的重要组成部分。各地在制定“十一五”规划时也相继加入发展循环经济的重要内容。

根据“十一五”规划纲要的要求，循环经济在相关部门专项规划中均有明确表述。《国家环境保护“十一五”规划》中的控制固体废弃物污染、农村面源污染等部分均强调发展循环经济，在加快经济结构调整中进一步提出“要加快推进循环经济”；《国家中长期科学技术和技术发展规划纲要（2006—2020）》将“综合污染和废弃物的循环利用”作为环境重点领域的优先主题；国务院《节能减排综合性工作方案》将“创新模式，加快循环经济发展”作为实现“十一五”节能减排目标的基本工作，提出“深化循环经济试点”、“实施水资源节约利用”、“推进资源综合利用”、“促进垃圾资源化利用”、“全面推进清洁利用”等具体要求。

此外，主要耗能行业的“十一五”规划也明确提出要加快发展循环经济。《建材工业“十一五”规划纲要》将大力发展循环经济、水泥工业中通过提高水泥熟料质量、利用煤矸石、粉煤灰制砖取代部分实心黏土砖、采用纯低温余热发电技术作为节能的具体目标；《有色金属工业中长期科技发展规划（2006—2020）》中，把着力发展资源循环利用技术作为行业科技发展的重要目标，提出到2010年再生资源利用量提高到30%左右，2020年提高到40%。同时，重点项目中包括低品位矿利用、尾矿和废弃物资源化、稀有资源回收技术等循环经济技术，将再生资源回收利用作为重点专项加以部署；在《煤炭工业发展“十一五”规划》中，大力发展循环经济被作为节约资源和保护环境的方针及行业发展的重要政策措施。

第二节 开展多方位、多层次试点工作

2005年10月，国家发改委同国家环保总局、科技部、财政部、商务部和国家统计局等部门，正式启动第一批国家循环经济试点工作。本轮试点工作的范围和主要内容包括：选择钢铁、有色金属、煤炭、电力、化工、建材和轻工7个重点行业，依托42家企业开展试点，探索重点行业循环经济发展模式，树立一批循环经济的典型企业；选择再生资源回收利用体系建设、废旧金属再生利用、废旧家电回收利用和再创造4个重点领域，依托有关地方政府和相关企业等17家单位开展试点，完善重点领域再生资源回收利用体系，建设资源循环利用机制；依托天津经济技术开发区等13个不同类型的产业园区开展试点，提出按照循环经济模式规划、建设、改造产业园区的思路，形成一批循环经济产业示范园区；选择北京市等6个省市和宁波市等4个地级市开展试点，探索区域发展循环经济的

思路，形成若干发展循环经济的示范城市。

2007 年 12 月，国家发改委等又正式启动了第二批国家循环经济试点工作。在重点企业中，除第一批涉及的高耗能行业之外，增加了对实现节能减排目标有重要意义的农业、矿产资源、皮革、食品、包装、纺织印染等行业；资源综合利用方面，在再生资源拆解加工利用集散市场、废旧金属再利用、装备再制造、废旧电池及城市生活垃圾资源化等领域，选择有典型示范意义的相关企业和地方政府开展试点；产业园区方面，重点选择资源消耗高、节能减排任务较重的重化工业集聚区、产业关联度高的工业园区和集约型农业、农产品加工、农业废弃物综合利用一体化的农业园区开展试点；省市试点选择方面，选择以重化工业为支柱的资源型城市、能源水资源短缺的城市、资源约束矛盾突出的城市以及依靠高科技、产业结构转型推进循环经济发展的典型省市。试点的深度和广度进一步加强。

随着循环经济发展的深化，2010 年，国家发改委先后会同有关部门，适时启动了再制造与城市餐厨废弃物资源化利用和无害化处理试点工作，启动了“城市矿产”示范基地建设工作。试点示范工作不断走向细化和深入。

与此同时，根据部门分工不同，商务部先后于 2006 年和 2009 年组织开展了两批次再生资源回收体系建设试点工作，先后有 53 个省（市）和企业，以及 11 个集散市场被纳入试点工作。工业和信息化部组织开展了机电产品再制造试点，工程机械、工业机电设备、机床、矿采机械、铁路机车装备、船舶、办公信息设备和再制造产业集聚区 9 个领域的 35 家企业（园区）被纳入试点工作。工业和信息化部还启动了工业固体废物综合利用基地建设试点工作。

在国家循环经济试点基础上，各省市甚至县也相继针对地方发展实际，组织开展试点工作，形成了不同层次的试点体系。

第三节　建立促进循环经济发展的基本法律框架

“十一五”时期，中国循环经济发展的法制环境建设取得了突破性进展，相关法律框架基本形成。继《清洁生产促进法》之后，2008 年 8 月，第十一届全国人大常务委员会通过了《循环经济促进法》，该法是对中国现阶段发展循环经济的规范要求进行系统阐述的一部综合性法律。《循环经济促进法》首次明确了中国循环经济的法律内涵，即在生产、流通和消费过程中进行的减量化、再利用、资源化活动的总称；将发展循环经济定位为中国经济社会发展的重大战略，规定了“统筹规划、合理布局”，“因地制宜、注重实效”，“政府推动、市场引导”，“企业实施、公众参与”四大循环经济发展方针，以及在“技术可行、经济合理”和有利于“节约资源、保护环境”的前提下，减量化优化的循环经济发展原则；从“循环经济发展规划”、“资源利用和污染物排放总量控制”、“以生产者为主的责任延伸”、“高耗能、高耗水重点企业监督管理”、“生产、流通和消费各环节经济活动中的资源节约、废弃物减量以及废物再利用与资源化”等方面进行了相应规定，并提出了价格、税收、财政等经济激励措施；在行政管理方面，规定了各级政府的相关职责。《循环经济促进法》的颁布实施，从立法层面构建了促进中国循环经济发展的基本法律框架，是中国发展循环经济法律法规政策体系建立完善的重要标志。

2007 年 10 月全国人大常委会对《节约能源法》进行了修订，明确规定了节能管理、主要行业和领域的节能、节能技术进步以及相关领域的激励措施和法律责任；2008 年 2 月，全国人大常委会对《水污染防治法》进行了修订，进一步强化了可再生能源管理机制和相关政策措施。上述法律在不同层面对中国循环经济发展提供了支撑，与《清洁能源促进法》、《环境保护法》、《固体废物污染环境防治法》、《环境影响评价法》一道，初步形成了循环经济发展的基本法律框架。

第四节 研究出台和修订调整一批政策

“十一五”期间，国务院出台了一系列条例、法规、政策及指导性文件，在规范和引导循环经济健康发展方面，同样有着不可替代的作用。

国务院有关循环经济的法规、政策。2005 年 7 月 2 日发布《关于加快发展循环经济的若干意见》，是中国发展循环经济过程中首次由中央政策发布的、旨在全面促进循环经济发展的纲领性文件；2006 年 8 月 6 日发布了《关于加强节能工作的决定》，强调要充分认识到加强节能工作的重要性和紧迫性，该决定对产业调整、节能领域、技术进步、监督管理方面的工作提出了具体要求，包括建立对应的管理队伍和保障机制等，《关于加强节能工作的决定》统一了各级人民政府和各单位在节能工作方面的认识，明确了节能工作的开展方向和节能工作开展的保障措施，为最终实现“十一五”规划纲要节能目标打下了良好的基础；2007年5月印发了《节能减排综合性工作方案》，对节能减排进行全面部署；2008年8月1日发布《民用建筑节能条例》，对新建建筑节能、既有建筑节能、建筑用能系统运行节能，以及注册执业人员、房地产开发企业、工程监理单位、施工单位的相关责任做出了明确规定；2008年8月1日发布《公共机构节能条例》，包括总则、节能规划、节能管理、节能措施以及监督和保障等内容；2009年2月15日发布实施《废弃电器电子产品回收处理管理条例》，对建立废弃电器电子产品多渠道回收和集中处理制度，建立废弃电器电子产品处理专项基金制度，生产者、销售者、回收经营者、处理企业各自应当承担的责任，以及政府对废弃电器电子产品处理的监督管理制度等做出了具体规定；2009年8月，颁布了《规划环境评价条例》，对规划环境评价的内容、要求、审查、跟踪评价、法律责任进行了规定；2010年4月，发布《关于加快推行合同能源管理促进节能服务产业发展的意见》，对合同能源管理的重要意义、指导思想、发展目标及政策措施进行明确规定。

国家发改委有关循环经济的法规、政策。2007年7月，印发了《煤炭工业节能减排工作意见》，综合部署煤炭行业节能减排；2007年8月，印发了《节能减排全民行动实施方案》；2007年9月，发布了《电解金属锰行业清洁生产评价指标体系（试行）》；2007年12月，印发了《关于做好中小企业节能减排工作的通知》；2008年4月，印发了《节能项目节能量审核指南》和《关于支持循环经济发展的投融资政策措施意见的通知》；2010年2月，印发了《关于启用并加强汽车零部件再制造产品标志管理与保护的通知》；2010年5月，印发了《关于组织开展城市餐厨废弃物资源化利用和无害化处理试点工作的通知》和《关于推进再制造产业发展的意见》；2010年12月，发布了《废弃电器电子产品处理目录（第一批）适用海关商品编号（2010年版）》和《循环经济发展规划编制指南》。

国家环保局有关循环经济的法规、政策。2006年11月，发布了《环境统计管理办法》；2007年9月，发布了《电子废物污染环境防治管理办法》；2007年2月，公布了《环境信息公开办法》；2008年1月，发布了

《禁止进口固体废物目录》、《限制进口类可用作原料的固体废物目录》和《自动许可进口类可用作原料的固体废物目录》；2009 年 2 月，发布了《城镇污水处理厂污泥处理处置及污染防治技术政策（试行）》；2010 年 1 月，公布了《环境行政处罚办法》；2010 年 4 月，印发了《关于深入推进重点企业清洁生产的通知》和《生活垃圾处理技术指南》；2010 年 12 月，公布了《废弃电器电子产品处理资格许可管理办法》。

财政部和国家税务总局法规、政策。2008 年 8 月，公布了《资源综合利用企业所得税优惠目录》（2008 年版）；2008 年 12 月，印发了《关于资源综合利用及其他产品增值税政策的通知》；2009 年 1 月，印发了《关于调整节能产品政府采购清单的通知》；2009 年 8 月，印发了《关于开展"节能产品惠民工程"的通知》；2009 年 10 月，印发了《关于再生资源增值税退税政策若干问题的通知》；2010 年 6 月，印发了《合同能源管理项目财政奖励资金管理暂行办法》；2010 年 5 月，印发了《关于开展节能与新能源汽车示范推广试点工作的通知》。

商务部有关循环经济的法规、政策。2007 年 7 月，公布了《再生资源回收管理办法》；2009 年 3 月，印发了《关于加快推进再生资源回收体系建设的通知》；2010 年 6 月，公布了《关于进一步推进再生资源回收行业发展的指导意见》。

除了上述政策之外，"十一五"期间国家发改委还发布了电石、焦化、铁合金、铝、铅锌、铜冶金、氯碱（烧碱、聚氯乙烯）、电解金属锰、玻璃纤维、钨、锡、锑、平板玻璃、水泥、焦化等一系列行业准入标准及产品能耗限额强制性标准（见表 7－1），以及 6 批产品能效标示目录和 3 批重点节能技术推广目标。

表 7－1 **"十一五"期间我国制定的产品能耗限额强制性标准**

标准编号	标准名称	所属行业
GB16780—2007	水泥单位产品能源消耗限额	建材
GB21248—2007	铜冶炼企业单位产品能源消耗限额	有色金属
GB21249—2007	锌冶炼企业单位产品能源消耗限额	有色金属
GB21250—2007	铅冶炼企业单位产品能源消耗限额	有色金属
GB21251—2007	镍冶炼企业单位产品能源消耗限额	有色金属
GB21252—2007	建筑卫生陶瓷单位产品能源消耗限额	建材

续表

标准编号	标准名称	所属行业
GB21256—2007	粗钢生产主要工序单位产品能源消耗限额	黑色金属
GB21257—2007	烧碱单位产品能源消耗限额	化工
GB21258—2007	常规燃煤发电机组单位产品能源消耗限额	电力
GB21340—2008	平板玻璃单位产品能源消耗限额	建材
GB21341—2008	铁合金单位产品能源消耗限额	黑色金属
GB21342—2008	焦炭单位产品能源消耗限额	煤炭
GB21343—2008	电石单位产品能源消耗限额	化工
GB21344—2008	合成氨单位产品能源消耗限额	化工
GB21345—2008	黄磷单位产品能源消耗限额	化工
GB21346—2008	电解铝单位产品能源消耗限额	有色金属
GB21347—2008	镁冶炼单位产品能源消耗限额	有色金属
GB21348—2008	锡冶炼单位产品能源消耗限额	有色金属
GB21349—2008	锑冶炼单位产品能源消耗限额	有色金属
GB21350—2008	铜及铜合金管材单位产品能源消耗限额	有色金属
GB21351—2008	铝合金建筑型材单位产品能源消耗限额	有色金属
GB21370—2008	碳素单位产品能源消耗限额	化工

第五节　建立健全管理工作机制

《循环经济促进法》明确规定了各主要部门的管理职责。根据相关规定，国务院循环经济发展综合管理部门负责组织协调、监督管理全国循环经济发展工作；国务院环境保护等有关主管部门按照各自的职责负责有关循环经济的监督管理工作。上述部门还负责编制全国循环经济发展规划，建立和完善循环经济评价指标体系和能源效率标识等产品资源消耗标识制度，制定和发布相关法规和目录，以及鼓励、限制和淘汰的技术、工艺、设备、材料和产品目录。

国务院标准化主管部门负责建立健全循环经济标准体系，制定和完善节能、节水、节材和废物再利用、资源化等标准；国务院财政、税务主管部门负责制定促进循环经济发展的产业活动的税收优惠政策和发展循环经济的有关专项资金的具体实施办法。

国务院和省、自治区、直辖市人民政府的价格主管部门负责限制性价格政策和鼓励性价格政策的实施。

设区的市级以上地方人民政府循环经济发展综合管理部门会同环境保护等有关主管部门编制本行政区域的循环经济发展规划。地方人民政府负责废物回收网点和交易市场的建立，支持废物回收企业和其他组织开展废物的收集、储存、运输及信息交流。上级人民政府根据前款规定的循环经济主要评价指标，对下级人民政府发展循环经济状况定期进行考核。

县级以上地方人民政府循环经济发展综合管理部门负责组织协调、监督管理本行政区域的循环经济发展工作；县级以上地方人民政府环境保护等有关主管部门按照各自的职责负责有关循环经济的监督管理工作。县级以上地方人民政府规划和调整本行政区域的产业结构，建立发展循环经济的目标责任制，采取规划、财政、投资、政府采购等措施，建设城乡生活垃圾分类收集和资源化利用设施，支持企业建设污泥资源化利用和处置设施，促进循环经济发展，对取得显著成绩的单位和个人给予表彰和奖励。

县级以上人民政府及其林业主管部门应当积极发展生态林业，鼓励和支持木材综合利用。县级以上人民政府及农业等主管部门应当推进土地集约利用，鼓励和支持农业生产者采用节水、节肥、节约的先进种植、养殖和灌溉技术，推动农业机制节能，优先发展生态农业。

产业园区负责组织企业开展循环经济和资源综合利用。

根据《再生资源回收管理办法》，商务主管部门是再生资源回收的行业主管部门，负责制定和实施再生资源回收产业政策、回收标准和回收行业发展规划。发展改革部门负责研究提出促进再生资源发展的政策，组织实施再生资源利用新技术、新设备的推广应用和产业化示范。环境保护行政管理部门负责对再生资源回收过程中污染的防治工作实施监督管理，依法对违反污染环境防治法律法规的行为进行处罚。建设、城乡规划行政管理部门负责将再生资源回收网点纳入城市规划和监督实施。县级以上商务主管部门负责制定和实施本行政区域内具体的行业发展规划和其他具体措施。县级以上城市商务主管部门应当会同发展改革（经贸）、公安、工商、环保、建设、城乡规划等行政管理部门，制定再生资源回收网点规划。

就目前的发展情况来看，循环经济的管理体系基本建立，各级政府相关部门积极履行自己的职责，为“十一五”循环经济发展提供了较好的组织机制保障。

第六节 启动循环经济领域的国际合作

“十一五”期间，循环经济领域的国际合作逐步启动。中国已陆续与欧盟、日本、韩国、美国等国家（地区）以及世界银行等国际组织开展节能环保和循环经济项目、人员培训等方面的国际合作。

2005 年 7 月“世界银行—全国人大环资委循环经济立法项目”启动，项目总体目标是为全国人大在中国的循环经济立法提供支持，相关研究任务包括国际循环经济立法活动研究、国内有关法律法规与政策评估研究、中国和外国法律的比较分析、中国循环经济法律体系框架研究、循环经济起草以及有关法律修订的建议研究，提出循环经济的建议稿，以及包括新法律和修订已有法律的具体建议。2007 年，《循环经济立法研究最终报告》公布。世界银行“促进中国循环经济发展”支援项目 2009 年也取得了阶段性成果。

2006 年 2 月，上海市“推进浦东新区发展循环经济国际合作项目”获得欧盟批准，北丹麦欧盟办与上海市浦东新区环境保护与市容卫生管理局签署了浦东新区推进循环经济国际合作项目的备忘录。2006—2008 年，欧盟、丹麦以及瑞典派出了 20 多名专家对浦东新区进行深入研究和指导，形成了《浦东新区发展循环经济中长期战略规划》、提出了浦东发展循环经济六个行动方案以及推进浦东生活垃圾循环产业园与新金桥垫子废弃物资源化的两个示范工程。欧盟—浦东合作团队在最终的项目评级上得到了“B”级评价。

2009 年 11 月，陕西杨凌国家示范区管委会与中美联合农业技术转移中心以及美国天马公司就合作共建“国际农业循环经济示范园”项目达成协议。重点合作项目包括：积极推进“国际肉牛发展研究中心”，并以该中心为支撑，综合与整体开发肉牛产业链项目；建设全球领先的“玉米、蔬菜及水果育种生产研发中心与产业化示范基地”项目；建设“国际食品加工园”项目；积极引进低碳排放、新能源项目；打造一个国际农村灾备与安全产业示范园；打造国际知名、国内第一的“现代农业旅游休闲产业基地”；建立一个全球农业卓越发展国际教育中心及培训基地。

2010 年 3 月，由欧盟转变亚洲项目提供资金支持的“实施滨海新区产业共生和环境管理系统建设”项目正式启动，项目总预算为1848316欧元，其中80%经费由欧盟转变亚洲项目提供（即1478652欧元）。项目实施期为4年，将与800家企业建立滨海新区产业共生网络，通过滨海产业共生网络成功实现80组资源对接，为300个中小型企业提供ISO14001培训，为100家企业提供快速审计服务，帮助30家企业成功获得ISO14001认证。项目期望能够实现减少16.5万吨废物填埋量，减少二氧化碳排放9.9万吨，减少危险废物排放3000吨，节水18000吨，为企业节约成本5000万元。

2011年4月，国家发改委环资司与日本国际协力机构（JICA）合作的“中日合作—城市典型废弃物循环利用体系建设及示范试点项目”正式启动。该项目旨在借鉴日本在城市废弃物收集、分类、高效循环利用和安全处理的先进经验，建立中国特色的安全、高效的废弃物循环利用体系。中日双方决定围绕餐厨废弃物、废旧轮胎和包装物三种最典型废弃物的资源化利用，在青岛、贵阳、西宁、嘉兴四个城市进行试点，开展相关研究，提出科学合理的利用方案、技术路线，完善政策法规，构建适合中国国情的城市典型废弃物循环利用体系。

此外，中国清洁能源机制发展迅速。据统计，截至2011年2月25日，国家发改委共批准CDM项目2941个①，项目涉及新能源、节能、资源再生利用、环保等多个领域，国外合作方涉及美国、日本、俄罗斯、欧洲等世界多个国家和地区。

① 中国清洁能源发展机制网，2011年3月21日。

第八章　“十一五”循环经济理论新进展

20世纪末，循环经济理论开始引入中国，受到了普遍关注。“十一五”期间，循环经济正式成为国家战略，进入了全新发展阶段。循环经济具有很强的实践性，随着中国循环经济实践全面开展，循环经济的理论研究日渐深入。

第一节　循环经济与科学发展观和转变经济增长方式

科学发展观是中国共产党十六届三中全会上提出的新时期建设中国特色社会主义的指导思想，是在充分认识中国现阶段发展矛盾的基础上提出的创新性发展思路。按照国内学术界多数人的理解，循环经济是在深刻认识资源消耗与环境污染之间关系的基础上，以提高资源与环境效率为目标，以资源节约和物质循环利用为手段，以市场机制为推动力，在满足社会发展需要和经济可行的前提下，实现资源利用效率最大化、废物排放和环境污染最小化的一种经济发展模式。① 随着对循环经济认识的深入，循环经济与科学发展观的关系更加清晰，代表性的观点包括：

循环经济体现了科学发展观的核心目标。② 循环经济思想体现了可持续发展的理念，强调实现人与自然的和谐共生，要求人们在利用自然资源发展经济的过程中，不能牺牲后人赖以发展的生态资源环境，上述思想符合科学发展观中实现经济社会可持续发展的核心目标。

发展循环经济是落实科学发展观的内在要求。有限的资源决定了我国

---

① 齐建国：《中国循环经济发展报告2009—2010》，社会科学文献出版社2010年版。

② 杨杰等：《循环经济理论与科学发展观》，《财经论坛》2006年7月。

必须发展循环经济，可持续的经济增长方式决定了中国必须走循环经济发展之路，发展循环经济是环境保护的必然要求。[①] 也有研究从循环经济不同于传统经济的本质特征角度论述了上述观点。循环经济体现了新的系统观，是涉及社会再生产领域各个环节的系统性、整体性经济运转方式；体现了新的资源观，充分考虑了自然生态系统的承载能力，尽可能地节约自然资源，不断提高资源利用效率，循环使用资源；体现了新的效益观，带来全新环境效益的同时也增加了巨大的经济效益。

循环经济是落实科学发展观的必然选择。[②] 循环经济以协调人与自然为准则，模拟自然生态系统运行方式，实现资源可持续利用；循环经济通过延长生产链条，推动环保产业和其他新兴产业的发展，增加了新的就业机会，促进社会稳定发展；循环经济通过对自然资源的循环利用，可以从根本上达到节约资源的目的，缓解经济发展和资源不足的矛盾；循环经济是以保护生态和最有效利用资源为特征，有利于产业结构向科技含量高、经济效益好的结构转变，促进经济结构向绿色化转型，有利于推动社会的科技创新和企业的技术创新，提高经济运行质量。

转变经济增长方式是落实科学发展观的核心内容，循环经济在转变经济增长方式中发挥着重要作用，是经济增长方式转变的必由之路。循环经济可以充分地提高资源的利用率，最大限度保护生态环境；可以实现经济、环境双赢的科学发展理念；可以树立科学消费观念，充分管理利用再生资源。除上述内容外，有的研究还强调了循环经济在提高经济效益和扩大对外开放中的作用；还有的研究从企业层面、区域层面和宏观层面探讨了循环经济的作用。

第二节　循环经济、低碳经济、绿色经济的关系

环境已经成为一个全球性问题，由此衍生出多个力图破解环境问题的经济概念，循环经济、低碳经济、绿色经济成为人们共同关注的话题，而三者之间的关系也成为理论界的重要研究课题。综合看来，三者之间既有联系又有区别。

---

① 赵强等：《发展循环经济是科学发展观的要求》，《当代经济》2007 年 2 月。

② 杨俊龙：《论循环经济发展与坚持科学发展观》，《经济问题》2005 年 10 月。

循环经济、绿色经济、低碳经济之间的区别主要表现为：

来源及产生的背景不同。循环经济是20世纪60年代鲍尔丁在其“宇宙飞船经济”理论的基础上提出的，源于60年代兴起的环境保护运动，其基本观点为地球是一个封闭的循环经济系统，如果不合理地开采资源和破坏环境，超过地区承载力就会走向毁灭，强调建立一种既不会使资源枯竭，又不会破坏生态中各种物质的循环经济体系；绿色经济是英国学者皮尔斯于1989年首先提出的，其思想起源于20世纪30年代以粮食和食品安全为主的“绿色革命”以及后来渗透到经济社会各个领域的“绿色运动”，强调自然资源的永续利用、生态环境的持续改善和生活质量的持续提高；低碳经济最早由英国2003年的《能源白皮书》提出，更加侧重于由温室气体排放所造成的全球气候变暖。

核心内容不同。循环经济的核心是使全部资源循环利用，提高资源效率；绿色经济核心是强调以人为本，以发展经济、全面提高人民生活福利水平为核心，保障人与资源、人与环境的和谐共存；低碳经济则是以低能耗、低污染为基础。

研究侧重点不同。循环经济侧重于社会物质循环应用；绿色经济侧重于通过实现绿色生产、绿色流通、绿色分配兼顾物质需求和精神需求；低碳经济重点在于建立低碳经济结构，降低碳能源消耗。

实施控制环节不同。循环经济关注资源环境，绿色经济关注经济活动的输出端，低碳经济重视经济活动的能源输入端。

此外，还有学者提出三者之间的人文关怀、系统衔接以及研究任务不同。①

循环经济、绿色经济、低碳经济之间的联系主要表现为：三者都是以生态经济理论和系统理论为基础，都是以追求环境友好和可持续发展为目标，均体现了新的价值观和消费观，均是经济发展方式重大转变的发展模式，都是贯穿生产、流通、消费全过程的重大活动，都强调技术创新和制度创新，三者技术手段有很多共同之处。

就三者之间的层次而言，循环经济是发展绿色经济和低碳经济的基本途径，是绿色经济和低碳经济可持续发展的生产方式。

---

① 袁丽静：《循环经济、绿色经济、生态经济》，《环境科学与管理》2008年6月。

第三节 循环经济与节能减排

节能减排是循环经济发展的基本任务，循环经济是节能减排的有效模式。循环经济以资源节约和废弃物循环利用，即单位产出资源减量化为手段，可以实现广义节能；循环经济最大特点是从源头和全过程预防污染产生，实现废弃物排放最小化和无害化。有的研究从静脉产业出发，研究了循环经济在节能减排中的作用，指出静脉产业是发展循环经济、促进节能减排的产业基础。[①] 还有的研究以行业为主，研究循环经济在节能减排中的作用。此外，部分研究侧重于从效果角度分析循环经济在节能减排中的作用，例如通过发展循环经济，陕西某大型煤制烯烃项目节能减排效果明显，部分指标已经超过国际先进水平。

该领域另一个研究重点是探讨循环经济实现节能减排的具体方式和途径。有的研究从企业内部循环、行业内循环和行业间循环探讨了铸造企业节能减排的模式，强调了全过程控制管理、技术创新和循环经济产业链的作用[②]；有的研究以煤焦化企业为对象，探讨了循环经济实施节能减排的途径[③]；此外，相关研究中还有造纸工业节能降耗、建筑节能等领域的循环经济模式。

对于相关领域的政策问题，有研究从循环经济视角探讨了节能减排财税政策，提出建立绿色税收体系、改进排污权交易、完善政府采购制度、支持生态工业园区建设四个方面的政策建议。

第四节 物质流核算与统计

物质流分析是循环经济的基本研究方法，也是循环经济领域重要的理论问题，"十一五"期间中国物质流研究方兴未艾，出现了大量研究成果。徐大伟等（2005）运用系统分析与建模方法对工业生态系统中的企

---

① 孟耀等：《静脉产业、循环经济与节能减排》，《东北财经大学学报》2008 年 7 月。

② 于泳波：《基于循环经济的铸造企业节能减排模式研究》，《武汉理工大学学报》2010 年 2 月。

③ 马家骏：《炼焦化企业运用循环经济实施节能减排的途径》，《山西能源与节能》2010 年 1 月。

业及其所构建的工业生态链进行了理论分析，并提出了简化的工业生态链循环物质流模式及其数学表达式；单永娟（2007）探讨了经济系统物质流投入产出表的形式及其指标体系；刘凌轩等（2009）构建了物质流管理的时空模型，并以此为基础分析了国家、地区、工业园区、企业所适用的物质流管理策略和模型；高昂等（2010）通过界定"物质流时滞"概念，建立了循环经济微观层面物质流循环模型；李振立等（2006）通过引入原物质流模型，分析了物理量与原物质流量的关系；邢芳芳等（2007）比较了元素流分析和物质流核算与分析的异同；刘滨等（2006）利用物质流分析方法，结合中国实际构建了循环经济的几个资源利用指标；邓明君（2009）阐述了物质流成本会计的导入流程和运行机理；朱彩飞（2008）阐述了物质流核算的基本思路，指出中国物质流核算中存在分析框架、指标选取、物质分类、行业边界、区域分析、参数计算、统计口径等问题，由此对经济系统内部物质流关注不够，不同物质流之间质量、价值不对称，区域影响区分不够，对物质循环利用关注不够，计算与估算量大等局限。

在研究物质流核算理论的同时，多层面物质核算实证研究也得到迅速发展。在国家层面，段宁等（2008）运用物质流分析方法分析和识别了1990年—2003年中国物质流趋势和成因，结果表明直接物质投入量、国内废弃物产生量与GDP总体呈线性增长关系；王亚菲（2010）采用物质流核算与分析方法，核算了1990年—2008年具有国际可比性的中国物质流总量指标，结果显示物质流效率呈现四段式的发展趋势。在区域层面，李丁等（2007）采用基于物质流核算的数据包络分析法对国内19个城市也仅为欧美发达国家20世纪90年代中期水平的1/4；张音波等（2008）对广东省1990年—2005年间的物质输入进行了分析；此外，相关区域研究还包括上海、北京、江苏、四川、青岛、邯郸等。在园区层面，李健等（2006）采用物质流分析方法，对天津泰达工业园区1994年和2004年的物质流进行了比较分析。在企业层面，王军等（2009）构建了企业物质流分析框架和指标体系，对煤炭企业进行了实证研究。对于单个矿产资源的研究，陈伟强等（2009）基于金属元素物质流分析的"存量和流量"框架，定量分析了中国1991年—2007年铝全生命周期进口规模及结构；郭学益等（2009）利用物质流分析模式研究了2006年我国铝的社会存量变化及其流动状况。

第五节 循环经济发展评价与考核

国家统计局课题组（2006）构建了循环经济评价指标体系，具体指标包括资源利用效率、资源消耗率、资源回收与循环利用率、废物排放与处置和其他指标五大部分，并给出了主要指标含义和计算方法；田金芳等（2007）构建了包括经济发展指标、循环经济特征指标、生态环境指标、绿色管理指标在内的循环经济发展评价指标体系，并运用主成分分析法构建了综合评价模型；张秋根等（2009）构建了由目标层—准则层—指标层构成的循环经济评价指标体系。

曹小琳等（2008）构建了由资源消耗、环境污染、资源循环利用、环境保护、经济发展5个子系统27个基本指标构成的区域循环经济评价体系，建立了基于分值法和线性加权法的评价模型，对重庆1997年—2005年循环经济进行评价；马宁等（2010）采用物质流分析方法建立了包括社会经济指标、总量指标、强度效率指标、循环指标在内的区域循环经济评价指标体系；黄和平等（2009）采用物质流分析的思想构建了包括减量化、资源化、无害化三个模块共29个指标在内的区域评价指标体系，并采用层次分析法构建了区域评价模型对江苏省1990年—2005年的循环经济发展进行评价；谢家平等（2008）从资源利用、废弃物排放、循环特征、经济运行、环境影响等角度构建了区域工业循环经济评价指标体系，并采用层次分析法对上海工业循环经济进行评价；潘安兴等（2008）采用熵值法构建了区域农业循环经济评价模型。

孟丽莎等（2008）从经济发展、绿色发展、社会发展角度设计了城市循环经济评价指标，并采用层次分析法和主成分分析法构建了评价模型；张杰等（2007）构建了过程神经元网络与遗传算法优化结合的城市循环经济评价模型，并对哈尔滨市进行了实证分析；潘鹏杰（2010）采用灰色关联法构建了城市循环经济评价模型；此外，城市循环经济评价领域研究还包括北京、厦门、张家口、榆林、青岛、深圳、徐州以及县域研究。

冯华等（2008）从总体发展、物质能量减量与循环、废弃物排放与利用三个方面构建了工业循环经济评价指标体系，并对中国各省区工业进行了评价；陶海映等（2009）在价值流分析的基础上建立了由多项基础要素和决策支持系统构成的制造业循环经济综合评价模型；石吉金（2008）从经济发展、污染排放、能源消耗、循环利用等角度构建模型，对中国2002年—2006年矿业循环经济发展水平进行了评价；行业循环经济评价的研究还包括造纸工业、农业、甘蔗制糖业、铝行业、林业、钢铁行业等。

此外，循环经济评价还包括园区和企业层面。比较典型的有：许乃中等（2010）构建了基于生态效率—物质流分析的工业园区循环经济评价指标体系，并利用模糊数学和灰色聚类法构建了评价模型，对上海化工园区和南通农药化工园区进行了研究；曾绍伦等（2009）从物质总量、物质流强度和物质平衡三个角度对燃煤电厂进行了物质流分析，构建了包括资源产出、资源消耗、资源利用和废弃物排放在内的燃煤电厂循环经济评价指标体系。

第六节　循环经济发展机制与政策问题研究

作为一种新的发展模式，探讨促进循环经济发展的机制成为“十一五”重要研究课题。关于循环经济发展中市场和政府的作用，较为典型的观点以为，一方面，市场机制是推动循环经济发展的根本动力，但另一方面，循环经济发展中面临较为严重的市场失灵问题，政府应成为促进循环经济发展的责任主体，然而政府行为也存在一定的局限性，而市场机制与政府行为的耦合能够达到循环经济发展最佳效果。对于循环经济发展的动力机制研究存在一定的差异，但均强调市场需求、技术创新和政府政策的作用。王朝全（2006）认为发展循环经济的动力机制可以归纳为经济利益驱动机制、社会需求拉动机制、技术进步推动机制和政策支持的促进机制；乔延清（2007）将循环经济动力机制概括为技术推动、信息拉动、政府和制度引导；韩玉堂（2008）则从循环经济的主体角度将动力机制分为内在动力和外在动力，循环经济主体受到社会—企业净收益、资源环境负外部性和资源利用效率三方面因素影响；李冬（2008）将循环经济发展动力机制归纳为经济利益诱导机制、环境责任约束机制、绿色价值观影响机制；关于政府激励机制，曾祥顺（2007）认为应该从经济激励和非经济激励两个方面构建，经济激励包括涵盖正激励和负激励的财政激励、金融激励和价格激励，非经济激励包括行政奖励、环境标志、押金返还等。

关于循环经济发展的具体政策，“十一五”时期也开展了大量的研究。臧曼丹等（2006）强调发展循环经济应在“输入端、过程中、输出端”进行全过程管理，形成政府、企业、社会联动的管理模式，并从上述两个维度提出规制性政策、市场性政策和参与性政策；张艳纯（2008）就循环经济发展的财政政策提出设立循环经济发展专项资金、充分运用财政补贴政策、推行政府绿色采购制度等完善预算管理制度的具体建议，以及健全税收制度和整合税收优惠政策的建议；马乃云（2009）较全面地梳理了中国目前的节能减排和环境保护税收政策，针对其中存在的问题，提出改进和完善现有税种、开征专项的环境保护税、改进税收收入分配制度等建议；屈幼妹等（2008）研究了促进循环经济发展的绿色政府采购政策，在完善法律法规制度、建立标准体系、建立信息沟通机制以及加入政府采购协议等方面提出建议；蔡良才等（2009）从金融政策的选择和定位、金融市场、金融支持重点、对接平台、防范金融风险等角度提出了支持循环经济的具体金融政策；曹光辉等（2006）从循环经济技术经济范式角度探讨了循环经济技术创新政策、产业政策和财税金融政策方面构建了循环经济技术政策体系。此外，还有较多关于国外循环经济政策的研究以及中外政策的比较研究。

第七节 循环经济运行机制创新研究

由于缺少相关经验，循环经济运行中面临诸多现实问题，相关问题的解决赖于机制的创新。“十一五”期间，关于循环经济运行机制的研究主要包括：

价格机制的研究。资源高效利用是循环经济发展的重要目标和具体内容，自然资源和再生资源定价成为循环经济运行的核心问题。冯南平等（2006）认为政府应向企业征收边际外部成本的费用，制定减少社会边际成本的制度，通过法律手段消除边际外部成本，企业应在核算体系中融入绿色理念进行产品价格改革；李国平等（2008）探讨了非再生能源资源定价问题，从资源成本、生产成本和外部成本三个角度分析，提出资源稀缺程度和市场供求关系式非再生资源价格机制改革的核心，并就矿业权交易和资源税费提出了非再生资源补偿机制；牛桂敏（2008）认为，在循环经济视角下，一切满足人类福利需要的财富或资源都是有价值的，资源既是经济资源又是生态环境的有机组成部分，针对中国资源价格机制中的问题，从定价机制、价格形成机制、资源补偿机制等角度提出了相关建议。

黄睿婵等（2007）探讨了在发展循环经济过程中，企业如何将社会效益转化为经济效益，从环境成本内部化、排污限制和排污权交易、树立绿色企业形象、建立优惠政策方面进行了较为详细的研究；沈金生（2009）认为中国循环经济利益机制存在企业激励不足、地方利益保护、区域利益协调困难、认识滞后、环境权益缺失、制度管理不完善等问题，提出了环境权益市场化、保障投入要素收入增长、合理分担和降低投入要素成本、加强市场建设、增强信息支持、加强政府监管等完善循环经济利益实现机制的对策建议；王旭等（2009）在构建逆向物质流系统结构框架的基础上，建立了一个由处理商、回收商和消费者构成的逆向供应链模型，利用博弈论思想提出了企业间利益分配方案。

王丽萍等（2006）就循环经济发展中信息不对称问题进行了研究，提出了发展高新科技、加强政府规制、倡导公众参与等改善机制；郁阳刚等（2010）研究了中国废旧家电回收运行机制，借鉴国外经验并结合我国的实际，提出应从加强政府监督、建立合理付费方式、体现其他利益相关者的责任、完善法律法规、完善许可证机制以及技术层面推进相关机制改革。

第九章 “十一五”再生资源循环利用产业化进展

第一节 “十一五”再生资源回收体系建设主要措施

一 加强宣传，提高认识

随着循环经济理念日益深入人心，再生资源回收行业的重要地位，得到社会各界的高度关注和广泛认同。如山东省临沂市再生资源年交易额达200多亿元，占全市消费品零售额的24.5%。一些城市成立了以主要领导为组长的再生资源回收体系建设小组，设立了专门的工作班子，不少地区都是“一把手”亲自抓，比如昆明市由市委书记亲自抓再生资源回收工作，并将此作为建设宜居城市、文明城市和卫生城市的一项重要内容，足以显示出地方领导对此项工作的重视程度。

二 积极探索，构建“三位一体”回收模式

2006年、2009年，商务部在全国先后开展了两批再审资源回收体系建设试点，共确定了55个试点城市和11个集散市场试点单位，基本覆盖了直辖市、计划单列市和省会城市，从社区回收站点、分拣中心和散集市场三个方面推进再生资源回收体系建设。55个试点城市初步探索形成了社区回收网点、分拣加工中心、集散市场三维一体的回收发展模式，培育了近100家龙头企业，新建和规范网点40000多个，新建和改造集散市场160余个，试点城市再生资源的回收率由原来的40%提高到70%左右。目前。各地在力所能及的范围内，或安排了配套支持资金，或出台了地区的优惠政策，为再生资源回收体系建设工作提供了保障，再生资源回收体系“三位一体”雏形已经初步具备。

三　资金扶持，效果显著

2009年、2010年，商务部，财政部共计安排中央财政资金16.5亿元，对工作基础较好的试点城市和区域性回收利用基地项目进行了支持。两年来，商务部、财务部对44个城市的33075个社区回收网点、181个分拣加工中心、22个集散交易市场以及城市再生资源回收信息平台和人员培训经费等项目进行了支持，此外，还对36个区域性大型再生资源回收利用基地的基础和环保设施进行了支持，带动再生资源回收体系建设效果显著。

四　培育龙头，辐射带动

在回收体系建设过程中，各地龙头企业不断发展壮大，带动了行业集中度的提高，一批结构规范、资本充足、采取连锁经营等现代发展模式的回收企业脱颖而出，促进了行业生产要素的合理配置。一些大型企业营业额已突破百亿元，形成了品牌效应。此外，在龙头企业带动下，传统的再生资源回收、分拣、处理工艺得到快速提升，一些处理加工技术和装备已达世界先进水平。例如，大连环嘉集团与研究院所联合研发的PET废塑料瓶片熟料生产技术，利用纳米技术处理回收的PET瓶片，广泛应用于食品包装、塑料膜、电子电器等领域。龙头企业对推动再生资源产业升级、实现行业创新发展起到了重要作用。

第二节　“十一五”再生资源回收体系建设主要成效

一　提高回收率，节能减排效果明显

试点城市区域性回收利用基地通过回收体系建设，对各类再生资源做到集中收集、封闭运输、环保处理，仅2010年中央财政支持的40个试点城市和36个回收利用基地再生资源回收量达到了6500多万吨，回收总值3200多亿元，回收率达到近70%。其中重庆市2010年再生资源回收总量达450万吨，比2005年增长了3倍多，回收率达到92%。全市培育各类龙头 企业36个，从业人员达到7万多人。投入建设资金5.46亿元，建成“七统一规范”的再生资源回收站点5240个、分拣中

心47个、交易市场6个、区域性基地3个，回收体系基本实现了城乡全覆盖。到“十一五”末期，仅2010年，中国国内再生资源回收总量就达1.49亿吨，节能17919.2万吨标准煤，占全国总能耗量32.5亿吨标准煤的5.5%，减排137.4亿吨。其中财政支持的试点城市和回收利用基地回收量约为7000万吨，节能8412.8万吨标准煤，占全国总能耗量32.5亿吨标准煤的2.6%，减排64.5亿吨，为实现“十一五”期间国内生产总值能耗降低20%左右、主要污染物排放总量减少10%，起到了积极的促进作用。

二 创新模式，就业岗位不断增加

自开展试点以来，各地按照“便于交投”的原则积极推进社区回收站分拣中心和三级市场“三位一体”的再生资源回收网络建设。同时，一些试点城市依托“在线收废”开通回收热线，在全市各个区县建立了分中心，实现了废品回收方式从街头摇铃到鼠标点击、电话连线的转变。国家以旧换新政策实施后，一些地方顺应循环消费模式发展的需要，又相继建立了专业的电子废弃物的回收网络。上海市重点支持新金桥再生资源回收服务平台项目，该项目运用物联网技术，推出“阿拉环保卡”，使居民体验积分交投；应用红外线报警技术，设立智能回收箱，实现了回收过程透明化、指挥调度智能化、居民交投便捷化、回收管理现代化。目前，国内再生资源回收行业从业人员在1800万人以上。试点城市和回收利用基地通过建设再生资源回收体系，大量吸纳下岗人员和农村富余劳动力。据不完全统计，通过回收体系建设，试点地区新增加50万个就业岗位，再生资源回收已经成为广大人员就业、带动城乡发展的重要途径。

三 投入加大，带动区域经济发展

湖北省武汉市专门出台了《武汉市人民政府办公厅关于支持再生资源产业发展的通知》(武政办〔2011〕8号)，市财政拿出1000万元资金支持11个再生资源回收体系建设项目。在中央、地方两级财政资金的支持下，武汉市相关企业投入回收体系建设的热情激增，促进了武汉市再生资源回收利用体系全面发展。同时，在中央财政支持资金的带动下，襄阳市再生资源行业投资累计达20亿元，全市商贸企业位列前十位的利税大户，再生资源回收企业占到4家，一批再生资源回收利用龙头企业迅速发展壮大。以再生资源交易比较活跃的浙江省为例，在从资源小省到经济强省的发展过程中，再生资源回收利用对全省经济发展起着不可磨灭的作用。2009年—2010年，中央财政共计支持浙江省再生资源回收体系建设资金8740万元，带动浙江省再生资源产业迅速发展。目前全省再生资源回收利用企业已达5500家，回收站点2万多个，交易集散市场100多家。2010年，全省回收再生资源2000多万吨，销售额1000多亿元。

第三节　2011年再生资源回收体系建设最新进展

2011年是“十二五”的开局之年，商务部在连续两年争取中央财政资金的基础上，2011年会同财政部继续安排中央财政专项资金支持再生资源回收体系建设，继续深入推进回收体系建设，取得了积极的成效。

一　经济效益明显，带动了经济发展

安徽省马鞍山市从再生资源回收体系建设开展以来，通过项目建设，2011年共回收加工再生资源109.9万吨，交易额达57.2亿元，销售收入56.6亿元，上缴税收10.9亿元。湖北兴业废钢加工配送中心自成立以来，每年缴纳的利税不断增加，2010年销售废钢50.42万吨，实现销售收入15.09亿元，上缴利税2.49亿元。2011年，及时在废钢增值税停止退税、钢厂纷纷限产停产、国外铁矿石降价、钢厂降低废钢采购量等情况下，仍实现产值17亿元，被当地政府部门授予“纳税大户”的荣誉称号，为当地经济的发展增添了活力和动力，促进了当地经济社会快速发展。

二　回收利用率提高，创造了环境社会效益

试点地区以项目建设作为平台和载体，使得再生资源得到充分有效的回收和利用，交易更活跃。哈尔滨市、南京市再生资源回收率由试点工作开展前的60%提高到2011年的70%—80%；武汉市、贵阳市再生资源回收利用率则由试点工作开展前的40%左右提高到80%左右。另外，试点地区通过开展再生资源回收体系建设，一方面有效减轻了再生资源对城市环境的二次污染，脏乱差现象得到进一步治理，城市形象得到提升，居民交废更方便省心；另一方面扩大了社会的就业面，促进了行业的联合，夯

实了试点工作基础。

三 培育龙头企业，加快了项目投入

在中央财政和地方财政的共同支持下，各地纷纷培育出一批龙头骨干企业，纷纷加大对当地再生资源回收体系建设项目的投入力度，一方面提升了企业形象和影响力；另一方面加速了试点地区再生资源项目的建设。如四川省成都、内江两市在回收体系建设过程中配套了相应的扶持政策，取得了明显成效。成都市再生资源回收市场用地均由各县（市、区）政府统征后优惠租赁给投资建设业主，并建立了再生资源回收体系建设专项促进资金，对建成并投入使用的再生资源市场一次性给予 50 万元奖励，对回收网点分别按中心市区、近郊县区、远郊县区给予 500、400、300 元补贴，目前财政奖励和补贴已投入了近 700 万元；内江市为西南再生资源回收产业基地建设直接投入了近 3 亿元，用于征地拆迁、道路铺设、场地平整等，为企业发展营造了良好环境。湖南省怀化市金泰再生资源专业市场升级扩改项目，被怀化市委、市政府确定为 2011 年全市重点项目之一，于 2011 年 5 月完成土地挂牌，共计征用土地 144.1 亩，2011 年 8 月底开工建设，截止到 2011 年 12 月，已累计完成投资 3280 万元左右，占总投资额 7800 万元的 42%。怀化市再生资源回收利用形成了规模，将目前在怀化市城区从事废旧物资经营的 500 多家小企业整合成 186 家规模化企业，逐步实现由分散经营向集中经营转变，由无序经营向有序经营转变，由散乱经营向规范经营转变，大力推动了怀化再生资源产业规模化发展。

第四节 再生资源回收体系建设中存在的问题

中国再生资源回收利用已经引起人们高度重视，发展势头强劲，回收效率也有明显提高，但仍存在一些问题。

一 回收网点布局欠合理

在城市建设发展规划时，没有考虑把再生资源回收利用体系建设、网点规划设置纳入城市总体规划，由于网点布局欠合理，给回收体系建设带来了较大困难，随着城市扩张，出现了回收站点不断拆迁、再生资源浪费等现象。

二 回收规模化程度较低

一些规模较小的再生资源回收企业只注重经济效益而忽视社会效益，普遍存在“利大抢收、利小少收、无利不收”的现象，导致一些仍有利用价值的再生资源，因无法集中回收而被任意丢弃或焚烧。

三 政策扶持力度不够

再生资源回收利用行业税收负担沉重，特别是取消退税政策后，行业税负远高于社会平均水平，企业经营压力较大。政策支持体系不健全，行业总体实力较低，支持力度有待提高，加之行业的经营与“破烂”相关，整个行业的素质远低于其他行业，导致加快再生资源回收行业整体发展面临政策、技术、资金、人才等障碍。

四 法规、标准滞后

目前仅有的一个《再生资源回收管理方法》还是部门规章，法律效能较低，同时，行业标准缺乏，不利于交易规范化水平的提高。

五 技术开发投入不足

由于资金投入少，技术开发能力弱，导致再生资源加工处理工艺落后，技术及装备水平低，一些与再生资源加工处理相伴的环境污染物未能妥善处理。即使是先进适用的技术，也由于缺少资金而难以推广应用。大部分再生资源的加工处理技术还十分落后，与资源综合利用和环境保护的要求差距较大。

第十章 “十二五”循环经济发展形势与趋势分析

循环经济作为一种经济发展模式，其发展基础是国民经济发展本身。发展循环经济就是使国民经济的生产体系、消费体系和资源利用方式循环向循环经济模式转型。转型的快慢，取决于经济社会发展的总体形势、国家政策导向和国民经济发展自身的内在需求。

第一节 “十二五”经济社会发展形势

《国民经济与社会发展“十二五”规划纲要》提出的国民经济增长速度目标是，5 年国内生产总值年均增长 7%。但是，我们从目前的实际来看，2012 年国内生产总值增长速度可能达到 7.7%，企业和各级财政感觉已经处于经济的寒冬，如果 5 年年均增长速度真的降低到 7%，中国的经济将会出现“硬着陆”。

因此，我们认为，党的十八大以后，中国的经济发展会适度降低调控力度，努力使国民经济增长速度提高到 8% 左右。这是中国经济发展阶段的客观要求。

从发展思路和指导思想来看，淡化经济增长速度诉求，把经济工作的重心放在转变经济方式上来，这是大势所趋。但中国经济发展的阶段性特征要求这种转变应循序渐进。加快转变仅仅是愿望，在实践中只能逐步转变，转变速度不可能太快。国务院发展研究中心课题组预计，按照 2008 年价格计算，到 2015 年我国国内生产总值将达到 51.86 万亿元。人均国内生产总值将超过 5300 美元。如果在发展方式转变较快的情境下，模型测算“十二五”经济增速可达到 8.4%。按 2008 年价格计算，到 2015 年国内生产总值将达到 53 万亿元。国务院发展研究中心张文魁预测，“十二五”经济实际增速在9%左右，如果考虑价格因素，名义国内生产总值增速可能在12%—13%。到2015年，中国国内生产总值总量将达到60万亿—70万亿元。这些预测考虑了转变经济发展方式的问题。但是，对于经济发展方式转变是加快经济增长速度，还是会降低经济增长速度这一敏感问题则很少有人进行深入的研究。

党的十八大提出了加快生态文明建设和绿色、循环、低碳发展问题。这是可持续增长的基础。新的经济发展模式很可能在短期内抑制经济速度。在绿色、循环、低碳发展模式下，可以诞生很多新的产业部门，会增加新的就业机会。但从长期来看，绿色、循环、低碳发展模式将不可避免地提高固定投资的技术和环境门槛，增加经济增长的成本。

2010年以来，出于对应对金融危机采取的“4万亿”刺激增长的投资措施之后的房价上涨和居民消费价格指数较快上升的担忧，宏观调控方面采取了适度从紧的货币政策等一系列防止经济过热的举措，加上外需的不景气，使得宏观经济增速呈下降趋势。但从目前发展态势来看，中国经济仍然具有持续快速增长的潜力。

针对当前社会关注的几个主要问题，如收入分配结构不合理导致收入差距过大、社会保障体系尚不健全、房价和物价高等，十八大报告都提出了解决的思路。但是，发展中的问题需要用发展的方法来解决。保持国民经济稳定快速增长是解决所有社会发展问题的基础。保持国民经济较快增长，仍将是“十二五”期间经济工作的主旋律。

第二节　中国工业化特征与趋势

“十二五”期间，在全球化背景下继续推进工业化、城镇化、信息化仍将是经济社会发展的重要任务，也是经济社会发展的重要推动力。

一　工业化趋势

首先，工业化的重化工特征仍将持续。“十二五”期间，中国仍将处于工业化中期，重化工是工业化中期的基本特征。1992年以后，中国经济增长的基本特征是工业增长快则经济总量增长快，反之亦然。目前中国钢铁、有色、煤炭、电力、能源、水泥、乙烯等主要工业基础产品的生产能力和实际产量不仅居世界前列，而且在世界总量中所占比例大都超过

30%。这是中国经济发展阶段所决定的。“十二五”期间也将延续这一趋势。中国的经济尚没有摆脱依靠工业增长拉动的阶段。

当然，中国重工业和化学工业带动经济发展的趋势可能已经接近转折点。翻开发达国家的经济史，任何一个国家在其工业化过程中都存在着支撑经济发展的支柱产业。在美国、英国、法国、日本的工业化过程中，主要存在三个支撑经济发展的支柱产业：钢铁、汽车制造、建筑业。中国的情况与西方发达国家有相似也有不同。我国工业化还没完成，支柱产业除钢铁、汽车制造和建筑业之外，西方国家信息技术革命所产生的信息技术产业也是中国的支柱产业之一。发达国家工业化完成后普遍出现人口增长放缓甚至是负增长的现象。人口增长放缓导致对传统产业的需求增长放缓，这也是工业化完成以后经济增长放缓的原因之一。这样的现象在中国局部发达地区也开始出现苗头。上海是我国最先完成工业化过程的发达地区，已经连续超过10年出现户籍人口负增长，其人口增长主要是外来人口迁移，称为“机械式的人口增长”。随着工业化的完成和经济发展水平的提高，城市人口生育年龄普遍提高，人口出生率下降。随着人口增长的放缓，住房、基础设施建设需求增长速度降低，社会发展对重化工的需求减少，以钢铁为代表的传统重化工逐步饱和，停止增长，甚至转为负增长，称为夕阳产业，这是发达国家已经发生的现象。

随着工业化的完成，以钢铁为代表的重化工成为夕阳产业。英国1765年开始工业化，到了1973年钢铁年需求达到高峰，为人均消费477千克，以历时200多年的积累完成工业化。德国1977年达到人均年消费的高峰，为625千克，之后开始下降。美国人口流动性较大，国土面积大，需要更多的交通基础设施，1973年美国人均钢铁年消费达到高峰，为690千克。日本从1868年明治维新开始向西方开放，学习西方文化，其真正的工业化开始于19世纪。日本的工业化过程中，“第二次世界大战”期间出现很长时期的经济增长中断，到1973年日本人均年消费钢铁量达到880千克的峰值。韩国与中国属于第四代工业化国家。韩国20世纪60年代开始工业化，到2004年达到高峰，人均钢铁消费量为982千克，之后下降，由于其内部结构的变化和机械出口的原因，2011年出现第二个高峰，人均钢铁年消费量又上升到1157千克。经验证明，工业化开始越晚的国家，实现工业化的时间越短，为达到工业化国家基础设施的水平，每年钢铁消耗的强度越大。中国2011年人均钢铁年消费量达到

650千克，超过英国、德国工业化高峰时期的钢铁人均年消费量，接近美国，但与韩国、日本工业化高峰时期的钢铁人均年消费量还有很大的差距，中国的工业化还没有完成。由于中国国土面积大、内部差距大的特殊情况，中国工业化过程由东向西呈阶梯式推进，实现工业化的钢铁人均年消费量高峰有可能会比韩国、日本低。中国到2030年前后，达到人均钢铁消费量约为800千克的时候，可完成工业化。我国钢铁需求总量还有增长的余地，但是增长速度会越来越慢，如果没有大量的新需求出现，中国经济总体增长也会逐步放慢，即重化工产业逐步接近需求的天花板。

作为支撑中国工业化时期经济增长的汽车产业也存在类似情况。中国已经成为第一大汽车生产国，远远超过美国和日本，2011年我国汽车生产量已经达到1840万辆，产能估计已经超过3000万辆。中国人口是美国的4倍，汽车保有量为9000多万辆，不及美国的50%。所以中国汽车需求市场还有相当大的增长空间，但堵车问题极大地限制了汽车市场的增长，增长速度也将会逐步放慢。总的来看，中国工业化处在深化过程中，但工业化配套产业逐步走向需求“天花板”，中国的经济增长速度会逐步放缓。

二　资源环境对工业化的约束力将进一步加强

经过多年节能减排政策的实施，中国工业化尤其是重化工产业物耗和能耗水平与国际先进水平的差距在逐步缩小，进一步下降的幅度和速度也在减小。但由于单位国土面积的污染排放现状已经超饱和，且重化工产业规模虽然增长速度下降，但总量仍将扩大，资源消耗和温室气体排放仍将处于总量上升态势，污染物产生量仍将增加，资源环境仍然是最主要的约束。与“十一五”时期相比，中国转变经济增长方式的紧迫性更加加剧，“两型社会”建设任务更加繁重。

第三节　重要大宗资源能源需求趋势

由于工业化和城镇化继续维持较快速度，与“十一五”时期相比，对重要大宗资源能源产品的需求仍将有较大增幅。

按照现有发展趋势和“十一五”时期经济增长与工业化、城镇化需求，预计“十二五”期末，粗钢产量将达到或超过9亿吨，对各类铁矿石的需求量将超过15亿吨，据相关机构（MYSTEEL）统计，到2015年全球铁矿石将新增产能10亿吨，总产能将达到26亿吨。中国的需求差不多占全球铁矿石总产能的60%。

在有色金属方面，中国有色金属工业协会（尚福山：《有色金属行业“十二五”发展展望》）预测，到“十二五”末，十种有色金属将达到4380万吨，其中主要品种铜达到380万吨，铝达到2400万吨。

在建材方面，尽管中国水泥产量已占世界产量的60%以上，在国民经济发展不出现较大波动和宏观经济政策不出现较大调整的情况下，预计到2015年全国水泥需求量将超过21亿吨，如果加上出口，水泥产量将更大，而现有新型干法水泥生产能力只有14亿吨左右，水泥总产能只有18.8亿吨，因此未来至少还需要3.5亿吨的发展空间。

在能源需求方面，据国家能源局等部门的初步研究，“十二五”期间，能源需求仍将快速增长。以“十二五”国内生产总值年均增长8%，单位国内生产总值能耗年均下降3.7%，能源弹性系数（能源增长与国内生产总值增长速度的比例关系）为0.51计算，到2015年，中国需要的一次能源消耗量将达到42亿吨标准煤。由于水能、风能、太阳能、生物质能等提供的能源供应能力有限，在中国能源禀赋以“煤”为主的条件下，“十二五”煤炭需求将达到约38亿吨，折合26.8亿吨标准煤。由于中国已是煤炭净进口国，能源供应约束也将日趋明显。

第四节 工业大宗废弃物分析与预测

在工业化和城镇化快速发展的大背景下，废弃物产生量将持续增加。预计到2015年，年工业化固体废物产生量将达到37亿—40亿吨，受节能减排政策影响，工业废水排放量可能不会有明显增加，预计年排放量将维持在250亿吨左右水平。大量工业固体废物和废水的产生，对循环经济发展既是挑战也是重要机遇。

与工业废弃物规模排放相比，生活废弃物排放少，但排放总量大，尤其是城市生活垃圾、餐厨废弃物等大宗废弃物增速较快。“十二五”期间，城市生活废弃物已到了不得不处理的地步。由于城镇化快速发展和人民生活水平的提高，城市生活垃圾产出量年均增速将达8%—10%。《国务院批转关于进一步加强城市生活垃圾处理工作意见》提出，到2015年全国城市生活垃圾无害化处理率达到80%以上，直辖市、省会城市和计划单列市全部实现无害化处理。实现这一目标有相当大的难度。更重要的是，无害化处理仅仅是城市生活垃圾处理的第一步，也是最简单的，例如，焚烧和填埋处理。一些城市虽然实现了无害化处理，但已开始出现填埋场不够用的情况。填埋场不仅占用土地，安全隐患也不容忽视。如何在循环经济原则指导下，实现生活垃圾的减量化和资源化利用，是“十二五”期间面临的一个严峻挑战。

工业大宗废弃物产生量的增加，也是重要的投资机会。据中国环境规划部门预测，“十二五”期间，中国环保产业投资规模将达到3.1亿万元，垃圾处理投入以25%的增速位列环保投资之首，固体废物处理行业将达到8000亿元，比“十一五”期间翻两番，年均增速将达到18.5%。

第五节　应对气候变化的协同效应

应对气候变化已成为全球共同的挑战和责任，也是中国实现可持续发展的必然要求。为了应对全球气候变化，中国已对国际社会承诺，在2005年的基础上，到2020年能源消耗的强度要下降40%—45%。或者说温室气体的排放强度要下降40%—45%。在“十一五”能源消耗强度下降19.1%的基础上，“十二五”规划进一步提出到2015年，非化石能源占一次能源消费比重要达到11.4%，比“十一五”要增长3.1个百分点，单位国内生产总值能耗比2010年要下降16%，温室气体排放强度要下降17%。

应对气候变化最重要的是延缓和适应策略，延缓策略的核心是降低以二氧化碳为主的温室气体排放。由于碳排放主要是能源利用和消费活动产生的，有发展就会有碳排放。低碳是相对而言，低碳的核心实际上是追求低碳高增长，提高能源利用效率和碳生产率。这与循环经济追求提高资源生产率如出一辙。

循环经济要求能源消费减量化优先，节约利用能源优先，不仅从源头减少温室气体排放，更通过对工业化生产过程中的余热余能利用，通过制造产业发展和再生资源循环利用，减少原生资源消耗实现间接节能。同时，循环经济还可以通过在工业内部不同行业之间、工业与农业之间构建复合型循环型产业体系，实现生产力合理布局，通过物质与能源循环和梯级利用网络，促进碳循环，实现相对减碳。因此，循环经济发展实现经济增长与温室气体排放“脱钩”。如上种种正是发展循环经济应对气候变化的一种协同效应。“十一五”期间循环经济发展为节能目标的实现做出了巨大贡献就是最明显的事实。

由于“十二五”应对气候变化的目标是约束性的，要实现这个目标，除了落实常规的节能减排措施外，也需要借助发挥循环经济的协同效应，这也是大力发展循环经济的重要机遇。

第六节 “十二五”是循环经济发展的重要机遇期

一 循环经济的社会认识更加深刻

经过“十一五”实践，各地和社会上把循环经济仍当作“废物经济”的显著减少。虽然各界对循环经济仍存在不同认识，甚至是一些片面认识，但重要的是循环经济在转变发展方式、实现科学发展方面具有独特作用，开始得到了越来越多的认同。例如，在破解资源环境约束方面，通过资源配置的优化、资源节约技术的创新和组合，大大提高了资源深加工度和资源产出效率，降低经济增长对初始资源的需求强度，实现了经济增长的“减物质化”，同时通过废弃物资源化，物尽其用、变废为宝，促进资源循环再生利用，为经济发展提供新的资源供应渠道，循环经济已成为从根本上缓解资源和环境制约的最佳途径。在“调结构”和“促发展”方面，通过上下游产业链和生产过程耦合，建立物质流、能量流的循环利用和梯级利用网络，在实现资源能源高效利用的同时，降低国民经济初级资源开采产业和初级加工业比重，实现经济结构的“高加工度化”和内部结构优化。同时，通过产业组织创新，促进循环经济联合体等新型产业组织出现，培育节能环保和再制造等战略性新兴产业，培育新的经济增长点，循环经济已成为促进结构化的重要手段。事实上，“十二五”规划突出强调把建设“两型”社会作为转变发展方式的着力点，提出大力发展循环经济，已把循环经济作为实践科学发展观的重要载体来看待。

二 各级政府对循环经济发展更加重视

“十二五”规划明确提出，要坚持把建设“两型”社会作为加快转变经济发展方式的重要着力点，深入贯彻节约资源和保护环境的基本国策。通过发展循环经济等手段，促进经济社会发展与人口资源环境相协调，走可持续发展之路。科学发展是“十二五”经济社会发展的主题，转变发展方式是主线，“十二五”规划直接把循环经济发展与建设“两型”社会和转变经济发展方式相联系，明显提升了循环经济的地位，突出了对发展循环经济的重视。

在“十二五”规划中，“绿色发展，建设两型社会”不仅第一次单独成篇，更是第一次将大力发展循环经济单独作为一章，提出要按照“3R”原则，减量优化，以提高资源产出率为目标，推进生产、流通和消费各环节循环经济发展，加快构建覆盖全社会的资源循环利用体系。与“十一五”相比，“十二五”规划对发展循环经济的考虑更加全面，也更加具有可操作性。首先，强调在农业、工业、建筑和商贸服务等重点领域推行循环型生产方式，按照循环经济模式规划、建设和改造各类产业园区，推动产业循环式组合，构筑链接循环的产业体系。其次，把资源产出率提高作为评价循环经济发展的重要标志，目标是提高15%。同时，提出工业固体废物综合利用率达到72%。再次，健全再生资源回收利用体系，推进再制造产业发展。最后，循环经济发展由试点向示范升级，组织实施循环经济“十百千示范”行动，实施资源综合利用等7大重点工程。

“十一五”一系列立法和政策法规的出台，已经为“十二五”循环经济发展提供了较好的宏观环境。可以预计，在“十二五”规划的基础上，各级政府将会更加重视循环经济发展，采取相应措施，推动循环经济加快发展。

三　循环经济发展科技支撑能力增强

“走自主创新道路，建设创新型国家”是中共中央做出的重大决策。2006年，中国正式发布了《国家中长期科学和技术发展规划纲要（2006—2020年）》（以下简称《科技中长期规划》），对未来15年中国的科技发展做出了总体部署，从重点领域及其优先主题、重大专项、前沿技术和基础研究等方向确定了重点任务，明确了今后中国科技工作的着力点和主攻方向。与此同时，国家还制定了科技投入、税收激励、金融支持等10个方面60条的配套政策，推动《科技中长期规划》和一系列科技技术的组织实施。

国家对科技创新投入不断增加。据统计，“十一五”财政科技拨款占财政总支出的比重一直保持在4%以上，研发经费投入年均增长23.3%，总量居世界第三位，占国内生产总值的比重达到 1.75%，比 2005 年高出 0.43 个百分点。企业自主创新能力不断提高，在技术创新中心中的主体地位越来越稳固。至 2010 年，国家认定的企业技术中心达 729 家，是“十一五”期初的 2 倍。包括国家科技支撑计划、高科技研究发展（863）计划和国家重点基础研究发展（973）计划等主体性计划和火炬计划、星火计划等产业化技术的顺利实施。

循环经济发展也在国家自主创新能力提升过程中不断受益。资源节约和环境保护等支撑循环经济发展的科技发展被纳入《科技中长期规划》中。例如，在国家科技支撑计划中，仅 2008 年，与循环经济相关的节能减排、气候变化和生态环境保护等国家负担经费投入 111 亿元。通过重大项目和关键技术攻关，示范应用，重点解决重大公益技术和产业共性技术问题，有效突破资源、能源和环境等技术瓶颈，为循环经济发展提供了强有力的支撑。例如，据环保部统计，“十一五”期间，先后共有 178 个项目成果获得国家科技进步奖励或环境保护科学技术奖励，目前已有 10 个国家环境保护重点实验室，建成了 10 个国家环境保护工程技术中心，9 个国家重点实验室和 9 个工程技术中心正在建设中。科技部通过国家科技支撑计划，先后支持了一批直接与循环经济相关的重大技术研发与示范应用。

中国已成长为“世界工厂”，工业在相当长一段时间内将是我国发展循环经济的重点。工业自主创新能力进一步增强。截至 2009 年底，中国依托工业企业建设了 127 个国家工程中心和 636 个国家级企业技术中心，企业发明专利申请数已占到国内发明专利申请数的 50.7%。大中型工业科技活动人员达到 247 万人，占从业人员比重的 5.2%，其中科学家、工程师人数达到了 159 万人。与此同时，资源节约、环境友好的工业体系建设稳步推进。“十一五”前 4 年，规模以上单位工业增加值能耗累计下降 20.76%，累计实现节能量 5.3 亿吨标准煤，为实现全国完成万元国内生产总值能耗及主要污染物排放下降目标奠定了重要基础。化学需氧量排放总量下降 9.66%，二氧化碳、二氧化硫排放总量下降 13.14%。工业体系的不断健全、实力和创新能力的稳步提升以及产业的整体生态化为加快发展循环经济奠定了更加坚实的基础。

四 典型模式推广加速循环经济发展

依靠技术创新，形成了一批成功实现资源高效循环利用、经济效益明显提高和环境友好发展的典型循环经济模式，是“十一五”循环经济发展的重要成效。国家发改委组织相关领域专家，梳理、总结和编写了60多种典型模式，这些典型模式为循环经济全面发展提供了方向。“十二五”期间，上述模式的推广将会加速循环经济又好又快发展。

五　加快循环经济发展具备物质基础

“十一五”期间，中国战胜了四川汶川特大地震等自然灾害，并有效应对了国际金融危机的巨大冲击，经济继续在2003年以来新一轮高速增长的轨道上运行，经济实现年均增长11.2%，人均国内生产总值超过4000美元，年均增长10.6%，延续了改革开放以来创造的快速增长奇迹。2010年，中国完成国内生产总值39.8万亿元，按现价汇率计算，跃居世界第二位；财政收入8.3万亿元，比“十五”末期增长了1.6倍。外汇储备超过2.8万亿美元，居世界第一位。

循环经济全面发展离不开政府强有力地推动，包括增加财政收入，在相关领域实施减免税政策等。“十一五”期间综合国力的大幅提升，以及“十二五”期间预期持续的较快增长速度，既增强了将发展循环经济的外部性效益内部化的财政补贴能力，又有助于提高居民收入水平，提升社会大众的环境保护支付意愿，巩固增加循环经济投入的社会基础，形成推动循环经济发展的强大动力。

六　城镇化为循环经济发展提供良好市场

“十二五”时期是中国城镇化进程中非常重要的一个阶段。城镇化速度可能出现下降，但城镇化水平将持续提高，且城镇总人口比重将首次超过乡村总人口比重。城镇化不仅促进生产要素集聚，而且城镇化发展形成的巨大市场可以不断提升对循环经济产品的容纳能力，为循环经济发展提供良好的市场支持条件。

第七节　“十二五”加快循环经济发展的要求与挑战

一　“十二五”社会发展对循环经济发展的要求

综合来看，“十二五”时期是中国发展阶段中的一个重要转折期。在外部环境上，应对气候变化、能源资源安全和粮食安全等全球性问题使得国际经济科技竞争更加突出。更重要的是，由于中国已是世界第二大经济体，“十二五”时期将逐步由世界经济增长拉动中国增长转变为中国增长拉动世界经济增长。“后发优势”和外部“溢出效应”在逐步减弱，中国必须完善自身发展模式、发展动力。从国内看，中国总体上仍处于工业化中期阶段，在全球化背景下工业化和城镇化加速，经济社会发展中的不平衡、不协调、不可持续问题依然突出，尤其是资源约束更加突出，制约科学发展的体制机制障碍依然较多。因此，与过去相当长一段时期突出“增长”主题不同，“十二五”时期将淡化增长速度，更加注重增长的内涵，并将主题定调为“科学发展”。

中共十七大提出，要坚持以人为本、全面协调可持续的科学发展观。“十二五”规划纲要作为今后一段时期指导我国经济社会发展的纲领性文件，最突出的特点就是提出坚持以科学发展为主题，以加快转变经济发展方式为主线，使经济社会发展全过程和各领域发生一场综合性、系统性和战略性的转变。循环经济作为一种新的技术经济范式，其核心就是生产方式和生产组织方式的转变，是转变经济发展方式的应有之义，也是中国转变经济发展方式的必然选择。经过近十年的发展，在物质层面上，具有经济效益的资源循环利用已经取得巨大进展，“十二五”期间循环经济发展进入攻坚阶段，需要在经济效益不高但环境效益高的资源循环利用方面取得更大进展，需要通过价格形成机制改革提高经济的比较效益，需要强化资源输出端的环境倒逼机制，提高污染排放的成本，建立资源循环利用的双向激励机制，需要财政拿出更多资源扶持资源循环利用，需要加强针对循环经济的技术创新和核心技术攻关的支持。这些挑战都需要通过机制体制改革来应对，需要经济改革朝着有利于经济发展方式转变的方向大步迈进。因此，作为与转变经济发展方式相适应的新的经济发展模式，循环经济发展所面临的困难和挑战也是转变经济发展方式所面临的困难和挑战。

从大国的角度来看，“十二五”时期经济社会发展对发展循环经济的要求，不仅是要汲取发达国家的经验和教训，解决环境问题，而且要以提高资源利用率为核心，促进建设“两型社会”，更要使循环经济成为中国探索科学发展的载体，带动我国经济增长方式的转变，并为其他后工业化国家提供基于循环经济实现科学发展且可资借鉴的“中国模式”。

二 “十二五”循环经济发展面临的挑战

(一) 经济增长与资源约束的矛盾更加突出

“十二五”规划纲要虽然不再将经济增长速度作为约束性指标列出，但预期年平均经济增长速度仍将达到7%。考虑到中国已是世界第二大经济体，与发达国家甚至其他主要经济体相比，经济增速仍然将处于非常高的水平。从各省级行政区“十二五”规划目标来看，各地预期年平均经济增长速度均全部超过国家预期增速。从过去实际执行情况来看，最终的实际年平均增长速度将肯定超过预期7%的年均增长速度。

与此同时，“十二五”规划纲要预期“十二五”期间中国城镇化率将提高4%，与“十一五”规划目标相同，但略低于“十一五”期间的实际增长率。考虑到经济增长的惯性，以及短期内居民城乡分隔制度仍将维持，最终实际的城镇化率提高水平将高于预期目标。由城镇化率提高带动的房地产和建筑业以及相关产业将继续成为拉动经济增长的支柱产业。

总之，中国工业化和城镇化的阶段性特征仍然决定了“十二五”期间工业尤其是重化工产业仍将具有较大成长空间，并将继续作为拉动经济增长的主要动力。资源和能源高消耗是重化工产业发展的基本特征。由于中国主要矿产资源和能量储量缺乏，国内资源能源储量不足以支撑我国经济增长。另外，到“十一五”末期，一些重要资源和能源进口依存度已处于较高水平。例如，据计算，2008年，中国自产铜精矿和铅精矿资源保障率分别只有24.63%和35.67%。2010年，原油对外依存度已接近55%。铁矿石最能反映中国经济增长面临的资源约束。据统计，“十一五”期间，中国铁矿石对外依存度年均提高约3个百分点。2010年中国铁矿石消费对外依存度超过60%。由于铁矿石大量依靠进口，导致国际铁矿石和相关海运价格大幅上涨，在没有定价权的情况下，2010年前11个月消费进口矿石涨价付出261亿美元，折合人民币约1750亿元，相当于钢铁行业主业利润两倍之多。2010年，中钢协77户大中型钢铁企业平均利润率由2004年的8.10%下降到2.84%，利润总额仅897亿元，约合136亿美元，不及世界三大矿业公司任何一家。这表明资源约束已影响到中国的经济安全，影响到工业化进程的推进。

有研究表明，随着未来新一轮的经济增长，中国提高资源利用率的任务非常艰巨。从环境的角度看，如果使2020年环境质量保持2000年的水平，资源生产率必须提高4—5倍，如果使环境质量在现有基础上有明显改善，则资源生产率必须提高8—10倍。这显然是不可能完成的任务，但也从侧面说明，在“十二五”时期仍具有重化工产业特征和城镇化加速发展的情况下，经济增长最大的约束就是资源和能源约束。缓解资源环境瓶颈制约成为转变经济发展方式需要优先考虑的因素。

（二）以人为本与环境约束的矛盾持续尖锐

“十二五”规划纲要在淡化经济增长的同时，更加强调以人为本，这是坚持科学发展观的核心。以人为本，不仅包括收入增长，民生得到保障和改善，基本公共服务体系和社会管理日趋完善，也包括经济社会发展与人口资源环境的相协调，促进人的可持续发展。研究表明，由于环境污染等因素的存在，收入的增长并不能带来幸福感的提升。因此在解决基本问题后，可以说环境好坏、是否宜居已逐步上升为最基本的诉求。解决好环境问题，也是落实以人为本理念的最重要体现。

环境污染是经济增长和社会发展的伴生物，又对经济增长和社会发展具有约束作用。“十一五”期间国家将主要污染物二氧化硫和化学需氧量减排作为国民经济和社会发展规划的约束性指标，一方面体现了中国在经济社会发展中落实科学发展、以人为本理念的重大进步，另一方面也表明，在宏观层面，以人为本理念与环境约束的矛盾日益尖锐，环境已成为影响可持续发展和损害群众健康的突出问题之一。

“十一五”期间在经济增长和能源消费总量均超过规划预期的情况下，主要污染物超额完成排减任务，环境质量有所改善。但总体而言，目前中国环境形势仍十分严峻。例如，据《2009年中国环境状况公报》显示，国控废水和废气重点污染源排放达标率分别为78%和73%，七大水系总体为轻度污染，26个国家重点湖泊（水库）中V类和劣V类的占一半以上。对北京等8省（自治区、直辖市）地下水质监测发现，适合除饮用外其他用途的IV—V类监测井占73.8%。全国重点城市取水总量中不达标水量高达27%。全国近海海域水质总体为轻度污染，但IV类和劣IV类海水占21.1%，呈上升趋势。部分城市污染较为严重，工矿污染和城市污染向农村转移呈加速趋势。显然，这与坚持建设以人为本的宜居环境还有较大差距。

由此可见，落实以人为本理念与环境约束的矛盾仍将持续尖锐。“十二五”规划纲要进一步增加氨氮和氮氧化物减排最为约束性指标，其中二氧化硫和化学需氧量排放总量分别下降 8%，氨氮和氮氧化物排放总量分别下降 10%。这又是一个巨大进步，但落实的难度无疑也是巨大的。以氮氧化物排放总量减排为例，据环保部副部长张力军介绍，需要建议千万以上人口城市实行机动车总量控制，大力淘汰黄标车，对电力和水泥等行业实施总量控制，修订火电厂排放标准等，实施脱硝改造工程等。发展循环经济是从根本上减轻环境污染的有效途径，要落实好主要污染物减排，实现环境状况的根本好转，必须借助发展循环经济的协同效应，其挑战的艰巨性不言而喻。

（三）应对气候变化的重任和外部压力不断增强

经各国先后通过《京都议定书》、“巴厘岛线路图”的制定以及哥本哈根会议、联合国召开的气候变化大会，学术理论界和各国政策制定者已达成的一个共识是，通过减排以二氧化碳为主的温室气体，遏制全球变暖，是应对全球气候变化的最重要途径。2007 年，联合国安理会开始把气候变化列为涉及国际安全的辩论议题。目前，在国际社会的共同努力下，减少温室气体排放，应对全球气候变化正在由科学共识转变为全球行动。一些早已完成工业化且排放总量较大的国家，根据《京都议定书》要求设定了减排目标并开始进行实质性的经济社会政策调整，部分发展中国家也在应对气候变化问题上行动起来。从大趋势来看，应对气候变化，减少温室气体排放，不仅直接关系各国在国际政治舞台上的话语权之争，而且对国际经济格局和贸易规则的影响正在逐步显现，这些均成为推动循环经济发展的巨大外部压力和推动力。

中国能源禀赋中煤炭超过 70%，如果不考虑历史排放因素，按年计算，目前中国已超过美国，成为世界上最大的温室气体绝对排放国。尽管中国仍然可以根据自己发展中国家地位和相关国际条约规定，坚持共同但有区别的责任，但由于中国已经是世界第二大经济体，无论是从履行中国的自愿减排承诺，还是在国际气候变化谈判中，面对的责任和外部压力无疑越来越大。

（四）消费升级对循环经济发展提出更高要求

“十二五”经济增长将从投资和出口驱动进一步转向内需拉动，消费将成为经济增长最稳定且持续的因素。同时，“十一五”期间，城乡人均收入持续增长。“十二五”规划进一步提出要实现城乡居民收入与经济发展同步，劳动报酬增长与劳动生产率提高同步。在地方“十二五”规划中，有五个省份提出要实现居民收入超过经济增长，19个省份提出实现二者完全同步。随着收入分配制度改革推进和居民收入水平提高，消费升级的趋势越来越明显。

整体上看，目前中国正在由温饱型消费阶段向小康型和现代型阶段过渡，住宅、汽车、旅游、信息通信、文化教育和娱乐等开始成为新的消费热点。由于消费升级主要是质的升级，包括消费层次提升以及消费品科技含量的提高，在产生新的消费热点的同时，居民吃穿住和日常消费生活的升级尤其是安全环保和节能低碳产品的需求升级也是重要的消费力量，由此伴生的问题也不容忽视。例如，饮食结构中对肉禽蛋的消费比例会增加，在促进养殖业发展的同时，必须采用循环经济发展模式处理好对农业种植业影响和养殖业粪便污染问题。当前尤其比较突出的是食品安全问题，消费升级中对绿色、有机食品的需求将会更加迫切。简单地说，在消费升级中，要让人民“喝上干净的水、呼吸清洁的空气、吃上放心的食物，在良好的环境中生产生活”，无疑对循环经济发展提出了更高要求。

（五）产业升级对循环经济发展提出更高要求

“十一五”期间，尽管中国经济和社会发展水平显著提高，产业规模和实力不断扩大，但长期困扰中国经济发展的结构和发展方式粗放等问题并没有得到根本解决。目前，钢铁、有色金属、建材、石油化工和电力等所谓的资源和能源高消耗和高污染排放产业占用较大比重，由于中国尚未完成工业化，且城镇化处于加速发展阶段，这些产业发展具有内在刚性需求。例如，一方面，尽管一直执行较为严格的产业准入和总量控制政策，但在需求推动下，2000年以来，粗钢产量年均增速超过30%，10种有色金属产量年均增长超过26%，煤炭产量年均增长超过13%。另一方面，产业集中度不高，技术水平相对落后的产能占有较高比重。完全依靠行政力量抑制这些产业发展，甚至是淘汰部分产能，既不符合市场经济的发展要求，也很可能要付出非常高的成本。这就要求我们一方面要加强对新建企业和项目的循环经济准入要求；另一方面加大力度，对传统企业和传统产业按照循环经济发展模式进行生态化改造，促进这些产业优化升级发展。

在国家发改委出台的《产业结构调整指导目录（2011年本）》中，按照建设“两型社会”的要求，在环境保护与资源节约综合利用门类中，新增了“废旧物品等再生资源循环利用技术与设备开发”“废旧机电产品的再利用、再制造”等条目，同时在几乎所有制造业门类中均增加了清洁生产工艺、节能减排、循环利用等方面的内容。

（六）国际竞争加剧对循环经济提出更高要求

国际金融危机爆发，以及在应对全球气候变化的大背景下，各国均加快了技术创新和结构升级的步伐，孕育新技术革命的趋势更加明显。同时，国际经济技术竞争加剧，竞争重点日益转向循环经济、新能源和低碳经济等新兴领域。新形势下国际社会对环保和节能减排特别是减少二氧化碳排放正在提出越来越严格的要求，并逐步成为世界政治经济博弈的重点。今后国际竞争已不再是传统的资本、资源和劳动力竞争，而是环保技术和碳生产率的竞争。例如，欧盟国家正在酝酿实施“碳关税”，澳大利亚已在国内正式实施“碳消费税”。在新的国际竞争趋势下，这就要求我们必须大力发展循环经济，通过制度和政策措施的制定和创新以及科学技术的进步，推动整个社会经济模式向低投入、低消耗、低排放、高效益的模式转型，促进节能减排工作顺利开展，这不仅有利于中国经济发展方式转变，也有利于中国在适应世界经济调整变革趋势中占据有利位置。

在新的国际经济技术竞争背景下，产业发展环境在发生深刻变化。现有很多产业不能体现产业技术进步和发展趋势的要求，国务院出台了《关于加快培育和发展战略性新兴产业的决定》，提出加快培育节能环保等七大产业，其中最重要的内容就是需要加快循环利用资源、能源的再生资源产业和节能产业，节能、节材和低污染排放的再制造产业，培育新的经济增长点。把循环经济的重要内容纳入战略性新兴产业的宏观战略视野，对循环经济发展推动建设现代产业体系提出了更高要求。

第八节　全面贯彻落实国家“十二五”循环经济发展规划

2012 年 5 月 24 日，国家发改委召开了《全国循环经济发展“十二五”规划》专家论证会。国家发改委解振华副主任主持会议并讲话。来自国务院参事室、国务院发展研究中心、中国工程院、中国科学院、中国科学环境研究院、环境保护部环境研究院、清华大学、北京大学等单位的 13 位院士、专家参加了论证会。经过论证的规划已经报送国务院。

解振华副主任在论证会上指出，国家“十二五”规划纲要把循环经济摆到了很重要的位置，首次提出了资源产出率提高15%的目标。《全国循环经济发展“十二五”规划》是国务院确定的“十二五”时期国家级专项规划之一，是对国家“十二五”规划纲要确定的有关循环经济目标任务的具体部署，也是中国首部国家循环经济规划，是“十二五”时期指导全国循环经济发展的行动纲领。

《全国循环经济发展“十二五”规划》提出了“十二五”时期循环经济发展的指导思想、基本原则、主要目标、总体布局、主要任务、重点工程和保障措施等，既着力创新，又求真务实，符合循环经济减量化、再利用、资源化、减量化优先的原则，体现了以科学发展观为主题和以加快转变经济发展方式为主线的要求；《全国循环经济发展“十二五”规划》提出构建循环性工业、农业、服务业以及社会层面循环经济体系，为“十二五”循环经济发展提供了清晰的思路；提出的实施“十百千”示范行动，为实现循环经济发展目标任务提供了重要支撑、建立统计评价制度等保障措施，充分体现了发挥政府、市场、企业、公众合力的要求，有利于形成促进循环经济发展的长效机制。

“十二五”期间，国家发改委将会同财政部、中国人民银行、证监会等部门进一步完善关于支持循环经济发展的投融资政策措施。在规划、投资、产业、价格、信贷、债权融资产品、股权投资基金、创业投资、上市融资、利用外资等方面，完善支持循环经济发展的具体措施。包括国家财政增加用于直接支持循环经济发展的专项基金，通过支持循环经济十大工程等，充分发挥政府投资对社会投资的引导作用；通过制定规划引导社会资金进入循环经济发展领域；发挥产业政策对社会资金引导作用，制定并细化有利于循环经济发展的产业政策体系，引导社会资金投向资源循环利用产业，加大循环经济技术、装备和产品的示范、推广力度；发挥价格杠杆对社会资金的引导作用，研究促进循环经济发展的相关价格和收费政策，引导消费者使用节能、节水、节材和资源循环利用产品，使得循环经济项目能够对社会资金产生巨大吸引力。

据专家计算，在国家相关政策的支持下，“十二五”期间中国资源循环利用产业将迎来新的发展机遇，到2015年相关产业产值有望达到1.5万亿元。

第十一章 “十二五”再生资源回收行业发展趋势

第一节 “十二五”再生资源回收体系建设总体思路

“十二五”时期是中国全面建设小康社会的关键时期，是深化改革开放、加快转变经济发展方式的攻坚时期，也是再生资源回收行业发展再上新台阶的重要机遇期。党中央、国务院高度重视再生资源回收行业发展，国家“十二五”规划纲要明确提出完善再生资源回收体系建设，并把“废旧商品回收体系示范”作为循环经济重点工程之一。将再生资源回收利用工作列入国家规划纲要，这在中国历史上还是第一次，彰显出再生资源回收行业对于落实科学发展观，实现经济社会全面、协调和可持续发展的重要性。

在“十二五”期间甚至以后更长的一段时间，我们应该认真深入贯彻落实科学发展观，以坚持节约资源、保护环境为目标，以完善再生资源回收网络和提高回收率为重点，以加强法规建设、制度创新、机制创新为保障，以先进适用技术应用推广为支撑，加快建设完整的、先进的再生资源回收体系。争取到“十二五”期末，初步建立起拥有现代回收方式、先进的技术设备、完善的回收网络、良好的分拣与处理系统、规范化管理的废旧商品回收体系，全国主要品种再生资源回收率达到70%以上。

第二节 “十二五”再生资源回收体系建设政策取向

一 加强组织领导，建立长效工作机制

再生资源回收功在当代，利在千秋，是造福后代的伟大事业，同时又

涉及城市规划、环境保护、社会治安等多个领域，仅靠商务部门很难实现建立完整先进的再生资源回收体系的目标。因此，应以贯彻落实《国务院办公厅关于建立完整的先进的废旧商品回收体系的意见》（国办发〔2011〕49号）文件为契机，尽快建立由商务部带头，有关部门共同参与的废旧商品回收体系部际协调机制，推动各部门形成合力，切实加强对废旧商品回收体系建设工作的组织领导，保证协调机制工作的常态化。各地也必须在地方政府统一领导下，有关部门协调配合推动，将再生资源回收作为政府工作职能的一个重要部分，明确专门机构和人员，建立部门协调机制和工作考核评价体系，明确责任，形成工作合力。

二 规划先行，编制长远规划

以国家“十二五”规划为依据，根据再生资源回收行业发展现状，学习借鉴国外先进经验，同时从中国实际国情出发，制订全国再生资源回收体系建设“十二五”规划，进一步做好全国和各地再生资源行业的规划工作，与再生资源节约利用、再制造体系布局配套，积极争取相关配套政策支持，把再生资源回收体系建设纳入社会总体发展规划和相关土地、城市建设、社区发展等专项规划中，实现合理布局，争取社会效益、经济效益最大化。应将再生资源回收体系建设工作规划做好，并按照规划有步骤地全面推进，以利于行业健康发展。各地也应积极推动制定当地再生资源回收体系建设规划，并将有关内容列入当地“十二五”规划，抓好一批重点工程和示范工程。

三 继续开展试点，发挥示范带动作用

“十二五”期间，应在总结试点经验的基础上，继续推动再生资源回收体系建设试点工作。按照国家“十二五”规划要求，进一步扩大废旧商品回收体系试点城市范围，在“十二五”期间建设一批网点布局合理、管理规范、回收方式多元、重点品种回收率高的废旧商品回收体系示范城市。从废旧商品重点品种入手，扶持大型龙头企业，推动建设一批综合性园区和回收利用基地，延伸服务链和价值链，完善物流体系，提高回收利用行业的组织化程度。同时，地方也可按照商务部有关要求，在国家试点的基础上，结合地方实际和特色，勇于探索，创新工作，做出体现“当地特色”的地方再生资源回收试点，逐步完善试点工作，推动建立完整

的、先进的再生资源回收体系。

四 强化统计标准，完善法规政策

统计和标准化工作是再生资源回收行业管理的基础，没有翔实的数据收集和分析，行业管理部门就无法进行科学决策和管理；没有完整的标准体系，行业就无法实现规范化、有序化发展。“十二五”期间，应进一步完善再生资源回收行业的统计制度，以全面掌握行业的发展情况。研究建立回收行业管理信息系统和统计指标体系，加强信息统计等基础工作。同时加快行业标准化建设，把标准工作与重点工作内容相结合，与项目建设相结合，与行业管理相结合，逐步建立一套比较完整、权威的再生资源回收行业标准体系，为宏观经济决策提供权威统一的数据信息。2007 年，商务部等六部委联合发布的《再生资源回收管理办法》是当前行业管理的依据。“十二五”期间，应尽快制订《再生资源回收管理条例》，解决行业发展涉及的规划、治安、环保、城管等多部门管理问题，逐步将再生资源回收工作纳入法制化轨道；各地也应加大《再生资源回收管理办法》及相关法律法规贯彻落实的力度，进一步抓紧完善规范和促进再生资源回收的法规和规章，尽可能出台更高效力的法律、法规和文件，以此来建立和维护良好的回收利用秩序，全面掌握行业的发展情况，规范企业行为，加强回收经营者的登记管理和交易市场经营行为的监督，营造统一规范、竞争有序的市场环境，建立和维护良好的废旧商品回收秩序。

第 三 篇

探索实践篇

第十二章 “城市矿产”开发的国际借鉴

据统计，世界发达国家再生资源产业规模2007年达6000亿美元，2010年达18000亿美元。再生资源2007年回收总值达5000亿美元，并且以每年15%—20%的速度增长。2007年西方发达国家废金属的回收率[①]为40%—50%、废钢铁的回收率为60%—70%、废纸为70%[②]。日本和德国发展循环经济都是从对再生资源的开发利用开始的。采用产业化方式开发利用再生资源目前已经成为日本和德国两国共识，并且已在实践中得到很大程度发展。

经过数千年“开发”，全球“可工业化开采”的矿产资源绝大部分已不在地下，而是以“废旧物资”的形态堆积在我们周围，其中85%“富积”在发达国家。[③] 废旧物资是全球唯一在增长、迟早要取代地下矿藏的“富矿”。日本、德国等发达国家正是针对这一现状，率先将运转了300年以“开采—产品—废弃”为特征的“线性经济”，改造为以“产品—废弃—再生产品”为特征的“循环经济”，成功地用再生资源替代原生资源。[④]

目前各国再生资源回收系统大致有两大类：一是高度组织化的行业联盟网络。这种网络包括几类主体：企业、由成员企业组成的联盟、由成员企业出资形成的基金会、由基金会资助并与回收相关的机构和企业。这类系统网络组织严密，如在家用电器领域，首先以“生产者责任制”为法

① 回收率指年回收总量占总消费量的比重。

② 陈静：《发展循环经济的国际比较及对我国的启示》，《西安电子科技大学学报》2006年5月。

③ 王明远：《循环经济概念分析》，《中国人口资源环境》2005年6月。

④ 秦海旭、万玉秋：《德日静脉产业发展经验及对中国的借鉴》，《环境科学与管理》2007年6月。

律基础，建立“大家电联盟”或类似联盟企业组织，再由联盟内的成员企业提供资金建立基金会，在基金会的主导下设立或者组织专门机构，联系大批回收企业对再生资源进行回收处理和再利用。二是松散的产业联系网络。这种网络也有几类主体：回收企业和个体经营者，资源再生利用企业和个体经营者。该系统网络组织比较松散，首先主要依靠包括各种成分在内的回收企业和个体经营者组成的社会“拾荒大军”，面向企业和社区，以协约方式回购和以走街串巷方式随机收购可再生资源，再让再生资源进入市场进行处理、流通和再利用。从网络的严密性、组织化、效率来看，前者程度远高于后者，如日本、德国的回收系统就属于第一类。

从全球来看，特别是在发展中国家，废物管理问题随人口增长，城市化、工业化和生活水平的提高而出现，并且废物的多样性和数量均在持续增长，已成为一个复杂的政治、经济和社会问题。再生资源发展是一个典型的产业技术经济问题，技术进步、社会协作、公共平台建设、法律和制度规范、相应政策支持、产业化运作、研发组织对再生资源发展具有重要意义。发达国家资源再生产业，无论是在理论还是在实践上都较中国更加进步。需要指出的是，国外研究大多使用“废物管理”或“综合的废物管理”概念，再生资源的问题包含在其中。德国、丹麦、瑞典、美国循环经济走在世界的前列，日本大力发展城市矿产，它们分别是欧洲、北美和亚洲再生资源高水平利用的代表性国家，中国有必要借鉴其经验。

第一节 德国“城市矿产”的开发利用

随着垃圾经济的崛起，德国成为世界上公认的循环经济起步最早、发展水平最高的国家之一。

一 德国再生资源发展概况

从国别和地区来看，欧盟国家废弃物回收一直处于世界领先水平。以有色金属为例，欧盟2001年发布的《近期有色金属回收率》报告中，铝为30%—40%，铅为50%—60%，镍为35%—45%，锌为20%—30%，锡为15%—20%。在欧盟国家中，德国再生资源利用处于领先地位。自1996年颁布《循环经济和废物处置法》以来，德国家庭废弃物循环利用率有了较大程度的提升，1996年家庭废弃物循环利用率约为35%，到

2000 年已上升至 49% 。目前，德国的矿渣 95% 都得到重新利用。冶金生产中留下的大量矿渣 5% 都得到重新利用，大部分被处理成可以替代天然石料的建筑材料；70% 以上的粉尘和矿泥也被重新利用，其中大部分通过烧结设备处理重新进入冶金程序。德国有 2000 万吨废铁在本行业被重新利用，废旧汽车的最后一个所有者可以将汽车免费交回到生产厂家或者进口商，生产厂家和进口商有义务收回废旧汽车并支付相应的费用。进入 21 世纪以来，德国每年产生的电子废弃物在 180 万吨以上。废弃物处理已成为德国的一个重要产业，全年营业额约 410 亿欧元，创造了 20 多万个就业机会。①

二 德国再生资源回收利用模式

（一）产品责任制

指由进行产品开发、生产、加工和经营的主体承担满足循环经济目的的产品责任。比如产品生产者应最大可能地在生产过程中避免产生废物，保证对资源进行有利于环境的作用，确保在利用中产生的废物得到处置。德国于 1991 年颁布了《垃圾减量法》，1996 年颁布了《循环经济法》，都要求各个制造行业回收报废后的产品，并将其分解后尽量作为原材料循环利用，从而促使制造商从产品设计阶段开始，就在选材和结构上考虑如何让使产品容易分解和利用，并积极改进废物分解技术，以降低再生资源收集和利用费用。德国的循环经济法取得了良好的政策效果。

（二）二元回收系统和“绿点”标志

德国 DSD 公司由再生资源回收联盟主导，负责全国性回收系统的日常运转，代为承担联盟会员企业应尽的资源回收再利用义务，经营活动经费来源于企业购买“绿点”商标时所支付的许可证费用，没有政府补贴。企业如果不使用“绿点”商标，就必须自己对所使用的资源和产品进行回收再利用，完成规定的限额，并且要向当局提供相应的证明。企业如果在产品包装上使用了“绿点”商标而没有为此付费，将可能面临因违反《商标法》而受到的惩罚。

（三）废弃物回收付费制度和押金制度

废弃物回收付费制度是指消费者或社区居民应当向有资格的回收经验

---

① 高晓露：《德国循环经济立法实践及其启示》，《广西社会科学》2006 年 8 月。

单位或原制造单位交付废旧家用电器，并交纳一定数额的处理费用。对于生活垃圾，居民也应当交纳一定数额的处理费用。押金制度则是指，顾客在购买用塑料瓶和易拉罐包装的矿泉水、啤酒、可乐、汽水等饮料时，均需支付相应的押金，并在退还空瓶时领回押金。一些零售连锁企业实施了交叉退还制度，也即顾客在一家商店购买物品后，所交包装物抵押金可在另一家商店得到退还。废弃物回收付费制度和押金制度均针对废弃物，但所适应的具体物品种类不同。

三　德国回收利用体系建设

（一）产业化运作

德国的再生资源回收体系具有明显的产业运营特征，产品制造者被赋予了废弃减少和再生资源利用职责。如德国政府明确规定，制造商有义务对其设计、制造和销售的家用电器和电子产品进行收集、再使用和处置等，该措施促使制造商开发绿色家电，即从电器的原材料选择和产品设计开始，就为将来的使用和废弃考虑，形成“资源—产品—再生资源”的良性循环。为此，许多制造商如西门子公司从20世纪90年代开始便要求设计人员在开发产品时，就要考虑到它的回收，尽量减少材料和零部件的数目，方便拆卸和处置。另外在生活垃圾管理方面，德国也要求生产者和销售者承担收集、再利用和处置废弃物的责任，全面体现了“污染者付费”原则，生产者和销售者需按照法律规定，承担生活垃圾的收集、分类和处置工作或费用，尽可能达成“物质闭合循环的回路”。

（二）组织建设

德国再生资源的产业组织水平高，其DSD公司的双元回收系统极具代表性。该系统是按照产业发展体系建立起来的一个专门对包装废弃物进行回收利用的非政府组织。它由生产厂家、包装物厂家、商业企业及垃圾回收部门联合组成。接受企业的委托，先组织回收者对废弃物进行分类，然后再将分好类的回收物送往相应的再生资源加工利用厂家。完备的产业组织体系是德国再生资源产业能够始终走在世界前列的重要因素。

（三）技术研发

德国尤为倡导再生资源回收利用技术研发，先后开发了包装废弃物处置、城市塑料固体废弃物处理等先进技术，为再生资源产业的发展提供了有力支撑。如2003年，德国不莱梅的PSP公司开发出以旧书、废纸盒淀粉为原料的泡沫纸生产工艺；德国一家化学科技协会发明用红外线来辨认塑料类别，应用该技术处理废旧塑料既迅速又准确。[①]

（四）公共平台建设

德国再生资源回收利用公共平台建设职责在很大程度上是被赋予政府许可的第三方中介组织。DSD公司是德国专门组织回收处理包装废弃物的非营利社会中介组织，由产品生产厂家、包装物生产厂家、商业企业以及垃圾回收部门联合组成，内部实行少数服从多数的表决机制，除了在回收利用任务指标方面政府有规定，以及接受必要的法律监控外，有关经营的其他方面均按市场机制操作。DSD公司1998年的运作出现盈余。由于它是一个非营利性机构，因此赢利部分于1999年返还给成员企业，不要返还的就自动计入第二年收费部分。DSD公司的中介性表现在它本身不是单纯的垃圾处理企业而是相当于一个组织机构。它将有委托回收包装废弃物意愿的企业组织成为网络，在需要回收的包装物上打上“绿点”标记，然后由DSD公司委托回收企业进行处理[②]。

（五）园区打造

德国还注意再生资源工业园区的打造，为回收利用企业营造良好经营环境。德国兴建了生态工业园区，集中了大量的再生资源加工利用企业，它们既承接上游企业废弃物的再加工，又为下游企业提供再生原材料，使企业发展取得了良好的集聚经济效应，并在一定程度上降低了由于再生资源加工企业分散而对环境造成的污染。

（六）社会协作

德国建立了专门的政府以外的社会监督机构。生产企业必须向监督机构证明其有足够的能力回收废旧产品才会被允许进行生产和销售活动。所有的企业必须有分离垃圾的装置，将废纸、玻璃、塑料以及金属等废料分开放置，保证所有的废料能够得到最大限度的再利用。针对一些需要监督处理的垃圾，需要监督要求丢弃和处理者出具“垃圾清理执照”。

（七）法律和制度规范

德国制定了反对浪费的财政政策，对于那些没有尽可能回收和再利用

① 秦鹏：《国外再生资源回收立法对我国的启示》，《环球视角》2006年7月。

② 张科静、魏姗姗：《德国基于ERP的电子废弃物再生资源化体系对我国的启示》，《国际瞭望》2008年8月。

所生产产品的企业、使用者的严重违法、违规行为进行处罚。联邦德国于1972年了《废弃物处理法》，该法1986年修正后改称为《限制废弃物处理法》，其发展方向从“怎样处理废弃物”转变为“怎样避免废弃物的产生”，强调使用可循环的包装系统，把避免废弃物的产生作为首要目标。1991年，德国首次按照“资源—产品—资源”的循环经济理念，制定了《包装废弃物处理法》。该法规定制造者必须负责回收或委托专业公司回收包装材料，实现了包装材料上所附的充分使用的义务不随商品流转而转移的目标，这就是为多数国家所采纳的生产者责任制度。1992年通过的《限制废车条例》，规定汽车制造商有义务回收废旧车辆。1994年7月，德国联邦议院通过了《循环经济及废弃物法》。该法将循环经济理念从包装推广到所有的部门，要求生产商、销售商以及个人消费者，从一开始就要考虑废弃物的再生利用问题。任何组织生产和销售消费品，都要对因而产生的废弃物的回收利用负责。该法规定，每年总计产生超过2000吨以上废弃物的制造者，必须说明已经采取和计划采取的避免、利用和消除废弃物的措施，说明何种废弃物缺乏利用性而必须消除及其理由。[①] 2001年，在该法令的基础上，又推出了《城市垃圾环境友好处置法》，其中规定了“在2005年前，混有有机物和可溶物质的家庭废物必须经过预热处理，或机械—生物预处理之后才能进行最后处置”。总体而言，德国采用自上而下的方式，通过立法确保循环经济在全社会范围内得以逐步推进。

（八）相应政策支持

自20世纪90年代初期以来，德国就开始实施政府绿色采购，人们越来越多地认识到，利用政府采购促进环保，促进环境友好型社会形成是一个非常有效的途径和手段。据联合国统计署调查，90%的德国人在购物时，会考虑选择环境友好型产品，政府绿色采购对再生资源发展发挥了重要的表率和引领作用。

四　德国再生资源回收利用的整体特色

（一）市场化程度高

德国开创了通过民间组织开展废旧物品回收的良好范例，政府较少干预回收市场。

---

① 张小红：《欧洲铝回收业面临的挑战》，《世界有色金属》2008年11月。

（二）生产者或者产品经营者出资，政府负担轻

比如德国 DSD 公司的唯一收入是来自会员企业缴纳的“绿点”商标许可费，政府不对回收体系进行补贴。

（三）回收系统促进了消费者的环保消费意识

押金制度不仅提高了包装品的回收率，更让消费者改变了使用一次性塑料包装的消费习惯，转向使用更利于环保的可多次利用的包装品，这对于节能降耗和环境保护大有裨益。

第二节 日本“城市矿产”的开发利用

自 1989 年以来，日本每年产生城市生活垃圾 5000 万吨以下，其中 78.1% 为直接焚烧，1000 万吨掩埋。1999 年城市生活垃圾资源化率达到 13.1 %。2000 年产生 4 亿吨工业垃圾，其中钢铁资源的回收利用率达到 84.2%，铝资源的回收利用率为 80.6%，碎玻璃的回收利用率达 77.8%，纸的资源回收利用率为 57%，塑料瓶的回收利用率也达到 35%。

日本是再生资源产业发展较快的国家之一。目前，废塑料、废橡胶的回收率已达 90%，生活废弃物的回收率达 25%—30%。并已建立起比较成熟的废旧物资回收网络和交易市场。据报道，日本计划在 21 世纪初进一步加大对再生资源产业的政策倾斜，使废有色金属、废玻璃、废塑料、废纸浆、废橡胶以及包装物的回收重用率不断提高，其中废塑料、废橡胶的回收率要达到 90% 以上。

一 日本再生资源回收利用模式

日本实行的再生资源回收利用政策有有偿回收制、分类回收制等。为配合回收制，还充分重视建立回收收费机制，对不同的废旧物资规定了具体的回收费用标准，如电冰箱每台 4600 日元、空调机每台 3500 日元、洗衣机每台 2400 日元及电视机每台 2700 日元。每条废轮胎需缴纳处理费 300 日元，作为回收处理成本补贴。①

（一）有偿回收制

排出者在排出废弃物时要向回收部门缴纳一定的费用，有偿回收制的

① 国焕新、宋长生：《国外循环经济实践及对我国的启示》，《学术交流》2009 年 1 月。

具体形式有计量回收制、定额回收制、多量回收制等三种。计量回收制指依照垃圾排放量收费；定额回收制指对排出者收取固定费用；多量回收制指在垃圾排放量超过一定额度时收费，按其他政策执行。

（二）分类回收制

即废弃物丢弃者按照废弃物的不同类别，在指定时间，分别将废弃物放置于指定地点。清晰和便于操作的分类是实施好分类回收制的基础。日本的再生资源大体来源于一般废弃物和产业废弃物。其中，固体类一般废物是回收的重点，按处理方法可分为可燃类、不可燃类和粗大类（电视机、冰箱、家具等）等；按可再利用资源的种类可分为纸类、玻璃类、金属类（铁、铝等）和饮料瓶类、塑料类等。[①]

二　日本回收利用体系建设

（一）产业化运作

日本以产业化推动再生资源回收利用。各类从事资源再利用的工厂遍地开花，再生资源已经发展成为新的产业，其产业规模在2003年即已突破100亿美元。在再生金属产业中，2003年再生铝产量为123.9万吨，占铝总产量的99.5%；再生精铝的产量为173万吨，占总产量的61.8%；再生精铜产量为18.0万吨，占总产量的12.8%；再生精锌的产量为9.3万吨，占总产量的14.5%。总之，产业废弃物的45%实现了资源化。[②]

（二）组织建设

日本再生资源产业协作化水平高，日本公司间有义务进行再生资源协调处理。另外，很多公司按照循环经济原理，将生产几种产品的工厂建在一起，使一家工厂的“废物”，成为另一家工厂的原料。日本电气公司是世界上首家采用这种方式建厂的公司。许多地方政府和公司在规划工业园区时，就已经考虑将几家相关联的工厂建在一起，以便充分利用废物。

（三）技术研发

日本鼓励资源再生技术研发。日本政府资源能源厅将每年财政厅预算的40%用于节能和新能源工作；对使用列入目录的111种节能设备实行

---

① 岳思羽、王军：《静脉产业类生态工业园区的建设方法分析》，《环境科学与管理》2009年7月。

② 陈静：《发展循环经济的国际比较及对我国的启示》，《西安电子科技大学学报》2006年5月。

税收减免优惠，减免税收约占设置购置成本的7%。日本对于资源再利用的技术开发项目和企业引进新的相关设备提供40%—50%的补贴；对于采用最新资源再利用技术的企业提供40%—70%的技术财政补贴。

日本关注技术支持。日本发布废弃物处理与回收技术指南。1990年12月，日本通产省产业结构审议会（ISC）评估了设计和生产可减量、再利用、可回收的产品，并制定了推动垃圾减量以及增加回收利用比例的技术指南。以后根据执行情况，每年对指南加以修改。2001年3月，日本通产省产业结构审议会（ISC）针对18个行业的28种指定产品废弃物，提出了相应的处理和回收技术指南。

日本重视技术推广。如日本在废电池再生利用方面，开发成功了对各种金属不经分离便可直接利用的技术，推广后很快将废电池的全国再生利用率由20%提高到50%。对需要单独焚烧处理的医疗废物，日本也在试用加入煤气发生炉造气，或加入水泥熟料回转窑替代煤，形成无害化燃烧。不断拓展资源回收和循环利用的领域。①

（四）公共平台建设

1. 建立全国的监测体系，废旧物品的资源化率高。日本设立了再生资源回收体系效率系数，每年通过利用该系数调控整个再生资源回收利用体系，取得了良好效果。1994年日本的资源化率仅为9.1%，1999年达13.1%，2003年更增长至16.8%，废旧物资的资源化率得到显著提高。

2. 建立信息系统和交易平台。2007年日本的废塑料、废橡胶的回收率已达到90%。生活废弃物的回收率达到25%—30%。已经建立起比较成熟的废旧物资回收网络和交易市场。《旧货报》及时向市民发布信息并组织旧货调剂交易会，如旧的自行车、电视机、电冰箱等都可拿到交易会上交易，为市民提供了淘旧货的机会。这样的信息中介组织可以使市民、企业、政府形成一个环境保护和资源再生统一行动体，通过沟通信息、调剂余缺，推动垃圾减量运动的发展。

3. 建立社会激励体系。日本设立了资源回收奖。这种奖项旨在激发市民回收有用物质的积极性，该奖项实施后在日本许多城市收到了良好的效果。例如，大阪市对社区、学校等组织集体回收报纸、硬纸板、旧布等行为发放奖金，在全市设80多处牛奶盒回收点，在回收达到一定数量规

① 秦鹏：《国外再生资源回收立法对我国的启示》，《环球视角》2006年7月。

模后，便可凭回收卡免费购买图书。市民回收100只铝罐或600个牛奶盒可获得100日元。[①]

4. 建立社会教育体系。日本注重加强对儿童和青少年的环境资源意识教育，在幼儿园、小学、中学和大学开设节约资源、废弃物再生利用、保护环境等课程，组织学生开展与再生资源和环境保护相关的课外活动和公益活动，使国民从小就培养起循环经济意识和环保意识。

（五）社会协作

不断探索和创新各部门全面协调和合作的机制。日本通过官产学共同努力，不断探索有效的回收利用模式。尤其是在回收方面，依赖雄厚的经济技术基础，进行多领域的环境教育和多部门的环境协作，注重发挥社会中介服务组织和行业组织的作用。

一是建立专门的情报机构，促进废旧物资的回收。如日本大阪有关部门专门建立了废旧物品回收情报服务机构。该机构出版《大阪资源信息循环月刊》，定期发布各类废旧物品方面的信息。二是发挥社团和地方公共团体在产业政策实施中的作用。如1975年日本成立的清洁中心就是由日本经济界资助的财团组织，该组织专门负责再生资源利用技术的开发和推广以及产业政策的宣传和产业技术人才的培训等。

日本还重视民间的志愿活动。日本学者西村幸夫在其所著的《再造魅力故乡》一书中，讲述了日本17个传统街区的环境保护与再造的故事。基于对家乡的热爱，村民们自愿、自发地维护着故乡小镇文化的脉息，真挚地热爱并且保护自己的居住环境，通过实际行动让一个个村镇的历史文化得到了“再生”。比如为让八幡护城河恢复过去清澈畅通的原貌，当地的居民自发签名，签名人数占总人口的15%。每个星期日，人们都会自发到护城河进行清扫，收集垃圾、清除杂草、排除淤塞。[②]

（六）法律和制度规范

日本环境立法水平较高，不仅限定一般法规，还出台有大量专门性法律；不仅制定了一般的《资源有效利用促进法》，而且针对不同废物特性指出其有效利用的途径和措施，并对“用毕包装容器”、“报废家电”、

① 王爱兰：《中外资源再生产业发展比较与中国的推进策略》，《资源科学》2006年9月。

② 秦海旭、万玉秋：《德日静脉产业发展经验及对中国的借鉴》，《环境科学与管理》2007年6月。

“食品废物”、“建设废材”、“报废汽车”五大类废物先后颁布了各具特色的再生法。

日本已形成了较为完整的循环经济法律体系。这个法律体系分三个层面：第一个层面是一个基本法，即《促进建立循环社会基本法》；第二个层面是两部综合性的法律，即《固体废弃物管理和公共清洁法》和《促进资源有效利用法》；第三个层面则是根据各种产品类别制定的五部具体法律，分别是《促进容器与包装分类回收法》、《家用电器回收法》、《建筑材料回收法》、《食品回收法》和《绿色采购法》。

虽然日本各项法律中废弃物的内容和处理手段不同，发布、制定的时间有先后，各法也采用了不同的名称，但其基本精神和原则还是一致的。首先，法律体现的是3R原则，即资源的再利用（Recycle）、废弃物的再使用（Reuse）以及减少垃圾的产生（Reduce）。

相关法规助推了再生资源产业发展。日本根据产业发展的需要不断修改和完善相关的法规和政策体系，为产业发展营造出良好的外部环境。相关法规也规范了再生资源产业发展。例如，2001年《废旧家电回收法》明确规定：家用电器制造商和进口商对电冰箱、电视机、洗衣机、房间空调器这四种家用电器有回收的义务，并且再商品化必须达到一定的比率。

（七）相关政策支持

日本的再生资源回收利用系统获得了政府的财税支持。如2003年日本为实施回收政策共支付1062兆日元，占当年国内生产总值的0.33%，其中91%的资金来源于各级政府财政补贴。日本对废塑料制品类再生处理设备在使用年限内除普遍退税外还按价格的14%进行特别退税。对再生资源回收和环境企业实习财税补贴政策。如日本对中小企业从事环境技术研究与开发的项目给予补贴，补贴费占研发费用的50%左右。对资源回收系统的企业提供中长期的优惠利率贷款。日本通产省每年在其预算中拨专款用于对各种产业废弃物再生资源化的调查、政策制定和技术开发。

日本还以政府采购推动再生资源回收利用。日本《绿色采购法》规定，政府从办公用品、办公用车到工程材料采购等14类共101种产品负有优先购买环保型产品的义务，政府的表率作用为资源再生产品提供了市场，推动了资源再生产业的发展。

日本再生资源政策支持的另一个显著特征是：大量发展举措已经上升为国家意志，如《绿色采购法》规定，鼓励中央和地方政府率先购买和使用由再生资源制成的环保产品。国家大力扶持的方式主要包括税率优惠、基金扶持、政府补助、政府优先购买等。

日本在颁布与再生资源相关法律的同时，还制定了相应的指南和行动计划，如报废车辆回收计划。日本政府从 1997 年 5 月起开始酝酿报废车辆回收计划，以促进报废汽车的回收并纠正处理方式，此外，还设定了 2002 年和 2015 年回收比例目标和减少有毒物质使用。如规定报废汽车（按重量计）回收比例目标到 2002 年不少于 85%，到 2015 年不少于 95%；土地填埋处理目标（按体积计）到 2002 年不超过 60%，到 2015 年不超过 20%。还有促进废旧纸张回收计划。日本通产省于 1997 年 9 月首次开展了推动废旧纸张回收的活动计划，该计划将每年 10 月的第二个星期定为“废旧纸张回收周”，在该星期内开展各种活动，促进废旧纸张的回收。①

三　日本再生资源回收利用的整体特色

（一）政府干预较多

从日本颁布的与资源和环境相关的大量法律文书可以看出，各级政府对资源再生回收利用相当重视。这也与日本传统上是一个资源贫乏的国家有关。

（二）有专门的财税支持

日本通过退税政策和专门经费支持再生资源产业发展，这与德国主要依靠企业和民间出资不同。

（三）回收系统促进了企业间的联系和协作

日本在深化产业分工的同时，也完善了其循环经济价值链，大量提升了微观厂商的资源利用效率。

第三节　丹麦“城市矿产”的开发利用

丹麦首都哥本哈根以“欧洲环境之都”闻名于世。作为欧盟的一员，丹麦在国际环境中发挥着重要作用，是世界公认的经济发达、资源利用效率高、环境保护好的可持续发展国家之一，是节能减排的世界楷模。

① 刘丽芳：《国外发展循环经济的基本经验研究》，《学术研究》2006 年 1 月。

一 再生资源发展概况

据丹麦环保部提供的资料和介绍，2002 年丹麦全国各类废弃物排放总量约 1300 万吨，其中工业废弃物、建筑废弃物和市政及生活垃圾大体各占 1/3。另外，排放有毒有害废物约 330 吨。丹麦近些年各类废弃物的产生、排放和循环利用情况起伏不大，基本比较稳定。其中填埋比例逐渐下降，循环利用比例有所提高。

除石油和天然气外，丹麦其他矿藏很少，所需煤炭全靠进口。虽然随着 1972 年北海油田的开发，丹麦能源实现了自给，并且成为欧洲第三大石油输出国，但为了环境的保护，丹麦仍然致力于可再生能源的开发和利用。

2002 年，丹麦可再生能源能源消耗量约 2800 万吨标煤，占能源消费的 12%，在可再生能源中生物质所占比例为 81%。近 10 年来，丹麦新建设的热电联产项目都是以生物质为燃料。

丹麦人均风力发电量居世界第一位，风力装机容量达到 236.4 万千瓦。风能发电占丹麦电力总量的 22%，而在西北部地区，这个比例甚至可达 100%。预计到 2030 年，丹麦 40% 的电力将来自风能。丹麦政府还鼓励农民使用风力发电，农民安装风力发电设施，政府给予一定的补贴。

现在，丹麦的二氧化碳排放量已降至较低水平，环境得到保护，人与自然和谐相处。据丹麦官方数据显示，丹麦经济在过去 30 年里累计增长 78%，但能源消耗量基本保持不变。1990 年—2007 年，丹麦经济增长超过 40%，二氧化碳排放量却降低了 14%。

二 再生资源回收利用模式

生态工业园是丹麦再生资源回收利用的典型模式，丹麦卡伦堡生态工业园是世界上最为典型的生态工业。该模式的基本特征是：按照工业生态学的原理，通过企业间的物质集成、能力集成和信息集成，形成产业间的代谢和共生耦合关系，使一家企业的废气、废水、废渣、废热成为另一家企业的原料和能源，所有企业通过彼此利用“废物”而获益。经过 20 多年的发展，该园区已成为一个包括发电厂、炼油厂、生物技术制品厂、塑料板厂、硫酸厂、水泥厂、种植业、养殖业和园艺业及卡伦堡镇供热系统在内的复合生态系统，各企业之间通过利用彼此的余热、净化后的废气废水及硫、硫化钙等副产品作为原材料等，不仅减少了废物产生量和处理的费用，还产生了很好的经济效益，形成经济发展和环境保护的良性循环。20 世纪 90 年代初以来，卡伦堡生态工业园的经验日益受到关注，很多国家和地区在发展循环经济过程中纷纷效仿，现在已成为世界上发展生态工业园的一个典范。

丹麦的农作物主要有大麦、小麦、燕麦和黑麦，秸秆过去除小部分还田或作饲料外，大部分被农民或农场主在田间焚烧了。这不仅污染环境、影响交通，而且造成生物能源的严重浪费。为了有效地利用秸秆等可再生能源，丹麦政府规定，农民每卖一顿秸秆不仅能得到 400 丹麦克朗，还能免费得到电厂返还的 40 公斤炉灰（钾肥）。这项措施使秸秆资源得到了较好的循环使用。

三 回收利用体系建设

（一）产业化运作

一直以来，丹麦政府非常重视运用税收手段促进节能减排和提高效益，1990—2001 年间，丹麦先后出台“能源 2000”、“能源 2000 跟进计划”、“生物质能协议”、“能源 21”、“气候 2012” 等，其核心就是运用税收手段强制淘汰低能效产业，反哺清洁能源产业，促进节能减排，鼓励新能源行业发展。1992 年政府对大型电厂的能源和二氧化碳征税，使丹麦可再生能源的发展迈出了重要一步。1995 年在工业和贸易领域引入了“绿色税收方案”，1999 年开始的电力改革规定终端消费者 20% 的能源要来自可再生能源。

同时，丹麦加大垃圾废物的回收力度，有超过 1/4 的垃圾用于产热和发电。根据丹麦能源署的数据，目前如按可再生能源发电计算，风能已占 67%、生物质能占 21%、有机废物占 12%。此外，丹麦实行税收制改革，还不断扩大对消费品的征税范围，包括对杀虫剂、生长促进剂、镍镉电池、一次性餐具、特定商品零售包装以及垃圾等征税。环保税在丹麦也被广泛运用，包括能源税、污染税、资源税和交通税。这些税占了丹麦税收总额的约 10%。[①]

（二）组织建设

丹麦有悠久的合作传统和健全的组织体系，有利于增强农民的市场竞

---

① 伍红：《借鉴国际经验完善我国循环经济发展的税收政策》，《企业经济》2012 年 5 月。

争力。有人称丹麦是合作社的摇篮，没有合作社就没有丹麦的现代化农业。的确，丹麦农民取得的巨大成就就是同其完善的农业合作社体系分不开的。丹麦每个农户平均要加入 4 个合作社，每个合作社由 200—500 个农户组成，合作社帮助反映农民的意见，保护农民的利益，使农民减少风险，提高收入，增强市场竞争力。丹麦农业实行产供销加工一体化，这也靠农民合作组织来实现。具体说，就是通过合作社提供的生产资料，收购、加工和出售农产品以及提供信贷、保险和技术咨询等。丹麦合作社系统在该国农业生产资料采购量中占 50% 左右，出口的农产品约占全部出口的 3/4。合作社在丹麦促使农民的组织化程度增高，有力地推动了农业技术进步和农产品的集中贸易，增强了农民的市场竞争力，保护了农民的利益。丹麦具有独特运作的农场制度。丹麦农场的土地为农场主所有，全国大约有 67000 个农场主，每个农场平均拥有 40 公顷的土地，一般是私人经营，可以在《土地法》允许的范围内自主决定经营活动，农民的积极性得到了充分发挥。根据丹麦法律规定，农场主不得向自己的子女无偿赠送农场，一个青年农民如果想得到农场，必须按市场价格从父母手里购买。购买之前，要请咨询专家对经费进行评估，才可从信贷社得到最多 70% 的贷款，其余部分自筹。

另外，农场还可以实行“逐步移交给下一代”的办法，即子女有劳动力后，先买下农场的一半，由父子（女）一起经营，等青年农民有了相当的实力，再接管整个农场。这样，农场在两代人之间每周转一次 就得到一次新的投入，这有利于农场的可持续发展。

（三）教育培训

丹麦是一个在世界上工农业都高度发达的国家，其中较高的国民素质起了关键性作用。在丹麦 100% 的人都受过不同程度的教育，全国几乎没有文盲。尽管农民只占丹麦总人口的一小部分，但丹麦高度重视农业教育，特别是农民教育，以此作为提高农业生产率的重要手段。丹麦国内建有不同层次的农业学校，既有中专、大专、农业技术学校、农业大学等，又有各种业余农业学校，主要负责农民的教育和继续教育。

依照丹麦法律，购买超过 30% 公顷土地的农场主，必须接受为期 5 年的农业学院正规培训，要掌握自然科学、实用贸易、生态学、食品学以及环境保护等方面的知识，以便为将来管理农场做好必要的准备，这样就保证了农场继续由有志于务农且具有较高专门知识和技能的农场主经营。

（四）技术研发和推广

建于1856年的皇家兽医与农业大学是丹麦声望极高的高等学府之一。其主要任务是教育，也从事大量的研究工作。该校用于科研的公共资金通常占该大学预算的1/4左右。农业的应用研究和试验主要由食品与农业渔业部负责。

农业研究联合委员会成立于1963年，其主要任务是密切关注农业和农产品加工业的最新发展，检查农业和加工业的研究工作，促进对农业和加工业未来发展有重大意义的项目开发。丹麦还建立了面向千家万户的农业资讯服务体系，被称为“丹麦模式”，由政府部门、合作社和私人机构三部分组成。

1971年，丹麦农场主联合会和家庭农场主协会共同建立了丹麦农业资讯中心，成为了丹麦全国农业资讯工作的总部及其主要业务部门所在地。地方资讯中心遍布全国，其中农业组织承担了政府的许多职能，如农业科技推广，产前、产中、产后的服务，农民教育和培训等，能有效保证农民从研究部门获得最新的科学和经营管理技术。

丹麦的农业教育、科研咨询服务分工明确，彼此之间有密切联系，如农民都与研究机构有联系，把新的技术成果推广到生产实际当中。而农牧业大学的研究员和教师通常都是咨询中心设置的专业委员会的成员。

丹麦政府自1976年启动可再生能源的研发工程，对特定项目进行补贴，并集中专业人才组建了强大的研发队伍。政府还为大量的测试站及示范项目提供资金支持，通过补贴设备费用对可再生能源的项目投资给予扶持。

欧洲著名能源研发企业丹麦BWE公司率先研发了秸秆生物燃烧发电技术，1988年丹麦诞生了第一座秸秆生物燃烧发电厂。目前，丹麦已建设了130家秸秆发电厂，还有一部分焚烧木屑或垃圾的发电厂也能兼烧秸秆。秸秆发电技术现已走向世界，被联合国列为重点推广项目。

（五）公共平台建设

丹麦具有悠久的合作传统和健全的组织体系。在有合作社摇篮之称的丹麦，可以说没有合作社就没有现代化的丹麦农业和农业教育。事实的确如此，丹麦农业和农业教育所取得的巨大成就，同其完善的农业合作社服务体系是分不开的。丹麦农业合作社为农民提供的服务可谓是无所不包，涵盖从生产资料的采购、加工、销售到提供信贷、保险和咨询服务等。

目前，丹麦合作社的规模不断扩大，实力也在不断壮大，这大大推动了农业技术进步和农产品贸易的集中，也增强了农民的市场竞争力，提高了农业经营的效率。从丹麦的经验可以看出，农民的组织化程度越高，他们的利益就越有保障，农民的收入也就越高。

（六）园区打造

丹麦实行的是一种生态工业园区模式。丹麦通过建设生态工业园区（静脉产业园）来发展国内循环经济。生态工业园就是在更大范围内实施循环经济法则，连接不同的工厂形成共享资源和互换副产品的产业共生组织。丹麦卡伦堡生态园是目前全球生态工业园运行最为典型的代表。该生态园以 5 家企业为核心，通过贸易方式利用对方生产过程中产生的废弃物与副产品，形成了经济发展与环境保护的良性循环。

（七）社会协作

民众的环保意识对环保工作有很大的影响，丹麦市民的环保意识很强，而且发自内心。在所有社会团体中，群众自发组成的支持环保的环保党派人数最多，平均每 7 个丹麦家庭中就有一个丹麦环保组织的成员，保护环境成为每个公民自觉的行动。丹麦通常会对一些在环保方面做得比较出色的家庭和个人进行奖励，而对于那些做得不好的个人和企业给予严厉惩罚。

丹麦的家庭都会同时准备两个垃圾桶，从而把有机和无机垃圾在源头上进行分离，丹麦人会为不小心将垃圾投错地方而感到惭愧。当顾客在商店购买啤酒或汽水时，需要交纳押金，退瓶时退还押金。这种方法也适用于其他类似物品，如汽水包装盒子、标准的红酒和白酒瓶子等。至于那些未缴纳押金购买的饮料，用完后，人们会自觉将包装瓶子投入专门回收瓶子的容器，以便重新融化成玻璃循环利用。据悉，该国 99% 以上的啤酒瓶和汽水瓶实现了再循环，创造了世界纪录。

在丹麦，你时时刻刻都可以感受到丹麦人在许多生活细节上很注重环境保护。在每一个旅馆，在浴室的洗手池上方，都能看到一张印有手捧绿叶的环保标志告示，上面写着“交通拥挤，减少所需出行时间，降低能耗，减少废气污染”。①

（八）法律和制度规范

丹麦虽然目前还没有看到以“循环经济”命名的法律法规，但实际

① 闫湘：《丹麦的环境保护》，《生态经济》2007 年 10 月。

上是实施循环经济最早的国家之一。在德国不断加强和完善循环经济制度建设的影响下，一些欧洲国家制定或修正了自己的废弃物管理法，丹麦也制定了《废弃物处理法》，制定了抑制废弃物形成制度。由于抑制废物形成的代价要比废弃物的再生利用的成本小得多，体现了预防优先的原则，因而被许多国家的立法确立为基本的循环经济法律制度。

丹麦废弃物“计划”规定，废弃物应被视为资源，其首先应被回收使用，其次是焚烧产能，最后是填埋。丹麦于 1991 年 6 月颁布了新的《丹麦环境保护法》（污染预防法），这一法案在《清洁工艺和回收》一节中规定了：丹麦从 1992 年开始就制定废弃物排放和循环利用规划，而且规划要公示，广泛征求社会各方面的意见。规划一经颁布，必须严格实施监控。由此，相关的基础工作，包括对各种废弃物的统计做得很扎实。从 1997 年起，丹麦规定所有可燃性废弃物必须作为能源回收利用，禁止填埋。目前，丹麦环保部已经完成了丹麦最新的废弃物战略规划的制定。

（九）相应政策支持

丹麦对采用清洁工艺和回收利用而大幅度减少对环境影响的研究以及开发项目提供资金，并对清洁工艺和回收利用的信息活动给予资助；对某些会对公共行业或社会整体带来效益的项目可提供高达 100% 的资助；对其结果属于应用性的项目和研究提供不超过 75% 的资助；对工厂中回收研究项目提供 25% 的资助；对用于收集所有类型废弃物设备进行的研究可提供高达 75% 的资助。丹麦秸秆发电、风能、太阳能等可再生能源的发展，与政府的财税扶持政策关系密切，如秸秆发电免缴环境税。

第四节　瑞典“城市矿产”的开发利用

在循环经济发展方面，瑞典拥有多个美誉。它是世界上最早开征环境税的国家，比任何国家都更多地运用税收减免和补贴等经济手段；它是循环经济的积极倡导者之一；在能源利用上，身为“环保急先锋”的瑞典人走在了所有大国的前面；它是当今世界最环保最可持续发展的国家，也是最具竞争力的强国之一。

一　再生资源发展概况

瑞典实现了从环境严重污染向欧洲最美城市的跨越。在 20 世纪 50 年代，瑞典工业快速发展，环境污染问题日益严重。进入60年代，政府将资源节约和环境保护作为要务，采取了一系列治理手段，通过几十年努力，瑞典赢得了“环境最佳”的美誉。目前，在瑞典，工业垃圾、生活垃圾被认为是新的资源，93%的垃圾被再利用。生活污水经资源化处理达标后反复使用，处理过程中产生的沼气，不仅作为居民生活能源，而且已被广泛用于公共汽车的燃料。

如今，瑞典首都斯德哥尔摩市被人们称为“欧洲最美的城市”，首都郊区有个哈马碧，号称“天下最美的湖城”。就在10多年前，这里还是一片受到严重污染甚至被弃用的工业废墟，以致当时没有一个斯德哥尔摩人愿意居住在哈马碧。因申办2004年奥运会，哈马碧“起死回生”。虽然瑞典与这次奥运会失之交臂，但成全了哈马碧从丑小鸭到白天鹅的华丽转身。

自推行生产责任制以来，瑞典在包装的回收利用方面取得了显著的效果。在1994年刚实行“生产者责任制”时，被收回再利用的包装仅为25万吨。而据瑞典国家环保局最新的评估报告，2002年对各类包装材料的平均回收利用率达到了65%，超过66万吨。这意味着，大量原先被焚烧和填埋的废弃包装现在正被重复利用。这样做的结果是，环境负担减轻了，能源消耗也少了。此外，“生产者责任制”的实行还促进了一批新型废弃包装回收利用企业的诞生。现在，瑞典每年甚至需要进口约1415万吨的包装垃圾才能满足这些企业的生产需求。包装回收循环利用的成功使瑞典把“生产者责任制”推广到了废纸、废轮胎、废汽车、废电子电器产品、农业塑料和废旧电池等更多的领域。“谁生产，谁负责”，完善的体制不仅给瑞典带来了更多的“绿色”，也创造出了巨大的财富。

2006年2月7日，瑞典政府宣布，计划用15年的时间成为全球首个完全不依靠石油的国家，而且还不需要增建核电厂。瑞典可持续发展部部长萨赫林认为，瑞典对石油的依赖将在2020年结束，这意味着所有房屋不再依靠石油来取暖，所有司机不再依靠汽油来开车。为此，瑞典执政的温和党、人民党、中央党和基督教民主党这四党派就能源政策达成一致并发布了政策性文件。通过对可再生能源和节能的投入，确保能源使用的安全性和竞争力，并使瑞典的研发和企业在全球向低碳经济转变中处于领先地位。提高二氧化碳税和其他能源税，实行绿色车退税等一系列税收政策手段，可提高可再生能源比例、运输行业可再生能源利用率、能源使用效率、减少温室气体排放，实现真正意义上的循环发展。[①]

二　再生资源回收利用模式

瑞典生态循环的哈马碧模式久负盛名。哈马碧湖区位于瑞典斯德哥尔摩市中心东部。早在1990年，斯德哥尔摩就绘制了哈马碧湖区的开发蓝图，其宗旨是把一个老工业区和港区改造成新的环境与生态友好现代社区。从进入21世纪以来，短短数年间，哈马碧湖区已成为斯德哥尔摩市中心的环境友好现代市区，创立了举世闻名的生态循环“哈马碧模式”，成为了世界可持续城市发展的典范之一。

从最初开始，斯德哥尔摩市就对哈马碧湖区的建筑、技术装置和交通提出了严格的环境要求，其目标是双倍的生态友好，即与20世纪90年代早期的建成区相比，环境总影响再降低一半。开发前就开始的以生态环境为中心的一体化规划过程是其成功的关键。针对开发过程的各个阶段，该市管理部门制定了实现新目标的方法和计划，以创造基于可持续发展资源使用的居住环境，使能源消费和废弃物产生量达到最小化，同时实现资源节约和可再生利用最大化。哈马碧生态循环模式把能源、给排水和废弃物综合管理等各种技术系统有机集成在一起，是其他城市类似技术系统的典范。

三　回收利用体系建设

（一）产业化运作

瑞典从第二次世界大战后开始工业化进程，从一个农业国家迅速发展成工业国家。作为一个小国，瑞典明白无法与“地大物博”的国家在资源方面竞争，要持续发展必须找到自身的长处，大力发展环保装备产业。另外，据统计，2010年瑞典环保产业年产值已达2400亿瑞典克朗，其中垃圾处理和再生循环产值占环保产业总产值的41%。近年来，瑞典的环保企业获得了极佳的发展机遇。它们不满足在本国发展壮大，迅速进入临近的西欧国家抢占市场。针对发展中国家资金缺乏这一特点，瑞典政府采取了提供软贷款的方式来促进环保企业的出口，即瑞典企业的外方合作伙伴可向瑞典国际外援开发署申请贷款，用以购买瑞典的设备、产品或技

① 伍红：《借鉴国际经验完善我国循环经济发展的税收政策》，《企业经济》2012年5月。

术。瑞典环保产业出口强劲，产值约占环保产业总产值的38%，并以年均8%的速度递增。瑞典出口的主要市场是欧盟和波罗的海国家。瑞典在中国设立了环保科技中心（CENTEC），中国已成为瑞典在亚洲最大的环保产品进口国。

（二）组织建设

由于绝大多数企业自身没有能力在全国范围内建立回收系统，瑞典工商界各行业协会和一些大包装公司经过协调，于1994年成立了4家专门的包装回收公司，以帮助相关企业履行生产者责任制所规定的义务。瑞典纸和纸板回收公司、塑料循环公司、波纹纸板回收公司和金属循环公司应运而生，加上早先成立的瑞典玻璃公司，它们承担了瑞典全国包装材料回收再利用的大部分工作。除瑞典玻璃公司外，新成立的4家公司还共同组建了REPA公司作为其业务的服务机构。企业通过加入REPA公司并交纳回收费，可以让REPA公司代为其履行“生产者责任制”所规定的义务。

值得一提的是，瑞典五大回收公司都不以赢利为目标，会员企业交纳的回收费和回收包装再利用的销售所得，被用于在全国建立和维持一个完善的分类回收体系以及开展包装回收知识宣传等活动。通过REPA公司履行“生产者责任制”所规定义务的企业，首先须按营业额交纳400克朗（1美元约合7克朗）或1500克朗的REPA公司入会费以及500克朗的年费，然后根据自己的包装类型和数量交纳回收费。为不给中小企业增添负担，年营业额在50万克朗以下的小企业可免交回收费。加入REPA公司的企业可在包装上使用“绿色标志”，这种标志也为欧洲其他实行“包装回收费”制度的国家所采用。这样，无论是消费者还是产品链中的销售商，都可一目了然地知道某个包装是否进入循环利用体系。不加入REPA公司的企业也可向瑞典国家环保局申报“绿色标志”。目前，瑞典仅有沃尔沃、麦当劳等少数大企业不是REPA公司会员。

（三）技术开发

随着工业化的加深，环境污染日益严重，瑞典开始思考如何在发展本国经济的同时，最大化地减少环境污染。瑞典人把自己定位为走在世界科技前端的国家。瑞典是一个善于科技创新的国家，世界最重要的科学奖项——诺贝尔奖就是源自瑞典。瑞典人瞄准科技创新的突破口就是装备。

（四）法律和制度规范

为了加强废弃物的回收利用，早在1975年，瑞典议会就通过了《回收利用与废弃物管理》的政府法案，其中首次建议对生产者责任立法。随后，在20世纪80年代又陆续颁布了若干关于包装和化工产品的法令，并于随后几年相继颁布了关于包装、废纸、轮胎、轿车和旧车等的生产者责任法令和政府法案。

1990年，瑞典议会通过了《废弃物管理纲要》，限制有害废弃物的排放及废弃物中有害成分的含量，提高废弃物再循环和回收利用的程度。

1992年，联合国环境与发展大会及其制定的可持续发展行动计划——《21世纪议程》，使全世界的人们都开始认识到发展生态循环社会的迫切需要。其后，在欧洲关于《EU包装和包装废弃物指南》的讨论推动瑞典议会与1993年5月26日通过了政府提出的关于面向生态循环的发展行动纲领，也称为《生态循环法案》。1994年瑞典确立了“生产责任制”的战略目标，就是要建立一个“把今天的废弃物变成某种可利用的新资源”的循环社会。瑞典的法律规定，所有生产、进口及销售包装产品的企业都有对包装进行回收利用的义务，要求生产者对其产品在被最终消费后继续承担有关环境的义务，且有义务对废弃产品及包装按要求进行分类，把废弃物进行回收处理。

1997年，瑞典政府制定了雄心勃勃的环境目标框架法案《瑞典的环境质量目标——可持续瑞典的环境政策》。1999年4月，瑞典议会批准了这个有15项环境质量目标的环境目标框架法案。该法案提出了一项重大任务，即到2020年减轻对环境的压力，使之处于长期可持续的水平，给后代人留下一个没有环境问题的社会。

2003年5月，瑞典政府又提出关于无毒且资源有效的《生态效率社会法案》，进一步详细制定了建立生态循环社会的目标、战略和措施。由此，关于包装和废纸的生产者责任得到进一步扩展。①

（五）相应政策

瑞典是世界上最早开征环境税的国家，比任何国家都更多地运用税收以及税收减免和补贴等经济手段对环境产业进行调控。瑞典年度环保税收高达730亿克朗，其中来自能源和交通的二氧化碳（燃油）税和能源（电力）税收占比高达95%—98%。据统计，瑞典的环保相关税费有70多种，绿色税收规模占国内生产总值的13%。1929年，瑞典首次对机动

① 丁言强、张蕊：《瑞典的生态循环模式及政策》，《生态经济》2009年1月。

车使用的汽油和酒精燃料征税；1990 年，对能源价格的 25% 征收增值税；1991 年，在全球率先引进了二氧化碳税，标准是每吨 100 美元。随后，瑞典还对石油、天然气、煤炭、汽油、液化石油气、国内航空燃料征收二氧化碳税。瑞典在 2005 年进一步提升二氧化碳税率，并且在更早些年还对煤和泥煤开始征税，每千克硫征税 30 克朗。此外，瑞典还开征了汽油税、甲醇税和里程税，根据机动车的类型和重量对柴油驱动的机动车征收里程税。总之，与环境污染有关的各方面几乎都涉及税。21 世纪初，瑞典进行绿色税收改革，把征税的重点转移到对环境有害的行为，如能源消耗和污染排放。①

瑞典生态建设和环境保护的成功还得益于其他几项环境政策的支撑。

1. 环境导向的产品政策——“一体化产品政策”。目的是为回收材料建立更有吸引力的市场，降低产品整个生命周期的环境负荷，使资源利用更加有效，打破经济增长与负面环境影响间的关联。环境导向的综合产品政策的目标是预防和降低产品在整个生命周期内对环境和人体健康的不利影响，促进资源环境的持久保护和利用。环境导向产品政策的基础是扩展的生产者责任，意在从源头上减少废弃物的产生量。在相关的生态循环法案中，瑞典政府赋予生产者处置废弃产品或包装的责任，制定包装和纸两类产品的生产者责任，随后逐步纳入更多的产品，包括汽车、塑料和电子设备。瑞典政府要求，要不断地指定实施生产者责任的新产品群和领域，如废旧轮胎、汽车、塑料、建材和电子与电器产品。

2. 化学品政策。生态循环社会要想成为现实，化学品控制就必须发挥作用。为了确定在走向生态循环社会中需要采取何种措施，就需要掌握化学品性质的一般知识，还需要了解何种产品含有何种特定的化学品。新化学物质预先通知制度的采用，为认识有害的化学品奠定了基础。为了建立安全的回收体系，需要逐步停用某些添加剂，如镉、经过氯处理的煤油和塑料中的铅。为减少有害化学品的流动与使用，必须尽最大可能把有害化学品的流动限制在封闭系统中，逐步停止有害物质的使用，倡导和推进以低害化学品替代有害化学品。要特别注意氯处理的物质，尤其是自然界中未出现的经氯处理产生的化合物，加快低害替代品的发展。在化学品政

① 伍红：《借鉴国际经验完善我国循环经济发展的税收政策》，《企业经济》2012 年 5 月。

策中依据不断替代危险物质和适用预防原则，注册、评估和审批的化学品必须覆盖新物质和已存在的物质，企业需要负责提供有关物质性质的信息。

3. 废弃物综合管理政策。生态循环管理的主要特征是废弃物综合管理。废弃物综合管理是必须有效运行的社会基础设施的重要组成部分，包括废弃物收集、运输和各种处置方法。瑞典废弃物综合管理的目标是尽可能利用废弃物中蕴含的资源，同时降低其负面影响，如填埋场的甲烷、焚烧厂的二氧化碳、重金属和有机环境毒素的排放。瑞典实施废弃物分类管理政策：首先，尽可能产生更少的废弃物，减少资源消费和有毒物质的扩散；其次，对于不可避免地产生的废弃物，实施循环利用，以节约资源和能源；再次，通过环境上的合理的能量回收对无法回收的废弃物进行焚烧并利用其能量；最后，在既无法回收材料，又无法回收能量时，废弃物应当通过填埋来进行合理处置。为了使废弃物处置系统更加生态、高效，降低废弃物数量和危险性是总体要求，这主要取决于生产和消费的变化，仅依靠废弃物阶段的措施是无法达到的。从制造阶段开始，生产者必须从产品生命周期的角度考虑产品的环境影响，必须将产品设计、制造和使用过程中的材料选择和能量消耗考虑在内。设计和制造产品的企业对于评价产品整个生命周期的环境影响、使用更多可回收和循环材料，以及考虑产品未来回收利用的需要负有重大责任。在这一领域，生产者责任立法是政府政策的组成部分。

减少危险废弃物是行使废弃物综合管理管理权的重要手段，危及健康的有毒或其他有害物质必须从生态环境中去除。大多数有害物质应当逐步停用，仍在使用的物质应当安全处置。为此，瑞典政府明确了市政当局对家庭产生的危险废弃物的处理责任，并对危险化学品的长期存储提出更高要求。为了更好地回收利用食品废弃物中含有的营养，瑞典政府提出要对食品废弃物进行生物处理。①

第五节 美国“城市矿产”的开发利用

美国作为世界资源消耗大国，被称为“车轮上的国家”，当前已是世

① 丁言强、张蕊：《瑞典的生态循环模式及政策》，《生态经济》2009 年 1 月。

界上最大的可再生能源生产国，在可再生能源的多元化利用方面成效显著。

一 再生资源发展概况

20世纪60年代，美国经济学家肯尼斯·博尔丁提出宇宙飞船理论，首先提出了“循环式经济”一词。在《在自然资源和环境经济学》一书中，皮尔斯和特纳在全球自然环境是一个资源和承载能力有限的系统的认识基础上，根据物质平衡原理，利用工具时代的分析工具提出了循环经济模型，阐明了在经济过程中人类对自然环境的利用是怎样影响到环境的功能，以及是怎样对经济系统本身运行构成影响的。循环经济尽管很早就由美国提出概念，但在变为经济现实方面却相对滞后，经历了一个过程。

由于可以廉价地从世界各地获取资源，美国曾经对废旧资源的利用并不热心。但随着消费膨胀，废弃物增多，废旧物品的处理日益成为了一个难题。1987年，美国的一艘轮船满载3000吨垃圾，在大西洋沿岸游荡数月，却找不到愿意接收的地点。这一事件对美国各界震动很大，他们意识到垃圾处理已经成为一个重要的课题，传统的垃圾填埋并非有效的处理方法。因此，不是资源瓶颈，而是环境污染促使美国开始考虑再生资源利用问题，越来越多的公众、政府机构、企业开始支持废旧物品循环利用。加之能源危机的不断出现，经历资源破坏、环境污染所带来的一系列灾难，美国经济遭受重创，使其开始在节约能源、合理利用资源方面采取系列措施，逐步走上了资源节约型社会发展之路。

经过一段时间的发展，美国废弃物的回收利用取得了很大发展。据美国环保局公布的数据，1999年美国回收利用的固体废弃物高达6400万吨，废弃物的回收利用率比15年前提高一倍，达28%。美国政府采取一系列调控手段培育与可再生资源相关的市场。如1993年克林顿总统签署行政令，要求再生产品在美国所有政府机构的办公用品中应占20%，1999年将这一比例提高到30%，这一行政令的实施使再生产品在美国联邦政府的采购物品中两年内增加到了35%。在美国政府的带动下，美国各州和地方政府也相继制定政策，鼓励人们购买和使用再生物质的产品，推动了美国可再生资源的开发。①

① 焦必方、杨薇：《美国资源节约型社会建设的经验与启示》，《经济纵横》2008年3月。

美国十分重视废旧钢材的循环使用，特别是利用废钢高效产钢的电弧炉出现以后，再循环生产钢材更是大量增长，因为由废钢生产钢材所消耗的能量仅为由原矿石生产钢材的1/3，且避免了矿山开采所带来的环境破坏。2008年，美国几乎所有废弃的汽车都被再循环使用，家用电器中钢的循环率达到77%，而建筑工业再循环使用的钢桁条和钢板则达到了95%。所生产钢材的52%来自废钢，仅有48%的钢材来源于原生铁矿石。在金属铝的使用方面，美国所生产的1020亿个铝制易拉罐中，已有640亿个获得再利用，循环利用率为63%。

在土地再开发利用方面，美国是棕地再开发策略最积极的倡导国和实践国。美国环保署是美国在棕地再开发问题上的核心力量和最高指导中心，它于1995年1月25日发布《棕地行动议程》(Brownfield Action Agenda)，借以改善投资环境，鼓励私人投资者进入棕地再开发领域。美国市长联合会（U. S. Conference of Mayors）对美国231座城市的调查统计显示，截至2000年，棕地再开发使美国新增55万个就业机会和24亿美元的赋税收入。据美国国家棕地协会（National Brownfield Association）2007年统计，美国有40万—100万块以上的棕地，其中有1300块收到严重污染，它们也是超级基金的重点及优先资助对象。经过十多年的实践，美国棕地再开发成效卓著。

进入21世纪以来，美国对几种不同的可再生能源开发现状如下：风力发电方面，美国的风电装机容量处于世界领先地位，2002年累计装机容量达467万千瓦；太阳能光伏发电方面，美国已开展100万套屋顶光伏发电计划；生物质发电方面，美国是世界上装机容量最多的国家，2004年即拥有350多座生物质发电站。美国还非常重视氢能，2003年投资17亿美元启动氢燃料开发计划，2004年建立了第一座氢气站。①

美国是世界上地热发电装机容量最大的国家，同时也是利用热泵技术供暖和制冷最好的国家。美国一直积极应用地热发电，2000年地热装机容量占全国总装机容量的0.25%，地热发电量大约占全国能源供应量的0.4%。美国地热直接利用领域主要集中在水产品养殖、洗浴和游泳、供暖和温室。由于热泵技术的成熟，使得热泵在全国得到推广。现在从普通房屋和公寓至居住面积为278平方米的独立住房，每月仅需支付供暖和制

① 焦必方、杨薇：《美国资源节约型社会建设的经验与启示》，《经济纵横》2008年3月。

冷费 15—40 美元，既经济又实惠。[①]

水电占美国能源产量的 10%，也是其最大的传统可再生能源。美国现有 7.5 万处堤坝，但只有约 1/3 得到开发。美国联邦政府 2005 年增拨 1 亿美元用于提高现有水电站的生产能力。煤是美国丰富的传统资源之一，近年来，美国提出了“让煤更干净”的口号，美国联邦政府在 2004 年—2012 年期间，每年拨款 2 亿美元，用于减少煤电环境污染等技术的开发和相关工程建设。

美国联邦机构使用可再生能源的比例在 2011 年达到总能耗的 7.5%。2007 年，美国根据“能源政策法”拨款 3 亿美元，用于实施太阳能工程项目，其目的是在 2010 年前在联邦机构的屋顶上安装 2 万套太阳能系统。由于节能政策的不断调整和技术上的不断进步，美国的能源利用效率不断提高，长期处于世界领先水平。国内生产总值单位能耗逐年下降，1970 年—2005 年，全美国内生产总值单位能耗下降了将近 50%。2007 年美国国内生产总值单位能耗为 8.8 百万 BTU / 美元（BTU：英制热单位），比 1973 年下降了 98%。

通过发展再生资源，美国能源消费结构得到优化。美国能源消费传统上以石油、煤炭和天然气为主。第二次世界大战后，美国的石油进口量逐年增加，石油进口依存度极高。随着美国政府出台的一系列相应措施，其能源消费结构得到优化。据美国能源部统计，在 2005 年全美一次能源消费中，石油占 40%、煤炭占 23%、天然气占 23%、核能占 8%、可再生能源占 6%；发电消耗的一次能源中，煤炭占 49.8%、核电占 19.9%、天然气占 17.9%、可再生能源约占 9.1%。这表明美国石油消费比例已大大降低。

二 再生资源回收利用模式

美国至今没有形成全国性的再生资源回收利用体系，但美国各州及企业界的回收利用工作各具特色，成效显著。典型的如加利福尼亚州（简称加州）零废弃物计划、再制造模式和杜邦模式。

（一）零废弃物计划

加利福尼亚州零废弃物计划由加州综合废物管理委员会牵头，参与方

---

① 詹麒：《国内外热地开发利用现状浅析》，《理论月刊》2009 年 7 月。

包括地方政府、企业、社会公众，旨在促进废弃物的有效回收和处理。通过该计划，加州每年约9300万吨废弃物被规范化回收或者处理，资源得到更有效利用。该计划包括一系列法案、环境政策与实施措施。根据《美国公共资源法典》第14551条的规定，政府必须每半年公布法定范围内物料的再循环率报告。加州物料再循环率在全美处于领先地位。

加州零废弃物计划是政府通过综合计划推动的循环经济法治化治理模式。其成功之处在于：通过地方立法调整环境治理行为，具备较好的地方适应性；引入环境影响评价中介机构，市场更透明；通过技术推动，解决循环经济运行中的技术难题；通过财税政策、资金项目和行政许可支持，有较好的激励作用；一视同仁，防范地方保护主义；发展经济不以牺牲环境为代价，引入绿色国内生产总值核算；重视公众环境保护意识培养，开展环保宣传教育，促进节能减排习惯养成，推进环境保护知识传播，充分发挥媒体网络的作用。

（二）再制造模式

再制造模式是废旧产品高技术维修的产业化，最初发源于军方的武器维修。在第二次世界大战时期，苏联红军最终能战胜德国军队，一个至关重要的原因是当时苏联的武器修理水平很高。据估计，苏联红军在卫国战争期间抢修了43万辆（次）坦克、装甲车，大约相当于当时苏联年产量的15倍，从而有力地保证了装甲部队的持续作战能力。20世纪40—50年代，随着汽车工业的高速发展，针对汽车重要零部件的零星再制造生产活动在美国已开始出现。到1978年，麻省理工学院策略选择中心开始了一系列的有关再制造研究：确定再制造的性质、经营特性，确定美国再制造经营的某些主要特性，建立选择再制造产品的准则，对普通的耐用产品实施门槛屏障和筛选出可以再制造的产品，为准备建立再制造经营的个体和商行提供指导，鉴别美国再制造的社会和经济效益，提出可能有关此项活动的集体和个人的政策问题等。截至20世纪90年代，美国已基本建立了汽车再制造的3R体系（再利用Reuse、再制造Remanufacture、再循环Recycle）。

1996年，美国波士顿大学制造工程学教授罗伯特在阿贡（Argonne）国家实验室的资助下，领导一个研究小组对美国的再制造业进行了深入调查，撰写了研究报告《隐匿的巨物》（Hidden giant），在广泛调查的基础上，报告对美国再制造的规模、从业人员、行业分布等进行较系统的研究。建立了一个拥有9903个再制造公司的数据库，并随机抽选调查了其中的1003个，获得了大量信息，如年销售额、雇员人数、再制造产品种类等，调查范围涉及汽车、压缩机、电器、机械制造、办公设备、轮胎、复印机、阀门八个工业领域。在这些数据的基础上，研究小组对整个美国再制造业的规模进行了评估。结论表明，再制造业在美国经济中已占有重要地位。美国专业再制造公司超过7.3万家，直接雇用员工48万人，生产46种主要再制造产品，每年的销售额超过530亿美元。美国还制定了详细的再制造中长期规划，到2020年，再制造业基本实现零浪费，并确保产品的质量和服务。美国再制造业的份额已经占到全球50%以上。

（三）杜邦模式

在废弃物处理方面经常被引为典范的美国杜邦公司，在企业内部建立了循环经济模式，该公司组织厂内各工艺之间的物料循环，从废弃物中回收化学物质，开发出耐用的乙烯产品。通过放弃使用某些对环境有害的化学物质、减少一些化学物质的使用量以及发明回收本公司产品的新工艺，杜邦公司早在20世纪末就已经成功地使本公司造成的废弃塑料物减少了25%、空气污染物排放量减少了70%。同时，他们在废弃物料，如废弃的牛奶盒和一次性塑料容器中回收化学物质，开发了耐用的乙烯材料等新产品。

三 回收利用体系建设

（一）产业化运作

经过几十年的发展，美国的循环经济行业涉及传统的造纸、炼铁、塑料、橡胶以及新兴的家用电器、计算机设备、办公设备、家居用品等产业。目前，美国最大的废弃物回收利用行业是纸制品的回收利用，共雇用近14万人，年销售收入达490亿美元。其次是钢铁回收业，雇用近12万人，年销售收入为280亿美元。就全国而言，现在已有5.6万个企业、数十万人参与循环经济的实践工作，年均销售额高达2360亿美元，其规模相当于美国汽车业销售额，已成为美国经济的重要组成部分。

目前，再生资源产业已发展成为美国经济的重要构成部分。据估计，废料工业每年销售产品价值至少为200亿美元。美国现在生产的钢有2/3是利用废料为原料生产的。早在2003年，美国回收含铁废料已达7000万吨，其中出口废铁1500万吨，占世界的30%；回收处理废纸6000万吨，其中出口1000万吨，占世界的40%；同时还回收废铝410万吨、废铜150万吨、废玻璃250万吨、废轮胎5600万吨以及45万吨的废塑料等。固体废物回收率为40%—50%，生活废弃物的回收率为35%—40%。

循环经济的发展有赖于企业技术进步和工艺重新设计，同时循环经济的实施也减少了企业的成本。摩托罗拉公司以前曾用氯氟烃物质（CFC）来清洗焊接后的印刷线路板，当氯氟烃物质（CFC）因为危害臭氧层而被查禁后，摩托罗拉公司开始探索使用像橘皮菇这样的替代物。但是后来证明，重新设计整个焊接系统，就不需要清洗过程或者根本不需要清洗物质。据报道，美国利用废旧材料的再制造工业企业已达73000家，1996年的总收入已经达到530亿美元，大大超过了家用电器、家具、音响、农场和园艺设备等耐用消费品制造业的收入。施乐公司从再制造产业的收益已高达7亿美元，它期望仅仅通过它的新的、完全可再使用的或再循环的复印机生产线就可以再节省10亿美元的成本。

（二）组织建设

美国作为世界上最为发达的市场经济体制国家，再生资源的利用也充分借助了市场的力量。通过经济利益驱动，促进全民进行垃圾分类，使回收体系具有明显的市场化组织特征。如美国旧金山为了在全市推广垃圾分类，除了大力加强宣传之外，还采取了两种方式区别收取垃圾费。一是按垃圾丢弃量的多少收取。每户居民每月扔的垃圾多，垃圾费就高，反之则低。这样可以抑制垃圾总量的产生，促进居民自身对垃圾进行再循环处理；二是按丢弃的垃圾是否进行分类区别收取。如果居民对丢弃的垃圾主动进行了分类，在收取垃圾费时就可以按比例打折。显然这种物质利益和垃圾丢弃行为直接挂钩的方法直接促进了实施垃圾分类政策的自觉性和积极性。

旧金山市从城市建设规划开始就把垃圾处理的问题考虑进去，将城市规划与垃圾处理直接挂钩。旧金山市很早就制定法规，房产商在拆除和开建一座建筑时，除了要拿到城建部门的批文外，还必须到环保部门签订一份垃圾处理责任书，同时缴纳一笔押金。房产商不仅要负责把建筑垃圾进行分类，还要负责将垃圾运送到建筑垃圾处理场，并由房产商自行支付建筑垃圾处理费。只有房产商将所有建筑垃圾按规定的方式处理完毕后，才能到环保部门领回预先缴纳的押金。垃圾处理场则将建筑垃圾中的金属、玻璃、木材等重新利用，混凝土则被碾碎后用于铺路基。

（三）技术研发

20世纪90年代初，美国把促进环保技术的发展作为联邦政府的一项高度优先的任务，制定了“国家环境技术战略”，协助企业研究开发更有效和较少污染的加工工业技术。例如，美国鼓励乙醇和氢电池的研究和开发，以便为车辆提供新型燃料，进而减少对石油这种战略资源的依赖。此外，还包括对新的环境保护技术、方法的开发；研究衡量环境技术进步的指标并以此促进环境保护的发展；为污染治理技术提供有用的信息和技术依托；为各研究团体取得科技成就创造条件等。

美国还对再生资源产业技术创新进行大量的投入，已建立起较完善的产业技术研究与开发体系。目前，美国已拥有多层次、多门类的环境技术研究机构和综合性的环境科学研究与管理机构，有规模庞大的技术人员队伍，环境科学与再生资源利用技术的创新水平也居世界领先地位。同时，美国还特别注意根据国内外产业发展的变化，及时调整国家环保与资源利用技术的战略，为技术研究的创新和产业化创造更加有利的条件。[①] 美国1995年设立了“总统绿色化学挑战奖”，专门支持那些对工业界有使用价值的化学工艺新方法。

（四）公共平台建设

美国高度奉行自由市场经济，且联邦和州各自享有自己的权利，因而没有建立起类似于德国和日本的全国统一回收利用体系，美国各州的政策和具体做法不一，但在强调相关制度软环境建设方面却较为一致。比如政府对煤炭工业的管理，主要是解决市场缺陷和市场失灵的外部性问题，包括资源、安全、环境、社会保障等。在信息服务方面，美国能源部能源信息署是世界上规模最大、技术最先进、服务领域最广的政府能源信息机构。其主要职能是提供能源资源、生产、需求、技术、经济等信息服务，如有关煤炭生产、需求、价格等。

美国政府还为合同保障、稳定产销做了大量工作。在美国有关法律、法规框架下，促进大小煤矿之间以及煤矿与电力公司之间的良性竞争与协作，对于小煤矿的生存与发展至关重要。许多小煤矿生产的原煤，由附近的大煤炭公司按合同收购，用卡车运到大煤矿的选煤厂，经洗选后销售。大煤炭公司还对小煤矿进行技术指导。一些电力公司，如国营的田纳西河

① 王爱兰：《发达国家推进发展循环经济的经验与借鉴》，《经济纵横》2007年3月。

流域管理局（TVA）所属火电厂，与小煤矿订立长期供煤合同。这有利于保障小煤矿生产的稳定，并督促它们按用户要求的质量供煤。

通过安全监督、严格执法来维护生产安全和市场。美国 1981 年颁布了第一部有关矿山安全的法律，此后多次修订或重订，每次都是在发生重大事故后社会舆论促使国会进行修订或重订。1968 年 11 月 20 日，康苏尔煤矿瓦斯爆炸死亡 78 人，1969 年颁布了新的《煤矿安全与保健法》，规定了世界上最严格的安全与保健标准，如井下空气中煤尘含量不得超过 2 毫克／立方米。此后，该法又作了重大修改，1977 年 11 月颁布了《联邦采矿安全与保健法》，扩大了联邦采矿安全与保健局（MSHA）的职权，矿工直接参与安全监督，加强研究开发与培训，加重违章处罚。联邦采矿安全与保健局是独立执法机构，隶属劳工部，2000 年，煤矿安全监察员有 610 人，煤矿监察预算 111 亿美元。安全监察员有权下令封闭矿井。各地煤矿安全监察员实行轮换制，每两年轮换一次。死亡 3 人以上的重大事故调查，当地安全监察员不得参加。《煤矿安全与保健法》规定，每年对每个矿井进行 4 次安全检查，井下采区设有直拨联邦采矿安全与保健局的举报电话。到 20 世纪 80 年代末，煤矿渐渐看到实施该法的好处，安全意识大为增强。

（五）园区打造

调整产业布局和规模结构，发挥产业集聚效应和规模效益。一般认为，对产业发展进行规范管理，一方面有利于减少废旧物质拆解加工对环境造成的污染，另一方面有利于降低企业的交易成本，发挥产业的集聚效应。再生资源产业大多采取专业和综合产业园区以及生态工业园的发展模式，可取得较好的集聚效果和规模效果。同时根据本国再生资源产业发展的要求，不断调整企业规模结构。如美国在 20 世纪 70 年代末期，再生铅企业有 60 余家，而到 90 年代初期减少到 10 余家，2003 年美国的再生铅企业仅有 10 余家，而年产量却高达 100 多万吨。企业规模的扩张，使规模效益得到充分发挥。此外，美国还非常注意推动循环经济产业链式发展。美国乔克托（Choctaw）生态工业园充分利用以废轮胎为主的废物资源，衍生了多种产业链，形成了以废轮胎、废塑料、空墨盒、城市污水为核心的生态工业网。

（六）社会协作

美国从 1997 年开始把每年的 11 月 15 日定为“循环利用日”。各个社会组织也主动参加到发展循环经济的各项工作中来。有些社团组织还协助政府立法和制定行业标准，组织调研，建立信息网络，提供有关循环经济的咨询培训和信息服务。美国几乎所有的州均有对使用再生材料的产品实行政府优先购买的相关政策或法规。联邦审计人员有权对各联邦代理机构的再生产品购买进行检查，对未能按规定购买的行为处以罚金。①

为落实关于生产者、使用者及丢弃者等产品使用周期中责任的有关规定，共同推广及分摊减少产品对环境影响的“延长生产者责任”理念，美国重视社会各利益主体之间的协作。2001 年 6 月，部分电子制造业者、环保团体及政府机构于旧金山市草拟了《全国电子产品管理倡议》（National Electronics Product Stewardship Initiative），期望能有效回收和重新使用旧电视及计算机等电子产品。2002 年 1 月部分地毯制造业者、经销商、民间团体及政府机构成立自愿性的《全国地毯回收协议》（National Carpet Recycling Agreement），预期用十年时间增加地毯回收量并减少地毯废弃量。美国环保局也设立了《废弃运输工具包装挑战计划》（Waste Wise Transport Packaging Challenge），以自愿性伙伴合作方式，鼓励业者参与交通工具包装减量工作。美国在联邦政府层面支持伙伴协定，鼓励在产品链中因预防污染的措施而结成的伙伴关系。在土地利用方面，因有益于社区复兴，社区民众通常也积极响应及参与棕地再开发项目。正是因为美国各级政府、相关利益团体和私人企业密切的合作，形成了一个成熟的运行机制，才确保了棕地再开发的战略成功。②

（七）法律和制度规范

1976 年制定的《固定废弃物处置法》是美国最早的循环经济方面的法律法规。目前，虽然美国还没有一部全国性的循环经济专门法规，但是自俄勒冈、新泽西和罗得岛等州在 20 世纪 80 年代中期制定促进资源再生循环法规以来，现在已有半数以上的州制定了不同形式的再生循环法律、法规。此外，虽然目前美国还没有一部以“循环经济”命名的全国性法规，但其《资源保护和回收法》、《1990 年污染预防法》以及《固体废弃物处置法》等都不同程度地体现了循环经济的思想。同时，美国联邦和

① 高伟、朱信永：《国外发展循环经济的经验与启示》，《宏观经济管理》2012 年 12 月。

② 曹康：《国外棕地再开发土地利用策略及对我国的启示》，《中国人口资源环境》2007 年 6 月。

各州政府都积极推行循环经济政策。自 20 世纪 80 年代中期以来，美国所有的州都先后制定了促进资源再生利用的循环经济法规。

《资源保护和回收法》规定了废弃物的存在形式及其对环境和健康的影响限度，明确了该法的立法目的就是要保护人类健康和环境安全，保护有价值的物资和能源。为此，它首先对有关资源保护和回收的术语下了定义，确立了该法的组织、管理和实施机构并对其职权进行了界定，专门设立了负责联邦资源保护和回收利用的部门协调委员会，对环保、能源、商务或所有其他合法的联邦机构所从事的资源保护或回收活动进行协调；规定了危险废弃物的管理制度。包括危险废弃物的鉴定、列举标准和程序；同时，该法还规定了各州或地方性的固定废弃物管理的基本原则，明确了商务部长在资源回收中的责任，如刺激市场开发、推广技术经验等。

美国《1990 年污染预防法》则主要强调对污染物的预防，力图通过源头削减和过程控制来减少污染物的产生，以达到保护人类健康的目的。该法通过法律手段，很好地在生产领域贯彻了循环经济的思想和方法。美国早在 1976 年就制定并颁布了《固定废弃物处置法》，加州依据该法于 1989 年制定的《综合废弃物管理法令》要求：在 2000 年以前，50% 的废弃物必须通过源头削减和再循环的方式进行处理，未达到要求的城市将被处以每天 1 万美元的行政罚款。同样是依据《固体废弃物处置法》，美国的 7 个州规定，新闻纸的 40%—50% 必须使用由废纸制成的再生材料生产。2003 年，美国城镇产生的废弃物为 5.5 亿吨，回收利用率达到 40%，其中纸张为 42%，软饮料塑料瓶为 40%，铁制包装为 57%。

（八）相应政策支持

美国联邦政府还制定许多经济激励政策，以降低可再生能源产品及服务的成本和价格，培育和扩大可再生能源的市场需求。

1. 财政支出政策。为了鼓励企业从事资源回收产业的研究与投资，美国国家环保局在 1978 年就开始对设置资源回收系统的企业提供财政补贴，补贴率为 10%—90%。美国几乎所有的州政府都要求优先购买使用再生材料的产品，对未按规定购买的行为则处以罚金。如 1993 年，克林顿政府就发布了一项行政命令，要求政府采购的所有纸张到 1995 年必须含有 20% 或更多用过的废纸，2000 年又将此比例提高到 25%。

2. 税收政策。美国促进循环经济发展的税种主要有对损害臭氧层的化学品征收的消费税、对将垃圾直接运往倾倒场的公司或企业开征的填埋和焚烧税、新鲜材料税及汽油税、开采税等。这些税种的开征对化学品的使用起到了约束作用，对垃圾进行减量化和再利用起到了极大的促进作用，并有助于促使人们进行资源的循环利用，在源头上控制资源的浪费和污染的产生。

3. 税式支出政策。美国 1978 年出台的《能源税收法》规定，对购买太阳能和风能能源设备所付金额中头 2000 美元的 30% 和其后的 8000 美元的 20%，从当年须缴纳的所得税中抵扣；开发利用太阳能、风能、地热和潮汐发电技术投资总额的 25% 可以从当年应纳的联邦所得税中抵扣。1992 年，美国又出台了生产抵税和可再生能源生产补助的政策，规定风能和闭合回路生物能发电企业自投产之日起 10 年内，每生产 1 千瓦时的电，可享受个人或企业所得税免交 1.5 美分的待遇。

4. 此外，美国的《能源政策法》还规定，企业利用太阳能和地热发电的投资可永久享受 10% 的低税优惠，每购买一辆使用新能源的汽车可减税 2000 美元。美国对公共事业建设和公共投资项目——包括城市废物储存设施、危险废物处理设施、市政污水处理厂等，也给予免税的优惠待遇。一些州政府也出台了不少发展循环经济的优惠政策。美国亚利桑那州 1999 年颁布的有关法规规定，对分期付款购买利用再生资源及控制污染设备的企业，可减销售税 10%。在康涅狄格州，前来落户的再生资源加工企业，除了可获得低风险小额商业贷款外，还可获得州级企业所得税、设备销售税及财产税的相应减免。

总体来看，政府干预少、主要依赖市场调节是美国“城市矿产”发展的主要特色。美国的循环经济产生并发展于市场经济高度发达的社会，美国政府更多的是做好发展循环经济所需的后备条件，利用经济手段进行调节，而不是用行政手段过多干预企业。此外，在不影响环境的前提下，充分、合理利用已有资源是美国政府的一贯方针，在“城市矿产”的发展中也充分体现了上述指导思想。

第十三章　中国“城市矿产”开发利用现状

自2010年国家发改委与财政部联合下发《关于开展城市矿产示范基地建设的通知》以来，“城市矿产”成为循环经济领域又一标志性概念。尽管在具体表述和部分内容方面存在差异，但“城市矿产”与再生资源具有极其密切的相关关系且一脉相承，“城市矿产”在一定程度上可以理解为再生资源概念的延续和升级。

第一节　“十一五”再生资源及“城市矿产”发展主要举措

根据《中华人民共和国国民经济和社会发展第十一个五年规划纲要》、《国务院关于做好建设节约型社会近期重点工作的通知》和《国务院关于加快发展循环经济的若干意见》，国家发改委编制并发布了《“十一五”资源综合利用指导意见》（简称《指导意见》），成为“十一五”期间我国再生资源领域发展的重要指导性文件。《指导意见》提出，到2010年重要再生资源回收利用量提高到65%，再生铜、铝、铅占产量的比重分别达35%、25%、30%，木材综合利用率提高到70%左右，此外，还部署了再生资源回收、加工利用、境外再生资源利用等领域的主要任务和重点工程。以《指导意见》为契机，有关部门积极采取相关政策措施推进再生资源及“城市矿产”的发展。

一　积极完善再生资源及“城市矿产”回收体系建设

再生资源及“城市矿产”主要来源于生产和生活中产生的废弃物，将分散的废弃物集中起来是再生资源以及“城市矿产”得以开发利用的重要前提，完备的再生资源回收体系是再生资源及“城市矿产”行业发展的根本保障。2006年，商务部制定并颁布实施了《再生资源回收体系建设试点工作方案》，提出“争取用5年时间，在试点城市建成较为完善的再生资源回收体系，再生资源主要品种回收率达到80%，实现再生资源回收的产业化”，以“建立和完善再生资源回收管理机制、建立和规范再生资源回收体系、培育龙头企业、加强教育培训”为主要内容开展再生资源回收试点建设。2009年和2010年，商务部先后下发了《关于加快推进再生资源回收体系建设的通知》和《进一步推进再生资源回收行业发展的指导意见》，进一步促进再生资源回收体系的建设。截至目前，已经开展和实施了三批再生资源回收体系建设试点工作，第一批共确定试点单位24个，第二批确定试点城市29个、集散市场11个，第三批确定试点城市35个（见表13－1）。在开展试点工作的同时，相关管理制度也得到进一步完善。2007年，商务部会同国家发改委、公安部、建设部、国家工商总局、环保总局颁布实施了《再生资源回收管理办法》，该办法对再生资源回收领域的经营活动、相关责任进行了较为全面的规定，成为中国再生资源领域的重要基础性法规。在此基础上，2009年国务院下发了《废弃电器电子产品回收处理管理条例》，加强了对废旧电子产品再生利用的规范和管理。

表13－1　**再生资源回收体系建设试点单位**

<table>
<tr><th></th><th>时间</th><th colspan="2">试点单位</th></tr>
<tr><td>第一批</td><td>2006年</td><td colspan="2">北京市（朝阳区中兴再生资源回收利用公司）、天津市、河北省石家庄市（石家庄市物资回收总公司）、山西省太原市、辽宁省沈阳市、吉林省吉林市（吉林市再生资源责任有限公司）、黑龙江省哈尔滨市、上海市、山东省济南市、江苏省南京市、浙江省宁波市、浙江省永康市、福建省福州市、江西省南昌市、河南省郑州市、湖北省武汉市、湖南省汨罗市（汨罗市团山再生资源市场）、广东省清远市（清远再生资源集散市场）、广西壮族自治区南宁市、重庆市、四川省成都市、云南省昆明市、陕西省西安市（西安市物资回收利用总公司）和新疆维吾尔自治区乌鲁木齐市</td></tr>
<tr><td rowspan="2">第二批</td><td rowspan="2">2009年</td><td>试点城市</td><td>张家口市、大同市、赤峰市、铁岭市、长春市、佳木斯市、苏州市、杭州市、马鞍山市、三明市、景德镇市、临沂市、烟台市、潍坊市、漯河市、襄樊市、长沙市、广州市、海口市、内江市、遵义市、玉溪市、拉萨市、汉中市、兰州市、西宁市、银川市、库尔勒市、青岛市</td></tr>
<tr><td>集散市场</td><td>长春亿北再生资源集散市场、苏北再生资源集散市场、赣粤闽湘区域性再生资源集散市场、江门市嘉能再生资源回收市场、大连废旧金属集散交易市场、马鞍山市再生资源集散市场、常州再生资源集散市场、山东德力西再生资源集散市场、浙江慈溪再生塑料产业基地、江西丰城市赣中再生金属集散市场、白银有色集团西北再生金属加工基地</td></tr>
</table>

续表

	时间	试点单位
第三批	2012 年	承德市、晋城市、鞍山市、营口市、白山市、牡丹江市、齐齐哈尔市、淮安市、徐州市、金华市、台州市、黄山市、芜湖市、厦门市、上饶市、威海市、菏泽市、商丘市、荆门市、宜昌市、衡阳市、娄底市、佛山市、江门市、钦州市、梧州市、三亚市、曲靖市、绵阳市、达州市、安顺市、宝鸡市、武威市、石嘴山市、吐鲁番市

二　严格废旧物品进口标准，保障行业健康发展

早在“十五”末，有关部门已经开始规范废旧物资进口。2004 年 11 月，国家环保总局下发了《关于加强限制进口类废物审批管理有关问题的通知》，禁止以加工贸易方式进口废机电等 7 种废弃物。2004 年 12 月底，全国人民代表大会常务委员会对《固体废物污染环境防治法》进行修订，2005 年 4 月 1 日开始实施。《固体废物污染环境防治法》明确规定了工业固体废弃物、生活垃圾、危险废物等的处置、运输、收集、进口等各环节的污染防治的责任义务以及相关部门的管理职责，是再生资源领域另一个重要的基础性法律文件。根据上述文件，相关标准也不断完善。2005 年 12 月，新修订的《进口可用作原料的固体废物环境保护控制标准——废五金电器》发布；2008 年 1 月，国家环保总局、国家发改委、商务部、海关总署、国家质检总局联合发布了《禁止进口固体废物目录》、《限制进口类可用作原料的固体废物目录》和《自动许可进口类可用作原料的固体废物目录》，实现了对固体废弃物进口的分类管理，2009 年 7 月，环保部、商务部、国家发改委、海关总署、国家质检总局又对上述目录进行修订和补充。2011 年 3 月，环保部发布了《进口可用作原料的固体废物环境保护管理规定》，对进口固体废物加工利用企业的环境保护提出了具体要求，成为再生资源行业又一重要规范性文件；同时，还发布了《进口硅废碎料环境保护管理规定》，与 2010 年 9 月发布的《进口废船环境保护管理规定（试行）》、《进口废光盘破碎料环境保护管理规定（试行）》和《进口废 PET 饮料瓶砖环境保护管理规定（试行）》，共同构建了进口废弃物环境保护管理政策体系。在上述政策法规基础上，2011 年 4 月，环保部、商务部、国家发改委、海关总署、国家质检总局联合颁布了《固体废弃物进口管理办法》，该办法对固体废弃物范畴、分类管理、进口许可、检验检疫与海关手续、贸易方式、环境保护、加工利用等方面进行了严格限定，为进一步规范中国废旧

物资进口奠定了更为坚实的法律基础。

三　完善税收政策，促进"城市矿产"行业健康发展

2006年9月，国家发改委、财政部和国家税务总局下发了《国家鼓励的资源综合利用认定管理办法》，对资源综合利用企业认定的标准、程序、相关优惠进行了详细规定；2007年12月，《中华人民共和国企业所得税法实施条例》公布，其中对"企业以《资源综合利用企业所得税优惠目录》规定的资源作为主要原材料，生产国家非限制和禁止并符合国家和行业相关标准的产品取得的收入，减90%计入总额"；2008年9月，财政部和国家税务总局下发了《关于执行资源综合利用企业所得税优惠目录有关问题的通知》，在《资源综合利用企业所得税优惠目录》中，废旧电池、废旧电子电器产品、废旧塑料、废旧轮胎、废旧感光材料、废弃天然纤维和化学纤维综合利用均在优惠之列。关于增值税，在"十五"的基础上，2008年12月，财政部和国家税务总局联合下发了《关于再生资源增值税政策的通知》，成为"十一五"期间再生资源行业税收领域重要文件。上述通知取消了"废旧物资回收经营单位销售其收购的废旧物资免征增值税"和"生产企业增值税一般纳税人收入废旧物资回收经营单位销售的废旧物资，可按废旧物资回收经营单位开具的由税务机关监制的普通发票上注明的金额，按10%计算抵扣进项税额"的政策，2010年前对再生资源企业税收实行先征后退政策，2009年为"征三返七"，2010年为"征五返五"。上述增值税政策虽然有利用规范行业税收秩序，但也对再生资源及"城市矿产"相关行业造成了一定的冲击，特别是在行业发展初期，税收政策的调整对行业影响相当明显。根据行业发展的实际需要，本着促进行业健康发展的宗旨，2001年11月财政部和税务总局下发了《关于调整完善资源综合利用产品及劳务增值税政策的通知》，对于废旧电池、废感光材料、废彩色显影液、废催化剂、废灯泡（管）、电解废弃物、电镀废弃物、废线路板、废旧电机、报废汽车、废塑料、废旧聚氯乙烯（PVC）制品、废弃天然纤维、化学纤维再生利用相关企业增值税给予"征五返五"的优惠，这在很大程度上稳定了行业发展。

四　健全产品技术标准，完善行业准入政策

"十一五"以来，是中国再生资源综合利用领域技术标准发展最快的时

期。国家完善并新制定了《再生铝锭》、《再生纸制品》、《再生塑料制品》、《再生铅及铅合金锭》、《再生锌合金锭》、《再生褚原料》、《再生铜和铜合金棒》、《再生橡胶》、《再生铜阳极板》、《再生涤纶短纤维》、《再生纤维素丝织物》、《报废汽车拆解企业技术规范》、《报废汽车拆借环保技术规范》《废弃产品回收利用术语》、《再生资源回收网点建设规范》、《废弃电子电气产品再使用及再生利用体系评价导则》、《废电器电子产品回收利用通用技术要求》、《房间空调器再生利用通则》、《家用电冰箱（电冰柜）再生利用通则》、《家用洗衣机再生利用通则》、《再生利用品和再制造品通用要求及标识》等国家及行业标准数十项，这也从侧面反映了中国再生资源及“城市矿产”行业的快速发展。与此同时，随着相关行业规模的扩大，行业准入条件逐步向专业化方向发展。2007 年国家发改委公布了《铅锌行业准入条件》和《铅行业准入条件》，其中特别针对再生铅锌、再生铅的生产规模、工艺技术、生产设备、能耗等指标进行了规定。2012 年，工信部陆续公布了《再生铅行业准入条件》、《轮胎翻新行业准入条件》、《废轮胎综合利用行业准入条件》、《废钢铁加工行业准入条件》等一系列更具针对性的再生资源加工领域准入标准，对相关行业的生产和技术要求进行了详细限定。此外，多个再生资源领域的行业准入条件也正在加紧编制，再生资源行业的准入门槛将进一步提高，行业发展将更加规范。

第二节　废弃物回收及加工行业发展情况

目前，中国还没有关于“城市矿产”的产业分类标准。虽然略有差异，但在国民经济行业分类中，废弃资源和废旧材料回收加工业与“城市矿业”的概念和内涵最为接近，本章以废弃资源和废旧材料回收加工业为主体来分析“城市矿业”的主要发展情况。

“十一五”以来，废弃资源和废旧材料回收加工业的发展呈现如下特点：

行业总体规模和企业数量大幅增加。2010 年规模以上废弃资源和废旧材料回收加工业工业总产值为 2306. 13 亿元，采用工业品出厂价格指数进行调整，按照 2005 年不变价格计算，2010 年规模以上废弃资源和废旧材料回收加工业工业总值为 1949. 36 亿元，较 2005 年提高 5. 65 倍。由于 2005 年为全部国有及规模以上非国有企业数据，而 2010 年只是规模以上企业指标，所以实际的增长应该更高。与之类似，2010 年废弃资源和废旧材料回收加工业规模以上工业企业个数为 1302 家，较 2005 年提高了 1.97 倍（见表 13 - 2）。

表 13 - 2　2005 年—2010 年规模以上废弃资源和废旧材料回收加工业产值

年份	2005	2006	2007	2008	2009	2010
工业总产值 1（亿元）	292.95	420.07	680.71	1137.79	1443.86	2306.13
工业总产值 2（亿元）	292.95	406.26	631.19	1000.01	1263.08	1949.36
企业个数（个）	438	529	652	1087	1165	1302

注：2005 年—2006 年为全部国有及规模以上企业，2007 年—2010 年为全部规模以上企业，工业总产值 1 为当年价，工业总产值 2 为 2005 年可比价产值。

资料来源：相关年份《中国统计年鉴》，可比价总产值是用工业品出厂价格指数计算。

从所有制角度来看，私营企业在废弃资源和废旧材料回收加工业中占据绝对主导地位。2010 年，在规模以上企业中私营企业数量为 794 家，占规模以上企业的比重高达 61%，私营企业数量较 2005 年提高 2.91 倍，私营企业的比重较 2005 年提高 14.6 个百分点，私营企业在废旧材料回收加工业中的主体地位得到进一步提升。相比而言，国有及国有控股企业和外资及港澳台企业数量虽然均有所增长，但无论增长幅度还是在行业中的比重均明显低于私营企业。就工业总产值而言，私营企业的份额也在明显增加，2010 年规模以上企业中私营企业产值比重为 46.5%，较 2005 年提高 7.4 个百分点。同时，私营企业总产值比重比企业数量比重小也可以反映出私营企业平均规模偏小，2010 年废弃资源废旧材料回收加工业中大中型企业个数仅为 69 家，占规模以上企业的比重为 5.3%，比整个工业大中型企业比重低 5 个百分点（见表 13 - 3）。

表 13 - 3　2005 年—2010 年废弃资源和废旧材料回收加工业企业构成　　单位：个

年份	2005	2006	2007	2008	2009	2010
规模以上企业个数	438	529	652	1087	1165	1302
国有及国有控股企业个数	17	17	19	40	35	40
私营企业个数	203	257	372	626	701	794
外资及港澳台投资企业个数 *	100	119	124	179	164	173
大中型企业个数	15	20	22	42	33	69

*　2005 年和 2006 年为"三资"企业数量。

资料来源：相关年份《中国统计年鉴》。

总体上看，废弃资源和废旧材料回收加工业利润率偏低。按照主营业务收入计算，2010 年废弃资源和废旧材料回收加工收入利润率为 4.82%，较 2005 年提高了 1.94 个百分点，但仍比工业整体利润率低 2.78 个百分点；与之类似，2010 年废弃资源和废旧材料回收加工业成本费用利率为 5.18%，较 2005 年提高了 2.15 个百分点，但比工业整体成本费用利率低 3.13 个百分点。由此可见，现阶段我国废弃资源和废旧材料回收加工业赢利能力较弱，行业整体还处于微利阶段（见表 13－4）。

表 13－4 2005 年—2010 年废弃资源和废旧材料回收加工业及工业利润率 单位:%

年份	2005	2006	2007	2008	2009	2010
废弃物资和废旧材料回收加工业收入利润率	2.89	3.31	3.58	3.48	4.56	4.82
工业整体主营业务收入利润率	5.96	6.22	6.79	6.11	6.37	7.60
废弃物资和废旧材料回收加工业成本费用利润率	3.03	3.57	3.88	3.71	4.82	5.18
工业整体成本费用利润率	6.42	6.74	7.43	6.61	6.91	8.31

资料来源：相关年份《中国统计年鉴》，收入利润率为利润总额与主营业务收入之比。

第三节 部分省市“城市矿产”开发利用概况

一 上海市

早在 1995 年，上海市就开始关注德国和日本的循环经济实践，并于 1995 年开始将循环经济研究纳入《中国 21 世纪议程上海行动计划》中；1999 年—2001 年，上海市将循环经济理念纳入国民经济和社会发展“十五计划”；2002 年—2005 年，确立了以循环经济为导向的专项计划，分别在企业、企业间、行业间和综合层面开展工作，重点确立了生活垃圾、城市森林和崇明开发等几项关键任务。

上海市循环经济实践的重要特点是通过发展创新、制度创新和技术创新将循环经济理念纳入经济结构调整、城区改造、产业布局优化以及生态建设等各项工作中。如通过城市垃圾分类回收及其他环保产业来促进经济增长和环境保护的协调；在旧城改造和重大项目建设过程中，把循环经济与城市建设有机地结合起来。近几年，上海市制定法规和政策支持发展循环经济，先后制定和实施了《上海市节约能源条例》、《推进清洁生产实施办法》、《一次性塑料饭盒管理暂行办法》、《上海市建筑节能管理办法》、《上海产业用地指南》、《上海市产业能效指南》、《上海工业区循环经济建设指南》等地方性法规和政策，以及正在制定《适度包装管理条例》、《循环经济促进条例》和研究编制《上海市循环经济白皮书》。

二　北京市

北京市发展循环经济的实践是从点—线—面层次上进行小循环、中循环和大循环展开的，以企业为单位，推行清洁生产，建立“点”上清洁生产小循环，在电镀、医药等行业的典型企业开展示范工作，培育一批高标准、规范化的清洁生产企业，从园区内企业的生产资料利用最大化方面考虑，合理利用水和能源资源；以行业为单位，建立“线”级别的生态园区中循环；以城市为单位，建立“面”上的大循环，抓紧废旧物资再利用，将“再制造业”发展成为新兴产业，实现废旧物资和废弃物的回收、再利用。同时，进一步加强废旧家电、家具、塑料、纸张、轮胎、建设垃圾、生活垃圾回收利用。在政策法规方面，研究制定《北京市发展循环经济指导意见》和《废旧家电及电子产品回收处理管理条例》等。

2005 年，《国务院关于做好建设节约型社会近期重点工作的通知》下发后，北京市委、市政府贯彻国务院的工作部署，迅速制定印发了《加快发展循环经济建设节约型城市规划纲要及 2005 年行动计划》，提出要以节能为突破口，抓重点，抓保障，抓落实，大力推进节约型城市的建设。首先，重点抓好四项节能工作：政府实现节能 8%，大型公共建筑节能实现重点突破，实施“绿照四进”工程（绿色照明进公共建筑、新型照明进街道、高效照明进家庭、质量承诺进市场），推广使用太阳能、地能、生物质能、风能等可再生能源。

三　天津市

1999 年，天津市就引入循环经济理念，提出了动脉产业和静脉产业并重的“123456”构想，并将其纳入全市环保“十五”计划。2003 年，成立了发展循环经济工作推动组和办公室，标志着循环经济工程全面启动。同年，制定了《天津市循环经济工作方案》，并将任务下达到各负责单位，实行责任分工，有效落实。

天津经济技术开发区主要经济指标连续 10 年居国家级经济开发区之

首，国家环保总局已将其作为国家生态工业园建设试点。目前，该经济开发区形成了较为完整的电子信息业工业群落，产品代谢，链条完整；实现了企业间的互利共生、区域层面的物质循环，展现出生态工业发展的雏形。

近年来，天津市先后出台了《天津市节约能源条例》、《天津市城市排水和再生水利用管理条例》、《天津市墙体材料革新和建筑节能管理规定》、《天津市民用建筑节能管理实施细则》等，规范和引导全市开展节水、节能、节电、节材。根据国家的总体部署和要求，天津市作为"全国绿色 GDP 试点城市"，在全国率先开展了循环经济统计指标体系研究，初步建立了反映全市发展循环经济状况的统计指标体系。

在《天津市中长期科技与技术发展规划战略研究》中，把天津市水资源利用、生态环境和循环经济作为一个整体进行系统研究，制定了符合该市资源与环境现实条件的科技发展战略，通过科技创新和技术集成，为建设集约型、节约型生态城市提供技术支撑。

四 贵阳市

2002 年 5 月，贵阳市被国家环保总局确认为全国第一个循环经济型生态城市试点。与率先发展循环经济的德国和日本相比，贵阳市存在着强烈的经济和社会反差：经济欠发达、社会遗留问题较多、城市发展的基础设施十分缺乏。为了避免粗放式资源依赖型的经济发展模式可能产生更大范围的、不可逆转的区域环境和生态灾害，贵阳市积极制定了循环型经济发展规划。在规划中重点强调要营造一个绿色消费的环境，制定合理的绿色消费政策和规章制度，培育环境友好的商品与循环经济服务业体系，激发和引导消费环节的变革。2004 年初，贵阳市又被联合国环境规划署确认为循环经济试点城市。"十五"期间，按照"政府引导，企业为主；科学规划，点上实践；制度规范，全民参与"的工作思路，在项目试点的基础上，逐步构建起循环经济产业体系、城市基础设施的循环利用建设体系和生态保障体系 3 个核心系统。

为进一步促进循环经济发展，推进生态经济市和节约型社会建设，贵阳市从 2005 年起以两个年度为周期逐年启动一批循环经济试点项目，并在全市范围内选取了 18 个实力较强，资金、技术有保障的企业进行试点。

贵阳市在循环经济发展初期就十分重视法律法规建设，2002 年开始，在首先完成“贵阳市循环经济生态城市建设法律法规构建体系研究”的基础上，2004 年，制定并实施了《贵阳市建设循环经济生态城市条例》，这部法规是中国第一部建设循环经济的地方性法规。

五　宁波市

经过近几年的探索，宁波市发展循环经济主要在三个方面取得了一定进展。一是企业层面的循环经济建设已实现突破性进展。宁波市有少数企业，尤其是数家大中型企业，根据生态经济理念，通过产品生态设计、清洁生产等措施，节约了产品生产过程中的物耗和能耗，降低了污染物排放量，提高了再生资源利用率；二是区域层面的循环经济建设已进入示范实施阶段。宁波市有不少工业园区和科技园在规划之初或建设过程中将生态学原理运用其中，园区强化产业链配套，力促企业间逐渐形成共生关系，实现上、中、下游物质与能量逐级传递，资源循环使用和污染物减量排放，建立起了生态型园区；三是全社会层面的循环经济已渐纳入建设规划之中。为了落实浙江省委、省政府关于“建设生态省，推进绿色浙江建设”的战略部署，宁波市已开始了生态市建设，并将“加快生态市建设”列入市委、市政府重点工作之一。在《宁波生态市建设规划纲要》及各县（市、区）生态建设规划纲要中，发展循环经济已被列为各级政府工作议事日程。

当前及今后一段时期，宁波市发展循环经济合理的基本框架可定位为：抓好资源开采、资源消耗、废弃物产生、再生资源产生、社会消费五个环节；构建三个循环平台，即在企业层面建设循环经济链、区域层面建设循环经济区、在全社会层面建成废物处置和再生产的现代产业体系；完善价格、投资及补偿三大机制，构建政策法规、资源供给、技术创新、评价指标和绿色标准五个支撑体系。

六　鹤壁市

该市从 2002 年就开始在原有产业发展的基础上，积极探索产业转型和资源城市转型，实现可持续发展的新路子。十六届三中全会后，该市又按照科学发展观的要求，重新审视了发展思路、方向、重点和措施，明确了“发挥优势，龙头带动，走新型工业化道路，建设特色城市，实现跨越式发展”的思路，提出了依托优势，建设“三大产业基地”的长远发展方向，并把发展循环经济作为推动三大产业基地建设的重要战略来抓。2004 年，鹤壁市正式提出把发展循环经济作为走新型工业化道路、建设节约型社会的总战略，加速构建资源—产品—再生资源的经济发展模式。经过几年来的积极探索和努力，鹤壁市已初步形成了煤炭、电力、水泥、金属镁、食品加工五大循环产业链。

2005 年，鹤壁市被确定为全国发展循环经济的试点城市，编制了《鹤壁市循环经济建设规划》，并通过专家评审；下发《关于鼓励循环经济发展的若干规定》、《关于印发鹤壁市鼓励发展循环经济若干规定的通知》和《鹤壁市循环经济资金管理办法》等相关文件和政策规定，为发展循环经济创造了良好条件。

七 铜陵市

2005 年，铜陵市被列为全国循环经济试点城市后，成立了发展循环经济领导小组，组建循环经济办公室，以制定《铜陵发展循环经济行动纲要》为统领，科学编制《铜陵发展循环经济规划》，并纳入国民经济和社会发展“十一五”规划，高起点筹划循环经济发展战略。在总体规划的指导下，分项制定循环型工业、生态农业、绿色服务业、循环经济示范区等专项规划和分阶段实施方案，遵循“减量化、再利用、资源化”的原则，以政府为引导、企业为主体、科技为支撑、法律为保障，从企业、产业、社会三个层面展开，在整个社会范围内形成“自然资源—产品—再生资源”的经济环路，推动经济增长方式的根本转变，实现人、社会、自然和谐发展。该市循环经济分三个阶段实施，即到 2010 年为典型示范阶段，到 2015 年为全面推进阶段，到 2020 年为提高完善阶段。

为建立健全发展循环经济的政策保障体系，铜陵市出台了《关于加快发展循环经济的决定》，确立了发展循环经济的战略地位，明确了发展循环经济的目标思路和主要任务措施。同时，制定出台了《铜陵市发展循环经济管理办法（暂行）》、《铜陵市循环经济示范企业示范项目认定管理办法》，还设立了政府发展循环经济专项引导资金。

八 辽宁省

辽宁省是国家环保总局确立的第一个循环经济示范省。2002 年，该省制定并通过了《辽宁省发展循环经济试点方案》，其循环经济发展目标是：5 年内在全省创建一批循环经济型企业、生态工业园区和几个资源转型城市；建设区域性的资源再生产业基地，培育新的经济增长点，大幅度提高资源利用效率；初步建立发展循环经济的机制和体制框架。用 10 年左右的时间，形成新型的经济发展模式，建立完善的循环经济发展机制和框架，使辽宁省走上生产发展、生活富裕、生态良好的可持续发展道路。

经过几年的实践，辽宁省在“七个结合”方面取得了可喜成绩：结合技术改造，大力推行清洁生产，积极创建“零排放”和循环经济型示范企业；结合资源枯竭地区经济转型，大力开发利用矿山废弃资源，建设国家生态工业示范园区；结合开发区整合提升，开展资源循环和资源梯级利用，大幅度提高区域经济运行质量；结合老工业区调整改造，大力发展生态工业，实现环境与经济“双赢”；结合辽河和渤海污染治理，大力开展城市中水回用，提高水资源利用效率；结合资源节约和综合利用，大力发展资源再生产业，建设资源节约型社会；结合生态保护和建设，大力发展农业循环经济，建设现代农业示范园区。

辽宁省在老工业基地调整改造、资源枯竭地区经济转型、经济开发区的整合提升和资源节约利用等方面试点建设已取得的初步成效，对全国具有重要的示范意义。

九 江苏省

2004 年，江苏省全面贯彻科学发展观，把发展循环经济作为经济增长方式转变的有效载体，用循环经济理念统领环境和资源综合利用工作。首先，开展清洁生产，将 437 家企业列入清洁生产审核计划，其中强制性审核 41 家，对 320 家清洁生产试点单位审核验收，有针对性地实施改造方案；各地加快传统工业园向生态工业园的转变，整合、提升现有的各类工业园区，着力构建工业生态循环链，努力实现区域污染最小排放，达到经济和环境的双赢。以绿色社区为载体，探索循环型城市建设。在社区推广节能节水机制，鼓励使用清洁能源如太阳能，推广垃圾分类收集。积极开展“绿色学校”、“绿色宾馆”、“绿色商场”和“绿色社区”等系列活动，极大地提高了公众参与的自觉性。

同时，该省加强法律法规和规章制度建设，制定了《江苏省节能条例》、《江苏省节能监测办法》、《江苏省节能监测执法程序制度》等法律法规和十余项节能监测执法规范性制度。编制了《江苏国际制造业基地建设总体规划》，将环保产业纳入重点发展的 9 个产业之一，提出了 2010 年销售收入双倍增长的目标，为今后一个时期环保产业的发展提供了指导性蓝本。完成《江苏省工商领域鼓励投资的产业、产品和技术导向目录》环保产业相关内容的编制。开展循环型农业、循环型工业、循环型“三产”和循环型社会四个课题的研究。在此基础上，又编制了《江苏省循环经济建设规划》。

十　山东省

2003 年，山东省被国家环保总局列为生态省建设试点后，认真落实科学发展观，大力发展循环经济。首先，从机制建设入手，省人大常委会做出了《关于建设生态省的决议》，省政府印发了《山东生态省建设规划纲要》，成立了由省长任组长、21 个省直部门主要负责人为成员的生态省建设领导小组，制定了《山东生态省建设工作领导小组职责和会议制度》，省政府与 17 市政府签订了 2003 年—2007 年度生态省建设市长目标责任书，各市也成立了生态市建设工作领导小组，并分别与所辖县（市、区）签订了目标责任书，将生态省建设的目标任务工程化、项目化、时限化，层层分解，细化落实。以此为基础，将循环经济作为生态省建设的理论支撑和核心，山东省下发了《关于进一步做好发展循环经济工作的意见》，强化产业结构调整，狠抓污染防治，启动了一批重点工程和重点项目，建立“点—线—面”试点。以企业为单元，建立“点”上的小循环。确定 7 家试点企业，200 多家企业进行了清洁生产审核；以行业为单元，建立“线”上的中循环。在化工、造纸、水泥等行业积极探索循环经济；以城市为单元，建立“面”上的大循环。日照市作为全省发展循环经济的第一个试点市，编制实施了《日照生态市建设规划》和《日照市循环经济发展规划纲要》，积极开展循环经济的探索实践活动。

第四节　我国部分“城市矿产”示范基地发展概况

2010 年，国家发改委和财政部联合下发了《关于开展城市矿产示范基地建设的通知》，是我国城市矿产领域的纲领性文件。该通知指出，开展“城市矿产”示范基地建设是缓解资源瓶颈约束的有效途径，是减轻环境污染的重要措施，是发展循环经济的重要内容，是培育新的经济增长点的客观要求。《关于开展城市矿产示范基地建设的通知》明确了“十二五”期间“城市矿产”基地建设的主要任务，即“通过5年的努力，在全国建成30个左右技术先进、环保达标、管理规范、利用规模化、辐射作用强的（“城市矿产”）示范基地。推动报废机电设备、电线电缆、家电、汽车、手机、铅酸电池、塑料、橡胶等重点（“城市矿产”）资源的循环利用、规模利用和高值利用。开发、示范、推广一批先进适用技术和国际领先技术，提升（“城市矿产”）资源开发利用技术水平。探索形成适合我国国情的（“城市矿产”）资源化利用的管理模式和政策机制，实现（“城市矿产”）资源化利用的标志性指标”。与《关于开展城市矿产示范基地建设的通知》一起，公布了第一批“城市矿产”示范基地名单，分别为天津子牙循环经济产业区、安徽界首田营循环经济工业区、湖南汨罗循环经济工业园、广东清远华清循环经济园、四川西南再生资源产生园区、宁波金田产业园、青岛新天地静脉产业园。2011年，国家发改委和财政部批复第二批共15家国家“城市矿产”示范基地，包括上海燕龙基地再生资源利用示范基地、广西梧州再生资源循环利用园区、江苏邳州循环经济产业园再生铅产业集聚区、山东临沂金升有色金属产业基地、重庆永川工业园区港桥工业园、浙桐庐大地循环经济产业园、湖北谷城再生资源区、大连国家生态工业示范区、江西新余钢铁再生资源产业基地、河北唐山再生资源产业园、宁夏灵武再生资源循环经济示范区、北京绿盟再生资源产业基地、辽宁东港再生资源产业园。在该次批复中，城市矿产基地建设目标被提升为“‘十二五’期间，国家将在全国建设50个左右技术先进、环保达标、管理规范、利用规模化、辐射作用强的‘城市矿产’示范基地”。2012年7月，财政部开始对第三批“城市矿产”基地进行公示，公示的基地包括佛山赢家再生资源回收利用基地、滁州报废汽车循环经济产业园、新疆南疆城市矿产示范基地、山西吉田利循环经济科技产业园区、黑龙江东部再生资源回收利用产业园区和永兴循环经济工业园。

目前，第一批“城市矿产”基地建设已经初见成效，在中国“城市矿产”及循环经济领域发挥着重要示范带动作用。

天津子牙循环经济产业区。天津子牙循环经济产业区是目前中国北方最大的循环经济园区，是中日循环型城市合作项目。被国家发改委、财政部、工信部、环保部和教育部先后批准为“国家循环经济教育示范基地”“国家城市矿产示范基地”“国家循环经济教育示范基地”“国家级废旧电子信息产品回收拆解处理示范基地”“国家新型工业化产业示范基地”“国家进口废物‘圈区管理’园区”“中国国际青少年交流中心（天津）”。园区重点发展废旧机电产品、废弃电器电子产品、报废汽车、橡塑加工、精深加工、制造和节能环保新能源产业六大产业。形成了“静脉串联”、“动脉衔接”、产业间“动态循环”的循环经济发展“子牙模式”。截至2011年底，共入住企业166家，其中内资企业123家，外资企业43家。从事废旧机电产品回收加工企业131家，投资额达到12.8亿元，分别占园区的78.9%和52%；精深加工与再制造企业16家，投资额6.7亿元，分别占园区的9.6%和28%；橡塑加工企业4家，投资额为0.5亿元，分别占园区的2.4%和2%；废弃电器电子产品加工企业2家，投资额2.3亿元，分别占园区的1.29%和9%；节能环保新能源企业3家，投资额1.4亿元，分别占园区的4.5%和6%；报废汽车企业1家，投资额0.5亿元，分别占园区的0.6%和2%。

安徽界首田营循环经济工业区。该园区位于界首城区东南12公里的田营镇陶庄湖低洼地，工业区总体规划面积10平方公里，一期规划5.2平方公里，已建成面积3平方公里。2006年被安徽省发改委批准为全省首批循环经济试点园区，2007年11月被国家发改委批准为全国第二批循环经济试点园区。工业区以再生铅为主导产业，园区已达年消耗废旧电瓶33万吨和年产再生铅18万吨的水平，2006年产量占全国再生铅产量39万吨的近一半，是全国最大的废旧电瓶回收和加工集散地。现有再生铅冶炼企业2家，其中安徽华鑫铅业集团有限公司下辖16个子公司。2006年签订再生铅深加工项目协议10个，投资额达11.4亿元。其中，海能、超霸电源公司总投资额达1.3亿元，一期投资6000万元，新能电源公司总投资8000万元，一期投资4000万元，已建成试产。

广东清远华清循环经济园。其位于广东省清远市清城区石角镇了哥岩水库东侧，规划4030亩。一期工程占地750亩，投资总额为5.2亿元人民币，于2006年6月竣工并投入运营，接纳了一百多家废电线电缆和废五金拆解散户入园从事拆解作业，从业人员4000多人，园区拆解加工废铜、废钢铁、废铝、废塑料能力为每年60万吨左右。二期规划900亩，建设铜材厂、铝材厂、非电器处理中心、固体废物处理中心、废钢铁分拣加工中心、废塑料研发中心、海关通关验货场和200个拆解产房等。至2012年底全部建成投产，实现年循环利用各类“城市矿产”资源80万吨。其中：废铜30万吨、废钢铁25万吨、废铝15万吨、废塑料及其他10万吨。三期规划2308亩，建设500个拆解产房，以及废钢铁分拣加工中心、废纸分拣加工中心、废旧灯管处理中心、废电池回收处理中心、有色金属商品交易中心和科技研发中心等。2015年底可以全部投产，实现年循环利用各类"城市矿产"资源120万吨，其中：废铜40万吨、废钢铁40万吨、废铝20万吨、废铝20万吨、废塑料及其他20万吨。

四川西南再生资源产业园区。园区是西部第一家"城市矿产"示范基地，也是四川省重大产业项目、四川省家电以旧换新试点期间定点拆解企业、内江市再生资源回收体系建设实施单位。四川西南再生资源产业园区由中国再生资源开发有限开发公司负责建设、管理和运营，园区总体规划用地5000亩，总投资34亿元，分三期（2010年—2015年）建设一个集回收分拣、集散交易、示范加工、物流配送、污染治理、管理培训、科技研发、公共服务等诸多功能于一体的再生资源循环利用的聚集型、生态型、服务型、科技型产业"城市矿产"示范基地。到2015年，园区将实现年聚集各种"城市矿产"资源185万吨，其中废塑料120万吨、废钢铁40万吨、废有色金属5万吨、废纸及其他20万吨，拆解废家电200万套，拆解报废汽车5万辆。

宁波金田产业园。其占地2000多亩，铜材加工量连续10年位居国内同行业第一名。园区计划通过5年的努力，实现年利用各类废杂铜60万吨，废渣中有色金属回收率达到99%，水资源循环利用率达到100%，废弃物处置率达到100%的目标。在废杂铜利用、废杂铜全氧燃烧熔炼等领域取得技术突破。近几年，5万吨高精度铜板带、4万吨高效换热器铜管、3万吨精密合金线、10万吨耐高温漆包线等项目陆续投产，产品结构得到显著优化。园区企业高精尖产品的占比由2007年的20%提高到2009年的50%，2010年达到60%。

青岛新天地静脉产业园。该产业园位于姜山镇，居山东半岛东部经济发达的青岛、烟台、威海、潍坊四个开放城市的几何中心。园区建设的主要项目包括：根据国务院《全国危险废物和医疗废物处置设施建设规划》建设的青岛危险废物处置中心项目和青岛市医疗废物处置中心项目、国家发改委试点的废旧家电及电子产品回收处理项目、依照《报废汽车管理办法》并经过国家商务部认证的拆解报废汽车拆解项目、废旧轮胎资源化项目和一般工业固体废物处置项目。园区拥有山东省危险废物经营许可证、国家商务部备案的报废汽车回收资源、青岛市医疗废物经营许可证、环境污染治理设施工业固体废物甲级资质、环境污染治理设施工业废水甲级资质、环境污染防治工程（废水、废气）设计乙级和中华人民共和国道路运输（危险货物）经营许可证。园区自建立以来，坚持可持续发展和循环经济理念，建成3000平方米的危险废物储存仓库2栋；日焚烧能力24吨的医疗废物焚烧设备1套；日焚烧能力50吨的危险废物焚烧1套；10吨容量的一般工业填埋场1座；13.6万立方米危险废物安全填埋场1座；年处理能力30000吨的物理化学处理车间1座；日处理能力100吨的危险废物稳定化、固化车间1座；日处理160吨的污水处理设施两套和日运输能力100吨的物流中心1座；设计年处置能力2.5万辆的报废汽车拆解设备，设计年处理规模180万台（套）的废旧家电及电子产品拆解处置生产线、年处置能力10000吨废旧轮胎生产线及园区专用道路、给排水管网工程和生态防护林等基础配套设施。

第十四章　河北省玉田县"城市矿产"示范基地

2011 年 10 月，国家发改委、财政部对第二批"城市矿产"示范基地进行了批复，河北省唐山市再生资源循环利用科技产业园成为国家级"城市矿产"示范基地，园区建设进入了新的发展阶段。河北省唐山市再生资源循环利用科技产业园位于河北省唐山市玉田县，坐落于河北省首批省级工业集聚区——玉田工业聚集区的核心区域，是玉田县"十二五"期间经济发展的重点区域。

第一节　玉田县"城市矿产"示范基地发展基础与条件

一　玉田县的基本情况

玉田县位于河北省东部，唐山市辖区西端，东经 117°31′—117°56′，北纬 39°31′—39°40′，地处环渤海湾地区，北枕燕山余脉，南临渤海之滨，蓟运河、还乡河等六条河流纵穿南北，京秦铁路、大秦铁路、京哈铁路（102 国道）、京哈高速公路贯穿全境。中心城区西距北京 117 公里，南距天津 140 公里，东南距唐山市中心区 55 公里，地处京津唐三角地带，地理位置优越、交通便利，全县公路通车总里程 1399 公里，公路网密度达到 131 公里/百平方公里。

玉田县下辖 20 个乡镇，420 个联建村、一个街道办事处、19 个居委会，2010 年末全县总人口 67.5 万人。全县总面积 1165 平方公里，其中平原 1034 平方公里，山地 131 平方公里。玉田县水资源丰富，水质较好，境内的地表水主要由过境河流和境内河流形成，全县有骨干河流 6 条，重点排水干渠 44 条。玉田县矿产资源主要分布在北部山区，全部为非金属矿产，主要矿种有白云岩、水泥灰岩、海泡石黏土、陶瓷土、硅藻土、煤矿、矿泉水和地热等。

“十一五”期间，玉田县围绕“建设经济强县，构建和谐玉田”的发展目标，解放思想，奋勇开拓，抢抓机遇，加快发展，国民经济和社会发展取得了明显成效。2010 年，全县实现地区生产总值 246.1 亿元，年均增长 13.9%，是 2005 年的 1.96 倍；国有及国有控股工业企业和年销售收入 500 万元及其以上的非国有工业企业实现工业总产值 226.9 亿元，工业增加值完成 60.8 亿元；城镇居民人均可支配收入 16376 元，同比增长 19.9%，城镇居民人均消费性支出 11284 元，同比增长 15.3%；农村居民人均纯收入 5351 元，同比增长 9.0%。

该县三次产业构成由“十五”末的 23.8∶43.2∶33 调整为“十一五”末的 17.9∶49.4∶32.7，工业经济快速发展，2010 年全部工业完成增加值 115.8 亿元，增长 16.3%，其中规模以上工业企业完成增加值 60.8 亿元，增长 17.6%。在积极推进橡胶、造纸、塑料、水泥、玛钢等传统产业改造升级的同时，初步形成以装备制造、钢铁深加工、电子信息三大产业为主导，生物制药、新能源、新产业材料加快发展的格局。

二　玉田县“城市矿产”基地建设的条件分析

玉田县资源再生利用产业发展历史悠久，交通便利，区域优势明显，“城市矿产”基地建设具有良好的内外部条件。

以重化工工业为主导的唐山市为“城市矿产”基地提供了较强的资源供给保障。唐山市是中国屈指可数的几个以资源型重化工工业为基础的大型城市之一。2011 年，全市共有规模以上工业企业 1296 家，实现增加值 2835.7 亿元，占河北全省 27%。钢铁、化工、能源、建材和装备制造五大主导产业规模以上企业完成工业增加值 2083 亿元，占唐山市全市规模以上工业的 73.5%。其钢铁生产能力超过 1 亿吨，占全国钢铁产能的 12% 左右。作为典型的重化工业城市，唐山市每年都会由于机器设备的折旧、淘汰而产生大量的废旧电机电器、废旧汽车、废旧农用车、废旧机械，具备较强的废旧资源供给条件。同时，发达的重化工工业对各种再生资源的需求量大，为“城市矿产”开发提供了重要的市场。

“城市矿产”基地建设和运营单位具有良好的产业积淀。基地的主要投资方中国再生资源开发有限公司（简称“中再生公司”）是中华全国供销合作社控股企业，1989 年经国务院批准在国家工商总局登记注册，2006 年 11 月转制，总资产约 20 亿元。中再生公司是中国目前规模最大的再生资源龙头企业，集经营、加工、生产、科研、管理为一体，享有进出口特许经营权，已在北京、天津、重庆、山东、广东、河南、江苏等地投资建设再生资源综合集散市场和示范项目，回收网络遍布全国 17 个省（市、区），经营总面积达 250 万平方米。中再生公司力争在五年时间内全面建成覆盖全国的再生资源回收体系，实现再生资源、资本、现代科技等要素的高效利用，做好“网络—资源—环保”文章。到整个体系建成后，形成年回收各类再生资源 500 万吨的能力，其中非金属 300 万吨。基地的另一主要投资方唐山市供销社直属的唐山市再生资源有限公司（简称“唐山再生公司”）专业从事废旧金属回收、销售，钢材、五金、化工产品、建筑材料、生铁、铁精粉批发和零售。公司具有再生资源回收、储存、加工等各类专业技术人员近百人，拥有全唐山市最健全的再生资源回收网络和交易平台，目前下辖 11 个分公司和 1 个再生资源市场（唐山市西外环再生资源市场）。唐山市西外环再生资源市场建成于 2001 年 6 月，是目前唐山地区规模最大的综合性再生资源交易市场，占地面积 33000 平方米，设 150 平方米—300 平方米摊位百余个。交易范围辐射山东、东北、天津等十多个省、市、自治区，交易品种涵盖废金属、废旧机床、废旧变压器、废旧电机、各种废旧机械设备、废旧家电等。唐山市已经被批准为国家再生资源回收体系建设示范城市，得到商务部的重点支持。唐山市再生资源有限公司负责全市再生资源回收体系建设，为基地建设提供了有利的资源回收条件（见表 14 - 1）。

表 14 - 1　**中再生公司在华北地区 2008 年—2010 年的回收经营情况**

2008 年经营情况				
品种	数量（吨）	销售金额（元）	上缴地方税（元）	上缴增值税（元）
废钢	675722.88	2266936734.37		
废纸	32978.73	48432916.48		
废塑料	12892.55	91783154.70		
废家电（台）				
合计	721594.16	2407152805.55	—	—

续表

2009 年经营情况				
品种	数量（吨）	销售金额（元）	上缴地方税（元）	上缴增值税（元）
废钢	351009.78	797240133.50	11583831.00	115838310.00
废纸	73273.34	85996054.05	1249515.32	12495153.15
废塑料	12593.73	67452053.89	980072.58	9800725.78
废家电（台）	19854.00	532771.00	7741.12	77411.17
合计	436876.85	951221012.44	13821160.01	138211600.10
2010 年经营情况				
品种	数量（吨）	销售金额（元）	上缴地方税（元）	上缴增值税（元）
废钢	653651.79	1540323830.52	22380773.61	223807763.06
废纸	316161.27	421045738.81	6117758.60	61177585.98
废塑料	5788.89	35659969.36	518136.31	5181363.07
废家电（台）	78746.00	1383298.10	20099.20	200992.03
合计	975601.96	1998412836.79	29036767.71	290367677.14

三 玉田县“城市矿产”基地建设的产业基础

玉田县回收利用废旧资源的历史已有 30 多年，在废旧轮胎、废旧钢铁、废旧塑料、废纸等回收领域都形成了庞大的网络和再生利用能力。2010 年，玉田县从全国各地回收废弃物资源总量就达到约 230 万吨。

废旧轮胎再生利用。玉田县的废旧轮胎（橡胶）利用已经形成了完整的产业链条，可以利用废旧轮胎和废旧橡胶加工制胶斗、鞋底、胶粉、再生胶、胶靴、胶辊、内胎、胶管、拔丝、尼龙颗粒、铸钢件等多种产品。2010 年再生利用与交易废旧轮胎和废橡胶约 40 万吨，年实现产值 10.3 亿元，利税 3.7 亿元，从事废旧轮胎再生利用规模以上企业 95 家。目前，玉田县已成为中国北方最大的废旧轮胎（橡胶）收购市场和综合利用生产基地，废旧轮胎的收储量占全国的 10% 左右。

废旧钢铁再生利用。2010 年，玉田县废旧钢铁利用完成产值 51.7 亿元，占全县规模企业总产值的 30%，再生利用主要产品包括金刚石锯片、制钉、玛钢管件等，每年废钢利用与交易量高达约 100 万吨。

废旧塑料再生利用。废旧塑料再生利用主要是利用废旧塑料生产农膜、塑料管材、PVC 管材、塑料编织袋、塑料容器等。目前，玉田县再生利用与交易废旧塑料量约为 20 万吨。2010 年塑料产业创产值 13.2 亿元，利税 6000 多万元，规模以上企业 35 家。

废纸再生利用。玉田县利用废纸生产箱板纸、包装纸、遮光纸等的企业主要分布在散水头、杨家套两个乡镇，自发形成散水头造纸小区，每年再生利用和交易废纸量达 60 万吨。2010 年规模以上企业 30 家，再生箱板纸产量 45 万吨，产值 13.2 亿元，利税 2530 万元。目前正在建设一座以废纸为原料、年产能达 80 万吨的再生纸造纸厂。

2010 年. 河北省唐山市再生资源循环利用科技产业园回收废旧轮胎（橡胶）30 万吨，废旧塑料 10 万吨、废钢铁 20 万吨、废纸 10 万吨。主要来源于北京市、天津市、唐山市、承德市、张家口市、秦皇岛市、廊坊市等周边城市和东北三省，部分回收资源来自新疆等地。2010 年，产业园区实现工业总产值 20 亿元，利润 5000 万元，税收 1 亿元。

2010 年园区主要企业主要产品及资源再利用情况和主要企业应用的主要工艺技术设备情况如表 14－2、表 14－3 所示。

表 14－2　　**2010 年园区主要企业主要产品以及资源再利用情况**

企业名称	主要产品	生产能力（吨）	实际产量（吨）	实际利用再生资源量（吨）
唐山兴宇橡塑	硫化胶粉	20000	19800	28570
	天然再生橡胶	20000	18900	19500
	丁基再生橡胶	20000	19300	20800
	天然胶内胎	18000	17900	19000
	丁基胶内胎	24000	23890	25500
河北亚塑	燃气管材	3000	2890	830
	给排水管	7000	4050	1200
前进塑料制品	塑料编织袋	50000	30000	27000
唐山奥盛通科技	HDPE 钢带螺纹增强波纹管	15000	5000	5000

表 14－3　　2010 年主要企业应用的主要工艺技术设备情况

企业名称	主要工艺	主要设备	数量
唐山兴宇橡塑	硫化胶粉常温粉碎	高强度破碎机等	26 台（套）
	天然再生橡胶动态脱硫	动态脱硫罐、捏炼机、精炼机等	38 台（套）
	丁基再生橡胶密炼脱硫	密炼机、捏炼机、精炼机等	46 台（套）
	天然胶内胎高温硫化	炼胶机、挤出机、接口机、硫化机等	186 台（套）
	丁基胶内胎高温硫化	炼胶机、挤出机、接口机、硫化机等	256 台（套）
河北亚塑	燃气管材挤出成型	塑料挤出生产线	8 条
	给排水管挤出成型	塑料挤出生产线	6 条
前进塑料制品	塑料编织袋	四梭和八梭圆织机等	100 台（套）
唐山奥盛通科技	管材热衬塑	波纹管材热衬塑机	8 台（套）

第二节　玉田县“城市矿产”基地建设的整体思路及发展重点

尽管取得了一定成绩，但玉田县“城市矿产”整体水平仍有待提高。玉田县“城市矿产”相关产业企业规模普遍较小，规模化程度仍然较低，布局相对分散。目前全县共有橡胶生产企业 350 家，废钢铁加工再生利用企业 380 余家，废旧塑料加工再生利用企业 1500 家，废纸利用企业 56 家。多数企业技术水平较低，产品深加工度不高，技术创新能力不足，同时部分企业缺乏环境保护设施建设能力，存在二次污染的现象。作为未来发展的重点区域，“城市矿产”基地肩负着提升玉田县乃至唐山市再生资源行业整体水平的职责。

一　“城市矿产”基地建设总体思路

根据玉田县再生资源行业和循环经济发展的具体情况，“城市矿产”基地建设的总体思路为：依托园区实现产业集聚，形成在基础设施、环保处理、物流运输、再生产品加工制造、先进技术运用与扩散等方面的成本优势与规模效益；通过技术进步与技术创新不断延伸产业价值链，带动本地区产业结构全面升级，推动地方经济规模化内涵式扩张，拉动玉田县经济高质量可持续增长；通过与以废旧钢铁为主体的世界性废旧资源交易信息服务平台的联系，建设形成具有全国影响力的再生资源交易与综合利用中心；明确政府部门在防止二次污染和环境保护方面的主导作用，充分发挥市场机制，通过创新商业模式和激励机制，协调各方利益，实现地区经济增长、环境保护、园区建设多方面经济效益共赢的局面。

围绕上述思路，“十二五”期间，玉田县“城市矿产”基地重点开展以下几方面的工作：

加强回收体系网络化建设。进一步完善已有回收网点建设，培育废旧回收龙头企业。玉田县已经向商务部、财政部申报了物资回收试点城市；中再生公司进一步完善已经建立的覆盖全国的资源回收网络体系，合理调配回收的资源，加大力量建设华北地区再生资源回收网络，以加强对基地的支持力度，确保产业园区具有充足的废旧资源供给；以唐山市供销社为主体，2010 年—2013 年，唐山市物资回收系统在河北省内建设了规模较大的固定回收网点 300 个，流动回收网点 800 个，分拣中心 3 个，交易中心 1 个，构建起了覆盖河北省全境、辐射京津和整个北方地区的回收网络；与全市各大工业企业建立固定废钢铁回收合作关系，与全市范围内机械加工企业、修理企业建立热线，全面回收加工修理业的废钢铁，做到废钢铁全部回收；充分利用唐山市曹妃甸和京津港等周边港口优势，积极创造条件建立国际物资回流体系。

构建完善合理的产业链体系。在现有产业链基础上，通过引入有实力的再生资源利用企业，发展产学研创新联盟建设等渠道，促进产业园区内产业链延伸，提高资源加工利用水平，坚持走高技术含量、高附加值的深加工发展路线。全面提升产品档次和科技含量。废旧塑料再生利用的造粒、切片工艺向深加工产品延伸，生产包装箱柜托盘、公共场所座椅、木塑平板玻璃包装箱、燃气专用管材、HDPE 钢带增强螺旋波纹排水管材等产品，使园区再生利用产品向高值化、高技术含量发展。产业园区将分阶段逐步建设包括废旧轮胎、废旧家电、废塑料、废纸、废钢铁、废有色金属、报废汽车在内的多条高技术水平的再生资源回收加工生产线；针对回收、分拣、拆解、加工、资源化利用和无害化处理等不同环节，配套建设和完善污水处理厂和中水回用体系、固体废物处理中心，并与园区外部的建筑材料生产企业等合作，组成园区内外相互协同配套的完整产业链体系。

全面实现再生资源规模化利用。通过自建和吸收部分拆解企业、大型利废企业及终端制造企业入园等方式，形成回收分拣、集散交易、初级加工、产品深加工利用的完整产业链条，真正实现“产业集聚、企业入园、技术创新、规模生产、设施共享、产业成链、园区内外、集成循环”，发挥园内企业集群效应，实现“城市矿产”资源集聚、高效、规模化利用。

进一步优化和提升技术装备。严格技术准入标准，所有项目的关键技术和设备将尽可能采用国内外最先进的技术装备。充分依托产业园区自身与科研机构共同组成的科研开发平台，结合项目生产的具体情况对相关的设备进行创新改造，有针对性地研究开发新设备、新工艺，不断提高园区企业的技术装备水平。结合玉田县劳动力资源相对充裕的特征，对再生资源回收、分拣、加工等环节的工艺流程进行改进，使技术进步与增加就业有机协调，在提高产业园区技术装备水平的同时，做到尽可能降低处理成本，实现资源利用效益最大化。

建设高水平共享化基础设施。在基地内建立再生资源交易集散市场和物流中心，搭建资源交易和物流服务的平台。再生资源交易集散服务市场通过建立切实有效的行业机制，将分散的经营户整合起来，通过新技术新工艺的推广，统一技术、统一标准、统一配送和规范经营，促进再生资源回收、加工、利用的规模经营和一体化进程，为经营户、产废企业、利废企业提供共享平台，提高社会综合效益；物流中心为入驻市场的经营户、产废企业及利废企业提供完善的第三方物流服务，从而集聚物流服务资源和物流客户资源，建立综合性的物流交易网络，成为供应方与需求方的共享平台。统一规划建设办公区、培训中心、研发中心、信息服务中心、污水处理厂、固体废物处理中心、安保服务中心和消防保障设施，为园区的统一规范管理、技术和信息共享提供支持，并为污染物集中治理创造基础条件。

实现环保处理集中化。针对园区内废旧家电、废旧塑料、废旧轮胎、废旧钢铁、废旧汽车等回收加工的工艺流程，对所有能够产生污染物的生产环节采取相应的环保措施。按照环保法规和环保标准，建立科技产业园污水收集处理系统、固体废物收集处理系统、废气收集处理系统，严禁产生二次污染。

全面规范运营管理。按照现代企业管路制度，对园内的生产经营活动实施全程引导和管理。引入“经营资质认证制度”，规范园区内企业及利益主体的生产经营行为；建立安全、消防、环保、生产、生活等方面的管理及服务制度，并设置专门机构负责具体落实。实现科技产业园内环境保护一体化、物流配送一体化、公用设施一体化、信息发布一体化、管理服务一体化。

二 "城市矿产"基地产业体系构建

产业体系构建是"城市矿产"基地建设的核心，玉田县"城市矿产"基地在整合和提升区域再生资源行业中发挥了重要作用。根据区域资源和产业特征，在"十二五"期间，玉田县"城市矿产"基地以废旧橡胶、废旧塑料、废钢铁、废旧家电和废旧汽车回收加工再利用为主导产业。

（一）废旧橡胶产业链的构建

为了提高玉田县废旧橡胶（轮胎）产业的集中度，实现废旧橡胶资源的环保、清洁、循环、综合利用，延伸废旧橡胶产业价值链，应以园区建设为契机，对全县废旧橡胶产业进行全面整合。一是严格环保标准，对环保不达标企业实施关停并转；二是利用园区各种优势和便利条件，通过利益激励，吸引企业入园集聚，构建产业联盟；三是鼓励企业兼并重组，扩大单个企业规模，在此基础上培育若干龙头企业；四是加大废旧橡胶（轮胎）综合利用领域的技术引进、技术推广和自主研发力度，延伸橡胶产业价值链，提高产业技术含量和附加值。

园区废旧橡胶（轮胎）产业逐渐改变以再生胶为主的低端加工技术路线，重点发展再生橡胶粉深加工（静音地板、橡胶跑道、改性沥青）、轮胎翻新等高附加值加工工艺，并逐步向环保型热裂解方向发展。

（二）废旧塑料产业链的构建

提高产业集中度，通过集聚入园，逐步整合区域内现有废旧塑料回收资源，彻底改变分散处理造成的环境问题；迅速提高产业规模，依托国家级"城市矿产"基地的辐射效应和品牌效益，在全县现有每年40万吨废旧塑料回收的基础上，到2015年年底力争实现园区废旧塑料综合回收利用200万吨，占同期全国废旧塑料回收利用量的8%左右，打造中国北方的"塑料矿山"；积极发展深化加工，延伸产业链，提高产品附加值，力争回收的废旧塑料的40%（约80万吨再生塑料）实现深加工。

（三）报废汽车拆解产业链的构建

坚决贯彻国家对废旧汽车拆解、废旧汽车零部件再制造的强制性规定和特许行业管理，以此为废旧汽车拆解标准，营造基本政策前提和强制性政策保障。对原有废旧汽车拆解业存在的有益作用及其经验、渠道和资源，采取因地制宜、因势利导、疏堵结合的办法进行整合。充分发挥唐山中再生公司主要股东——中再生公司、唐山市供销合作社多年来从事合作经营的经验优势，用“多赢”的合作思维引导现有废旧汽车拆解企业及其人员走上规范化、现代化的发展道路。坚持废旧汽车拆解与废旧汽车零件再利用、再制造结合的思路，构建废旧汽车“回收—拆解—再制造”的完整产业链条，并注重园区废旧汽车拆解与园区废旧塑料再生、园区废旧金属回用相结合的循环经济耦合。根据资源综合利用、环保和节能的要求，采用高技术水平的处理手段，配备先进的拆车装备，使废旧资源能够被充分、有效地利用，从而提高废旧汽车拆解的经济效益。以国家级“城市矿产”基地建设为契机，在废旧汽车回收相关政策框架的指导下，积极探索废旧汽车回收评估机制，以更为合理的价格吸引废旧汽车车主，从源头上减少废旧汽车流向地下市场，提高废旧汽车入园数量。

（四）废旧家电（电子产品）回收再利用产业

重点向省内、北京、山西区域开拓资源，同时借助园区国家级“城市矿产”基地的起点优势，在园区开展废旧家电进口业务。建立专业的回收评估机制，与唐山周边的河北省其他区域的和邻近的山西、北京等区域的废旧家电企业和商户建立长期合作关系，最大限度地使废旧家电流入园区合法渠道。

采用国内独家的新型电路板非金属废旧回收技术，通过超临界二氧化碳的萃取技术，将其中的阻燃剂和树脂进行进一步分离纯化，生产纯度较高、经济价值较大的阻燃剂和树脂。通过园区内外产业链的深度耦合，提升园区废旧资源回收的整体竞争力和抗风险能力，从而进一步提升废旧家电回收的综合效益。在近期，以常规拆解分离回收项目为重点，逐步向贵重金属深化回收和废旧电路板深化加工方向发展。

（五）废钢回收再利用产业

加快废钢回收和加工及下游综合利用产业发展，构建比较完整的产业链体系。通过组织所有渠道的废钢资源入园，经过规范、环保的加工、分类、检测、计量、配送，能有效降低这些钢厂的分类、加工、检测以及危险物风险成本，使得顾客实际享受到的整体价值显著提升。高效整合中小回收企业，加快信息集散平台建设，结合园区周边产业实际，建立包括定点企业、园区回收网络、社会回收网络的回收体系。

引入高效、自动化生产线和设备，提升加工效率和加工质量，在做大规模的同时，降低单位加工成本，使得服务提供方和园区企业都有利可图、共赢发展。发展基于废钢资源的钢铁深加工技术，引导新技术、新项目入园，形成完整的产业链。

通过上述努力，“十二五”末和“十三五”初期，玉田县“城市矿产”基地将实现每年聚集的各类再生资源量达到700万吨，其中废钢400万吨、废旧塑料200万吨、废旧橡胶80万吨、其他废旧资源20万吨。以废旧钢铁为主导的全国性的废旧资源交易信息平台的交易量达到3000万吨，交易价值超过900亿元。

第十五章　湖南省汨罗市“城市矿产”示范基地

汨罗市地处湖南省东北部，毗邻长沙市、岳阳市，全市总面积 1562 平方公里，2010 年末全市总人口 75.05 万，其中非农业人口 17.29 万。汨罗市自从2005 年10 月被正式确定为全国首批循环经济试点，以及2010 年 6 月列入国家首批“城市矿产”七个示范基地建设项目以来，该市各级政府一直在力图打造出技术先进、环保达标、管理规范、利用规模化、辐射作用强的“一座永不枯竭的城市矿山”。经过多年的艰辛努力，已建立起“以政府为主导、以企业为主体，市场化运作”的工业园区，初步探索出一条将废弃资源再生利用规模化发展的道路，其中的管理模式和政策机制等方面的实践对中国转变经济发展方式、开发“城市矿产”、发展再生资源产业具有重要的借鉴和指导作用。

第一节　汨罗市“城市矿产”国家级示范基地发展历程

汨罗市“城市矿产”示范基地的建立与发展有着自己独特的历史传统、优越的地理位置和便利的交通基础设施条件。然而，从传统分散式的废旧物品收集到现代集约式的再生资源回收体系，再到废旧物品的综合加工利用，将可再生资源产业做大做强，成为全国的示范基地，这个发展历程离不开地方政府在国家大政方针下务实的因势利导与多方的共同努力。

一　汨罗市“城市矿产”示范基地的发展基础

（一）久远民间传统的自发机制

早在明末清初，汨罗人就开始收购废品，是远近闻名的“破烂王之乡”。把废旧物资回收做得风生水起的汨罗人一贯认为“垃圾是放错地方的有用物资”。民谣“一根扁担，两只箩筐，串乡走户，收旧拾荒”是当年汨罗的“破烂王”谋生的真实记录。

汨罗市循环经济是从新市镇一带逐渐形成了再生资源集散中心的1992年起步。20世纪90年代末，废旧物品收购队伍已达4000人，形成了自成体系的收购网络。同时，少数人开始做起了废旧物品的简单加工。2000年，在新市镇集散中心的基础上，市委、市政府建起占地5万平方米、全国小有名气的“中南再生资源交易市场”，吸引了各地企业前来交易，回收队伍迅速扩展。近年来，伴随经济发展，废旧物品增多，大量汨罗务工农民进入回收行业。而且人们逐渐意识到，简单的废品回收、分类外销只能解决养家糊口的问题。要增加收入，必须走废品深加工的道路。可以说，民间的传统生存方式是汨罗市再生资源产业增长、发展的自发机制。

（二）区位优势和便利的交通

湖南省位于中国中部地区，易于形成放射性的物资集散中心。汨罗市处于“长、株、潭城市群”和“武汉城市群”两大国家级“两型社会”实验区之间，南接珠三角、东承长三角产业转移，具有物流便捷、再生资源物资量大、收集成本较低的优势。

京广铁路、武广高铁、京珠高速、国道107线、省道308线等公路和汨罗江水路为汨罗市提供了便利的交通，构建了汨罗市再生资源回收体系的主要运输通道和网络。

（三）地方政府因势利导

国家政策及各级地方政府大力支持，培育了汨罗市“城市矿产”示范基地。

汨罗市是湖南省14个优先发展的中等城市，财税、国税和产业投资等政策十分优惠，而且劳动力等生产要素较为充裕，具有发展新型工业的潜在优势条件。

充分利用汨罗市已有的各种客观优势，深入挖掘自身潜力。自21世纪以来，汨罗市政府敏锐地把握国家发展战略，紧紧抓住国家循环经济试点的机遇，秉承民间收旧利废的优良传统，因势利导，明确发展理念与目标——建设以再生资源为主导的产业集群，带动汨罗市社会经济发展。

在各级政府与有关部门的支持下，各方面的利益追求促使汨罗市可再生资源回收体系的作用越来越大，汨罗市“城市矿产”基地一直在持续地推进过程中。经过多年的发展，汨罗市已逐渐形成了以工业园区为平台、产业链延长的再生资源产业，“城市矿产”基地显现出良好的发展态势。

二 汨罗市“城市矿产”示范基地的发展轨迹

汨罗市再生资源行业历史悠久、底蕴深厚，从清朝初年开始算起，汨罗市再生资源行业已历经两百多年的发展，中间不乏起伏和波折。改革开放以来，面对新的历史条件和机遇，汨罗市再生资源行业焕发出新的活力，逐步成为汨罗市经济转型升级的重要载体和新的城市品牌。概括而言，汨罗市再生资源行业和“城市矿产”示范基地发展主要经历了四个发展阶段。

（一）萌芽期（清朝初年至 1980 年）

汨罗市废旧资源的回收利用可以追溯到明末清初，废旧资源回收利用的悠久的历史记录了汨罗人民生活的艰辛，同时也使汨罗市再生资源行业发展形成了良好的传统。新中国成立初期，新市街（现新市镇）已形成了由郑氏家族郑华春、郑术桃、郑培成经营的三家“荒货瓷器店”，每家店都形成了较为完备的回收运输的网络。据记载，每家店平均有 100—150 名所谓的送货人，也就是收购网络的最末梢，即走街串户的废品收购者；收购的货物经过清洗分类、打包后由水路运往长沙、益阳、湘潭、武汉等地，再从醴陵运往新市。1949 年以后，随着“公私合营”和合作化运动，废品商店逐步被供销社废品收购站所取代。尽管受到较大冲击，出现了明显的波折，但即使在“文化大革命”期间，汨罗市的废品收购相关业务也未完全停止。

（二）成长期（1981 年—2000 年）

改革开放使汨罗市再生资源回收行业进入了一个新的发展阶段。1983 年，新市乡（现新市镇）政府将新市造纸厂内的空仓库租给郑术桃，创办新市废品收购站，他在该地区第一个领取废品收购的个体执照，并被评为当年的省级劳模。在省委书记毛致用、省长刘正等领导的鼓励下，在郑术桃的带动下，汨罗市新市、古培、城郊一带形成了一批走南闯北的废品收购从业者，与安徽的“保姆”、攸县的“的哥”、监利的“擦鞋嫂”一样，汨罗的“荒货佬”、“破烂王”在全国各地小有名气，形成了一个覆盖（除西藏、台湾地区之外）全国所有省市且自成体系的收购网络，为汨罗市再生资源行业的发展奠定了坚实的基础。到 20 世纪 90 年代末期和 21 世纪初，汨罗市废旧资源回收队伍已达到 4000 人，新市镇团山村以

S308 公路为轴心的废旧物品交易市场在全国已经小有名气。此外，部分收购人员已开始尝试对废旧资源进行简单再加工。

（三）飞跃期（2001 年—2007 年）

进入 21 世纪，随着循环经济理念在中国的引入和深化，汨罗市有关部门对废旧资源回收再利用进行深入研究，逐步确立了将再生资源回收再利用行业作为新的经济增长点并加以重点培养的总体思路，汨罗市再生资源回收行业进入了一个由政府引导、精心扶持的阶段，行业获得了快速发展。在前期建设的基础上，2001 年通过与邵阳客商合资等方式，相继投入 5000 多万元，在团山建成面积 5 万平方米的中南再生资源交易中心市场，与广东吴川、河北保定并称为全国三大再生资源市场，行业发展的硬件设施得到了大幅提升。2001 年 3 月，汨罗市政府成立以财政局牵头，国税、地税、公安等职能部门共同参与的“再生资源行业财务服务所”，为企业提供会计等相关财务服务，规范行业纳税行为和财务管理，协助企业获得相关政策的支持，协调行业的发展，对再生资源行业发展起到了积极促进作用。2003 年，建立了汨罗江生态工业园区，再生资源行业逐步向规模化发展。从 2004 年开始，在再生资源行业财务服务所的基础上，再生资源行业内部陆续成立行业信用协会、才智会计咨询服务公司、恒源资产管理有限公司和中小企业担保有限公司，即后来所谓的“一会三公司”，行业发展的软环境得到进一步改善。2005 年 10 月，汨罗市的再生资源集散市场被国家发改委等六部委正式确定为国家首批循环经济试点，并被列入国家“十一五”规划重点建设项目。2006 年 3 月，“建设湖南汨罗等再生资源回收利用市场和加工示范基地”被列入国家“十一五”规划纲要；4 月，汨罗市作为湖南省唯一的试点城市，被纳入国家 24 个再生资源回收体系试点城市。2007 年 9 月，湖南省人民政府出台《关于支持汨罗循环经济试点有关政策措施的通知》，为汨罗市再生资源行业提供进一步的政策扶持。经过上述努力，汨罗市再生资源行业实现了质的飞跃，精深加工成为再生资源行业发展的新支柱。截至 2007 年，全市再生资源产业已聚集加工企业 140 家，规模以上企业 70 家，初步形成了再生铜、铝、不锈钢、塑料为主的四大回收加工板块。2007 年，全市再生铜、再生铝、不锈钢、塑料的加工量分别达到 7 万吨、10 万吨、3. 5 万吨和 37. 5 万吨，分别是 2007 年的 70 倍、33 倍、25 倍和 94 倍。再生资源行业带动了区域经济的发展，2007 年开始，汨罗市经济综合实力跻身全省经济强市县行列。

（四）升级期（2008 年至今）

2008 年，汨罗市被纳入长株潭“两型社会”试验区政策核心区，汨罗市循环经济工业园被定为“全国循环经济示范园区”、“全国主要再生资源产业基地”。2010 年 5 月国家发改委、财政部联合下发《关于开展城市矿产示范基地建设的通知》，决定用 5 年时间在全国建成 30 个左右技术先进、环保达标、管理规范、利用规模化、辐射作用强的“城市矿产”示范基地，探索形成适合中国国情的“城市矿产”资源化利用的管理模式和政策机制。2010 年 6 月，汨罗市循环经济工业园跻身国家首批 7 个“城市矿产”示范基地行列。再生资源二期市场是汨罗市推进循环经济试点和再生资源回收体系建设的国家级重点项目，被列入国家首批“城市矿产”七个示范基地建设项目之一；8 月，汨罗市工业园区示范基地建设方案通过审批，国家发改委为汨罗市总结以往经验，深入研究再生资源行业的现状和特点，将转型升级作为促进行业发展的重点。

根据汨罗市工业园区“国家循环经济——城市矿产示范基地”建设实施方案，园区面积将扩展到 18 平方公里，工业总产值将达到 300 亿元，分两期投资 69 亿元，重点开展回收网络、基础设施和产业链的升级完善，有望打造成中南地区最大、全国最有影响力的“城市矿产”示范基地。2011 年，当地先后投资 4 亿多元，延伸园区主干道 10 公里、支道 14 公里，铺设污水管网 12 公里，园区面积拓展到 10 平方公里；新引进项目 34 个，新增投资 16 亿元；园区就地加工废旧物资，加工率达到 51.42%，比 2000 年提高 7.9 个百分点。

健全市场体系，促进回收网络体系和交易体系升级。积极发展专业回收公司，目前全市已有回收公司 206 家，其中年产值过 20 亿元的回收公司有 8 家，过 10 亿元的回收公司有 5 家，经营户 3500 余家，收购网络 5000 多个，基本形成业务覆盖全国 30 多个省市、专业公司带动个体经营户的回收格局。近期，将进一步规范再生资源回收公司和经营户的经营行为，鼓励回收企业联合大城市、大工厂、大市场，建立稳固的服务关系和便捷的回收网络。加快建设再生资源交易市场、再生原料交易市场和再生产品交易市场。初步构建起再生资源信息化网络，及时发布市场供求信息、政策法规等。发展现代物流，提高资源流通的效率。在网络服务功能不断完善的过程中，逐步实现将现代电子商务与传统实物交易场地相结合，扩大回收范围，增强再生资源的集散能力，完善可再生资源回收体系。

鼓励科技创新，加强产学研合作，促进再生资源加工企业技术升级，推动行业发展方式转变。自2001年以来，地方政府累计投入“以奖代投”奖金3.5亿元，激励企业技术创新，扩大功能。2011年规模以上企业研发投入占销售收入的比重达到1.67%。截至目前，园区8家企业获得省级高新技术企业认定，8项发明获得国家专利和省科技进步奖。平桂制塑有限公司与中南大学建立产学研科技实验、实习、培训基地，共同承担了废旧塑料加工利用关键技术研究，共申报了六项专利，其中两项实用新型专利、四项发明专利；湖北银联有限公司与中南大学共同承担了废铜加工利用的关键技术研究，获得一项实用新型专利授权，建立起科学的废铜冶炼操作程序，克服了“低温扒渣”工艺铜耗大的难题；湘北铜业有限公司生产的无氧铜杆达到国内先进水平；中天科技龙舟铝业有限公司引进美国航天铝合金生产线，成为全国再生铝生产技术的领导者；恒锋新材料有限公司依托湖南省稀土废料研究院和中南大学，成立了稀土回收利用技术研发中心，拥有领先的从稀土废料中回收利用稀土氧化物的技术，每年可回收处理6000吨稀土废料，回收1500吨稀土氧化物，带动了各种稀土废料的回收和利用；自2006年起，在数十次研发基础上，鑫祥碳素制品有限公司累计投资2000万元，与湖南大学材料科学与工程学院联合成功开发企业拥有自主产权的“连续石墨化石油焦生产工艺和设备”，获多项国家和国际专利，被纳入国家发改委节能减排扶持项目，工信部批准为“2011年第一批行业标准制定单位”。此外，园区成立全省第一个县级博士后科研工作站和湖南废旧塑料循环利用工程技术研发中心、有色金属检测中心，为入驻企业提供技术研发、成果转化和技术咨询等服务。

引导诚信建设，加强管理，规范运作，促进融资平台的升级。2007年，出台《汨罗市关于加快建立守信激励和失信惩戒机制实施办法》（汨政办发〔2007〕8号），全面开展中小企业信用体系建设工作。具体内容包括：宣传教育，增强企业守信意识；扶持发展，提高企业守信能力；惩处失信，加大企业违约成本。同时，工业园区成立银行信贷资金监管领导小组和银行贷款安全监管领导小组，监督“一会三公司”运作，确保银行贷款在行业内的企业封闭高效运行。2010年，汨罗市成为湖南省“金融安全区”，工业园区成为湖南省七家“中小企业信用体系试验区试点单位”之一。目前，“一会三公司”已吸纳会员360个，累计为企业融资35批次，近10亿元，创造了“无逾期还贷、无拖欠利息”的奇迹，获得的国家银监会的高度肯定。由于运作成功，贷款信誉好，华融湘江银行、国开村镇银行相继落户汨罗市，工商、农业、建设、中国、浦发、兴业等多家银行也加大了向园区中小企业贷款的力度。

加强环保设施建设，为产业“两型化”发展创造良好的外部环境。目前，已建成日处理能力2.5万吨污水处理厂1座、污水收集主干网30公里，重金属污水处理中心完成投资1000万元，启动垃圾消纳场二库区建设。与此同时，坚决落实新上项目“环保第一审计批权”，严格执行环评和“三同时”制度，建立了比较完备的环保联合执法体系，大力淘汰落后产能。

《汨罗市国内经济和社会发展第十二个五年规划》进一步明确了打造全国“城市矿产”示范基地为该市“十二五”期间的核心工作，将按照“产业集群成规模、环境保护成体系、基础设施成配套、科技研发成网络”的思路，全面促进“城市矿产”基地的整体升级，建设最具影响的“城市矿产”示范基地。

第二节　“城市矿产”的汨罗发展模式

一　汨罗市“城市矿产”国家级示范基地发展成效

在循环经济理念的指导下，汨罗市紧紧围绕循环经济发展的新模式，充分发挥“城市矿产”基地的带动作用和协同效应，取得了显著的多元综合效益。

（一）经济效益

汨罗市以科学发展观为统领，在广泛的废旧物品回收体系依托下，以精深加工为主导，使再生资源产业成为汨罗市经济的龙头和支柱产业，促进社会经济持续稳步发展。2005年，再生资源行业实现税收0.997亿元，在全市税收总产值中，废弃资源和废旧材料回收行业比重达到54.87%，循环经济工业园区聚集了全市32%的规模以上工业企业，工业增加值占全市的62%，财政总收入占全市的63.43%，在全市经济中发挥着举足轻重的作用。“十一五”以来，在工业园区的支撑和再生资源行业带动下，汨罗市工业得到了快速发展。2010年，全市规模以上工业企业达到238家，是2005年的2.58倍，五年期间工业增加值增长5.6倍；2011年汨罗市循环经济工业园区实现规模工业产值120亿元，占全市规模工业产值的37%，实现税收5.8亿元，占全市财政总收入的40.6%。尽管对区域经济的直接效应有所减弱，但从总体上看，再生资源行业在汨罗市经济中依然发挥着核心增长极作用。

汨罗市政府始终把新型工业化作为富民强市的第一战略，将可再生能源产业链延伸。回收利用使得废旧资源的价值得到提升，企业效益逐渐提高。可再生资源产业带动了制造业、物流业、建筑业等相关产业的发展，全市三次产业结构不断优化，由 2005 年的 29.8∶44.4∶25.8 调整为 2011 年的 15∶60∶25。"十一五"期间市域经济综合实力稳居全省强县（市）行列，新型工业化水平进入全省三强，基本竞争力跃升至中部百强第 56 位。2011 年，全市完成地区生产总值 204 亿元，比上年增长 16.2%，市域经济综合实力位列全省十强。

（二）资源环境效益

伴随中国经济快速发展，产品数量增加带来的生产废料、废金属和塑料包装物数量也在快速增长；同时，家电、电子产品、机电设备、通信工具、汽车等物件的淘汰速率也在加快，对废弃资源及时有效处理的要求越来越迫切。而且中国经济发展多年来是高物耗、高能耗、重污染的重化工业型产业占主导地位，资源与环境的压力越来越大，转变经济发展方式被摆在突出位置，废弃资源规模化再生利用是必然的选择。

汨罗市在传统的废旧物资回收基础上大力发展再生资源产业，随着再生资源行业的发展和"城市矿产"基地的建设，汨罗市再生资源聚集能力和废旧资源再生利用能力大幅提高。2011 年，汨罗市再生资源交易总量达到 134 吨，是 2000 年的 58 倍，是 2005 年的 1.6 倍；再生资源加工总量达到 68.9 万吨，是 2000 年的 69 倍，是 2005 年的 1.8 倍。以 2011 年汨罗循环经济工业园区生产再生铜 14.48 吨计算，相当于 56 家日处理 1000 吨大型铜矿的产量，可为社会节约铜矿石 1954.8 万吨以上，标准煤 782 万吨以上，同时少产生尾矿 1940 万吨以上，少排放硫 5.2 万吨以上，资源环境效益相当突出。目前汨罗市再生资源产业可年产铜、铝、钢、塑料等再生原材料 60 万吨以上，相当于建起一座千万吨级的矿山，在矿产资源并不丰富的条件下，开创了资源节约型的社会经济的发展模式。

汨罗市每年集中处理的全国各地废旧物资中涉及再生资源约 300 种，达百万吨以上，有效减少了全社会的分散污染，但由于污染物的大量集聚，加重了汨罗市自身的环境压力。在积极发展再生资源行业的同时，汨罗市十分重视资源高效使用和环境保护，尽可能提高废弃物的综合利用水平和有害物质的无害化处理。目前，园区再生铝、再生铜深加工技术处于国内先进水平，园区再生资源循环利用过程中，主成分及伴生成分直接利用率达到90%以上，固体废弃物的综合利用率达到70%以上。区域整体资源产出率和环境状况持续改善，2010年全市单位国内生产总值能耗为0.864吨标准煤，规模工业增加值能耗为0.11吨标准煤，分别比2005年下降20%和52.29%；2009年底，全市化学需氧量（COD）最终排放量为6917吨，二氧化硫最终排放量为960吨，分别比2005年下降了20.67%和43.3%，提前并超额完成了"十一五"污染物总量减排的约束型指标。

（三）社会效益

再生资源行业具有产业链长、分工多样化的特点，就业面相对较宽，行业发展有力促进了城镇人员就业和农村富余劳动力转移。目前，汨罗市再生资源行业年吸纳就业人员5万多人，特别需要指出的是，上述就业人员中包括近2000名残疾人，从业人员年工资收入达到5亿元。同时，再生资源行业发展也为自主创业提供了良好的途径和平台。据不完全统计，循环经济工业园区再生资源行业已培育资产超过百万的私营企业主8000人左右。"城市矿产"示范基地的建设，有效地解决了部分农业人口转产问题，缓解了就业压力，拓展了百姓收入途径，对于改善当地人民生活水平起到了重要作用，同时也促进了社会经济和谐稳定发展，社会效益深远。

通过承接农村劳动力的转移和与农村经济的合作，再生资源行业的发展在改善农村经济状况的同时，对新农村建设起到了积极推动作用。以新市镇新书村为例，该村利用临近工业园和再生资源相关行业较为发达的优势，积极服务"城市矿产"示范基地，村集体年收入超过100万元，近年来用于村基础设施建设的投资达到2400多万元，成为湖南省新农村建设示范村。

二　汨罗市"城市矿产"发展模式研究

汨罗市再生资源行业具有悠久的历史，在二百多年的发展过程中，几经波折、几度起伏，再生资源行业发展在一定程度上折射出汨罗市人民坚忍不拔、吃苦耐劳的品格。随着国内宏观环境的变化，汨罗市充分把握历史机遇，经过近10年的努力，终于使传统的"拾荒货"焕发了新的生机和活力，实现了从单纯的废旧物资回收交易向集回收、精深加工、贸易于一体的"城市矿产"基地跨越，取得了良好的经济社会环境效益，"城市矿产"示范基地成为汨罗市闻名全国的又一重要品牌。回顾近10年来的发展历程，汨罗市“城市矿产”逐步形成了独具特色的发展模式，在取得突出成就的同时，也为我国“城市矿产”发展探索了道路，积累了可供借鉴的经验。

汨罗市“城市矿产”发展模式可以总结为：依托区域悠久的产业传统，以产业自发发展为基础，充分把握国家宏观经济形势，突出政府的引导和主导作用，将区域产业发展与国家整体经济社会发展紧密融合，优化内部环境、整合内外部资源、积极争取相关政策支持，调动和发挥企业积极性和主动性，大胆开展机制创新，鼓励和支持技术创新，推进产业链升级，使再生资源行业发展逐步实现科学化和有序化，全面提升“城市矿产”整体水平。

（一）悠久的历史、自成体系的收购网络、丰富的人力资源是汨罗市“城市矿产”快速起步的重要基础

汨罗市“城市矿产”的发展并非凭空而来，而是具有坚实的历史和现实基础，这种历史和现实基础为汨罗市“城市矿产”得以发展壮大提供了有力保障。两百多年的发展历史使再生资源回收在汨罗市深入人心，尽管还没有形成现代循环经济和“城市矿产”的理念，但“废弃物并非完全没有用途，而是放错地方的资源”的思想已经成为汨罗市“荒货郎”的共识，主动挖掘废弃物价值的循环经济和“城市矿产”雏形在汨罗市早已形成。正是由于具有悠久的传统，虽然在“文化大革命”期间饱受挫折，但改革开放伊始，拾荒收废即成为汨罗市农民发家致富的途径。汨罗人走南闯北，足迹遍布全国各地，废旧物资收购业发展迅速，出现了“户户经营，人人收购”的局面。尽管最初的废旧品交易市场无序竞争现象较为突出，造成了一定的环境污染，但不可否认，同期形成的废旧物资聚集能力和遍布全国、自成体系的收购网络成为汨罗市“城市矿产”发展的重要先导条件。这种收购网络往往由亲属、朋友、同乡沟通，经过长期磨合形成彼此充分信任的合作关系，不仅分布广，而且形成了独特的信息传递渠道，能够实现快速的信息和物资交流，在汨罗市“城市矿产”后期发展中发挥了重要作用。更为重要的是，在长期的发展中汨罗市拥有了一批具有较高专业技能的废弃物收购和交易人队伍。通过多年的实践和经验传承，由于非常关注相关市场的动态和掌握了充足的信息，汨罗市废弃物收购者和交易人通常具备能够迅速识别成批量混杂废弃物价值，以及快速组织分送和再加工的能力。具有较强专业技能的收购和交易人队伍，

以及较为完备的收购网络是汨罗“城市矿产”发展的核心竞争力之一。

此外，在长期发展中，“荒货郎”身上所展现出的“能放得下面子，有较强的商品经济意识”、“能挑得起担子，有较强的吃苦耐劳品性”、“能变废为宝，为社会创造新的财富”、具有较早的环境意识等精神，也是汨罗市“城市矿产”发展的宝贵精神财富。

（二）顺应时代发展趋势，将产业发展与宏观经济社会需求相结合，是汨罗市“城市矿产”发展的重要条件

进入21世纪以来，随着经济社会发展和消费水平的提高，中国面临的资源环境问题愈发突出，妥善应对资源环境压力是新时期中国经济社会发展的中心工作之一。2003年10月，中国共产党第十六届三中全会提出了“坚持以人为本，树立全面、协调、可持续的发展观，促进经济社会和人的全面发展”的科学发展观，成为指导中国未来发展的重要思想。自2000年开始，现代循环经济理念引入我国，以其协调经济发展和资源环境关系方面的独特优势，成为落实科学发展观的重要载体。2004年3月，胡锦涛总书记在出席中央人口资源环境座谈会上的讲话中强调，树立和落实科学发展观要“积极发展循环经济，实现自然生态系统和社会经济系统的良性循环”。2005年7月，国务院发布了《关于加快发展循环经济的若干意见》，全面指导中国循环经济的发展。《国民经济和社会发展第十一个五年规划纲要》把“加快转变经济增长方式”作为发展重点，对经济发展与人口、自然、环境相协调提出了更高的要求，循环经济作为独立的一章加以规划，要求“逐步建立全社会的资源循环利用体系”。

20世纪90年代末，随着废旧物品交易市场的自发兴起，无序竞争较为激烈，脏、乱、差现象十分突出，环境受到不同程度的污染。面对上述情况，部分干部和群众呼吁和要求取缔上述市场。汨罗市市委、市政府经过反复调研和深入讨论，并未对废旧物品收购交易进行封杀和取缔，而是尊重地域历史传统和群众的选择，做出了“规范市场、培育产业”的决定。随着国家关于科学发展和循环经济的宏观经济政策进一步明确，汨罗市更加清晰地认识到再生资源行业发展的巨大潜力以及对于汨罗市乃至全国的重要意义，逐步确立了再生资源行业发展的方向和定位，使“城市矿产”基地建设与国家循环经济体系实现较好融合，将区域再生资源行业发展纳入更为广阔的背景中，赋予了区域再生资源行业发展更加深刻的内涵。汨罗市紧紧围绕时代发展主题，准确把握国家宏观经济政策，适应国家宏观

经济社会发展需要，不仅充分激发了汨罗市再生资源行业的发展潜力，而且在为国家经济社会发展做出更大贡献的同时，也为汨罗市“城市矿产”发展营造了更加良好的政策环境。在国家确立科学发展观和大力发展循环经济的背景下把握机遇，顺应时代发展趋势，成为汨罗市“城市矿产”快速发展的重要条件。

（三）政府的科学规划、积极引导、着力培育在汨罗市“城市矿产”中发挥了重要主导作用

在汨罗市“城市矿产”的发展中，政府的主导作用相当明显。尽管有悠久的历史传统和一定的发展基础，但正是政府的合理引导，才使得单纯废弃旧物品回收交易逐步发展成为在国内具有较强影响的“城市矿产”基地。从团山再生资源交易市场建设，到循环经济工业园的建设，再到成为国家首批循环经济试点和国家首批“城市矿产”示范基地，汨罗市“城市矿产”发展的每一个重要标志性节点均体现着政府的引导作用。在鼓励回收个体户之间“强强联合”，组建专业回收公司，规范行业，巩固提高再生资源回收网络的同时，汨罗市政府“筑巢引凤”，重点培育再生资源加工环节，引导再生资源产业由初加工向深加工转变，引进和扶持深加工企业，促进再生资源行业的形成和升级。在园区发展初期，一方面积极完善循环经济工业园的硬件设施，为企业创造良好的环境，另一方面积极转变政府观念，提高服务意识，加强各职能部门在园区的机构建设，在园区建立“绿色通道”，切实保障货物运输畅通，同时采取节会招商、组团敲门招商等方式，邀约战略投资者感受汨罗市再生资源产业发展的强劲潜力，极大地促进了深加工企业落户汨罗市，使汨罗市再生资源行业在短期内实现了质的飞跃。

随着产业规模的扩大，政府有关部门密切关注行业的发展，尽最大可能为企业提供服务和支持。2001 年以来，对再生资源行业“利废”企业实施与缴纳税收挂钩的财政支持政策，“以奖代投”帮助企业扩大产能、改进工艺、更新设备。金融危机期间，设立 1 亿元再生资源行业企业周转金，减免企业地方规费，稳定行业发展。此外，政府有关部门强化环保意识，大力完善环保设施，充分落实“环保第一审批权”，严格环保执法，积极推行清洁生产，使“二次污染”得到有效防治，确保再生资源行业真正体现环保特色，促进“城市矿产”的健康发展。表 15 - 1 是汨罗市财政政策支持再生资源行业发展统计汇总。

表 15－1　　汨罗市财政政策支持再生资源行业发展统计

年份	2001	2002	2003	2004	2005	2006	2007	2008	2009	2010
纳税总额（万元）	585	1316	2407	4211	9973	26664	37013	32881	58214	67000
增值税（万元）	538	1211	2218	3881	9369	24738	33886	29685	52000	62900
企业个数（个）	24	23	31	35	49	80	134	118	129	189
福利企业（个）	0	0	0	2	4	8	10	8	7	7
财政奖励（万元）	142	513	995	1563	2875	2843	6261	6717	7200	8900
奖励比例（%）	60	60	56	52	49	33	31	29	29	29
福利企业退税（万元）	0	0	0	422	2611	13695	12296	2678	965	932
收取残疾人基金（万元）	0	0	0	153	783	4152	3805	252	0	0

资源来源：汨罗全国“城市矿产”示范基地材料。

（四）充分调动企业的积极性，勇于开拓、大胆创新，是汨罗市“城市矿产”发展壮大的活力源泉

创新是行业持续发展的重要原动力，相对而言，再生资源行业属于新兴行业，特别是再生资源的处理和精深加工领域的许多技术仍有待突破。此外，由于产业链长、相关利益主体多，再生资源行业发展也面临着诸多机制创新问题。近年来，汨罗市有关部门加强引导，充分发挥企业的创造性，积极营造创新氛围，再生资源行业的创新机制初步形成。汨罗市设立 1000 万元的市域经济发展奖励基金，重奖科技创新和品牌创新，利用财政奖励的杠杆作用有针对性地促进企业开展技术创新和技术升级。同时，积极支持企业与高校、科研院所开展产学研合作，提升区域整体技术创新能力。经过上述努力，汨罗市再生资源行业取得了一系列技术创新成果，极大地推动了行业发展。在加强技术创新的同时，再生资源领域的机制创新也取得了显著成效，最具代表性的事例是构建“一会三公司”四位一体的信用平台。2004 年汨罗市在国家开发银行的指导下，引进开发性金融理念，创造性建立“一会三公司”，即再生资源行业信用协会，会计咨询公司，资产管理公司，中、小企业信用担保公司，以互联互保为纽带，分区域、分产业管理，促进企业共生共荣，银企共赢。其中，信用协会负责诚信调查，包括纳税、家庭情况、经营状况，建立会员档案库、开展会员信用评级，约束企业合法经营、诚信经营；资产管理公司负责依据协会推荐评审贷款、申报贷款、贷后的日常管理和收贷收息；担保公司为贷款提供担保，要求会员以资产作反担保和会员之间互联互保；会计公司为企业做报表，为资产管理公司和担保公司提供真实可靠的财

务信息。“一会三公司”创造了在政府监管下以行业自律组织为主体，以企业间、民间关联为纽带，化零散为整体的信用融资模式，对于提升以中小企业为主的再生资源行业融资能力具有重要意义，取得了较好的实际效果。表15－2为汨罗市再生资源行业“一会三公司”内部制度建设情况。图15－1是汨罗市融贯平台运行模式。

表15－2　**汨罗市再生资源行业“一会三公司”内部制度建设**

单位	内部制度建设
汨罗市再生资源信用协会	会员入会登记制度，会员信用记录系统、会员信用等级评审制度，贷款推荐制度、协会财务公开制度等
汨罗市财智会计咨询服务有限公司	会计人员选拔录用制度、会计年度考试考核制度、会计人员培训制度、薪酬制度、会计服务费收取办法等
汨罗市恒源资产管理有限公司	资产评估办法、贷款受理办法、贷款评审办法、贷款审查制度、风险资产托管制度、红利分配制度等
中小企业信用担保公司	担保贷款审查制度、风险准备金制度、担保费定价和管理办法、反担保制度、红利分配制度

资料来源：汨罗全国“城市矿产”示范基地材料。

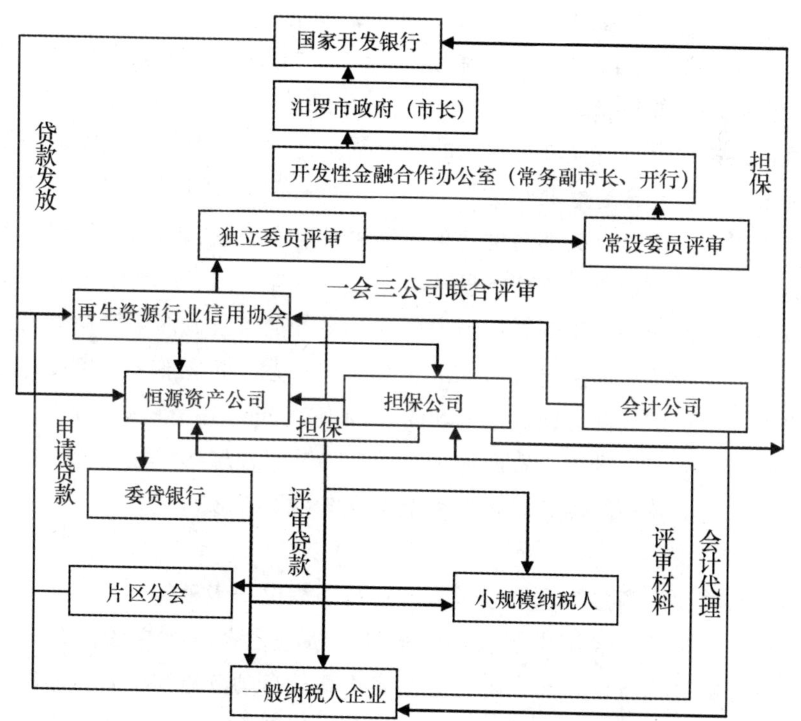

图15－1　**汨罗市融资平台运行模式**

第三节　汨罗市"城市矿产"面临挑战及发展重点

经过10余年的发展，汨罗市"城市矿产"基地建设成效显著。根据《湖南汨罗工业园"国家循环经济—城市矿产示范基地"建设实施方案》，到2015年，"城市矿产"基地年回收废旧产品合计400万吨，加工量达到240万吨，年加工废旧家电、报废汽车200万件和6万辆，基地工业总产值达到300亿元。"十一五"以来，在各方面共同努力下，汨罗市再生资源行业迈上了新的台阶，形成了一定的竞争优势，不过，汨罗市"城市矿产"基地发展依然面临着诸多挑战，特别是与实施方案中所提出的目标仍存在较大的差距。

一　再生资源行业竞争加剧，再生资源供给面临困难挑战

在资源环境问题日益突出的背景下，随着循环经济理念的不断深入，越来越多地区开始重视再生资源行业的发展，将"城市矿产"开发利用作为转变经济增长方式、促进经济转型升级的重要内容。此外，"城市矿产"开发利用往往被作为城市和区域循环经济体系建设的重要环节。无可否认，再生资源行业具有很强的规模效益，相对于分散处理而言，集中处理不仅能够实现更好的经济效益，而且更有利于防止"二次污染"，降低环保成本，国家有关部门也对再生资源行业发展进行了合理规划。尽管如此，再生资源行业竞争也将显著增强，一方面再生资源加工领域竞争剧烈，另一方面确保再生资源供给也面临压力。尽管收购网络覆盖全国，但汨罗市再生资源目前主要来自湖北、湖南、广东、广西四省（区），四川省占汨罗市再生资源总回收量的86%。如何充分利用"先发优势"，保证资源供给能力，提升再生资源加工水平，在若干领域形成独具特色的核心竞争力，是汨罗市"城市矿产"基地急需解决的现实问题。

二　再生资源加工水平较低，产业链急需进一步延伸

由于中国循环经济发展较晚，循环经济理念在生产端还没有充分体现，废弃物处理难度较大，特别是废弃物高效自动分拣和资源化等领域的技术仍有待突破，而且相关技术环保治理难度较大，应用具有高成本、高风险的特点，在一定程度上限制了在中小企业中推广。虽然已经有了很大

提高，部分领域资源化水平已经相当高，但总体上看，汨罗市"城市矿产"基地再生资源综合利用水平仍有较大空间。2011年再生资源加工量占回收量的51%，报废汽车拆解资源化还处于起步阶段，废旧电子电器资源化程度较低。同时，汨罗市"城市矿产"基地再生资源行业产品多以原材料为主，价格波动较大，利润空间较小，高附加值的终端产品生产企业较少，再生资源行业的经济效益还未得到充分发挥。

三　环境保护的压力加剧，环保投入力度有待提高

随着废旧物资回收量和加工量持续增加，污染物数量大幅增加，污染物成分也趋于复杂，汨罗市"城市矿产"基地环境保护形势愈发严峻。"十一五"期间，汨罗市将环境保护作为核心工作，加大投入，加强监管，取得了较好的实际效果，城市环境得到了一定程度的改善。根据实施方案，与2010年相比，"十二五"末汨罗市废旧物资回收量将增加2.5倍，加工量将提高3倍，而且报废汽车和废旧家电的加工量将大幅提升，对环境保护的要求将显著提高。污水收集管网、回用水系统、工业污水处理厂、工业固体废物处置中心、园区环境监测系统等主要环保基础设施投资规模巨大，已经成为"城市矿产"基地顺利建设的重要决定因素，单纯依赖汨罗市自身财力已经很难满足发展需要。

四　配套政策措施不完善，园区发展面临政策困境

再生资源属于循环经济中的重要领域，与资源和环境问题密切相关，同时，再生资源行业在中国仍属于新兴行业，总体上仍处于起步阶段。在这种背景下，再生资源行业发展仍需要相关政策的大力扶持。近年来，中国出台了一系列再生资源政策，在一定程度上促进了行业发展。不过，面对再生资源行业快速发展，相关政策仍有诸多不完善之处。目前，再生资源领域企业大都仍属于微利企业，加之较难获取增值税进项抵扣发票，与原生资源行业处于不利的竞争地位，相关税收政策对行业影响十分明显。但中国再生资源税收政策经历了数次调整，对行业造成一定的冲击。2011年，相关政策虽然恢复了对再生资源的税收优惠，但覆盖面依然较窄，对汨罗市"城市矿产"基地十分重要的废杂铜、废铝并未列入优惠目录，给园区再生资源行业形成一定的不良影响。此外，相关的土地政策与"城市矿产"示范基地建设缺乏足够的衔接。目前，汨罗市每年的用地指

标仅为525亩，而工业园二期市场用地需求就达2000亩，土地瓶颈制约较为突出。

面对上述挑战，在争取国家和省市相关政策支持的同时，加快再生资源行业发展，切实增强再生资源行业的竞争力和聚集力，是破解汨罗市“城市矿产”基地面临诸多难题的关键所在。首先，要着力提升再生资源回收体系。重点培育具有竞争力强、运行效率高的龙头企业，加快物流产业发展，充分利用物联网等现代信息技术建立和完善信息化平台，提高再生资源回收的信息化水平，积极争取相关再生资源的进口权，全力保障再生资源来源和供给。其次，加快再生资源产业链的升级。以铜、铝、不锈钢、塑料、橡胶等传统优势行业为重点，增加龙头企业的示范带动作用，全力推动产业向再生资源精深加工和高附加值成品制造领域拓展，突出空心变压器、铜合金材料、高纯铝铁、饮料罐带坯、钢纤维、专用钢材、工程塑料、塑料合金、环保强力橡胶等高端产品生产，在多个领域形成竞争优势，大幅提高再生资源行业的经济效益，切实增强再生资源行业和区域经济自我发展能力和抗风险能力。充分利用现有优势，稳步推进废旧电器和报废汽车资源化水平，增强废旧电器和报废汽车综合利用技术含量，实现资源高效、高附加值、高标准深加工综合利用，逐步确立在复杂、大型、“一体式”废弃物资源化领域的技术和综合利用领先优势，使汨罗成为“长株潭城市群”废旧电器和报废汽车资源化的基地，在扩展再生资源行业规模的同时，增强再生资源行业和区域经济的持续发展能力。

第四篇

综合案例篇

第十六章　河北省邱县工农业复合循环经济园区分析

第一节　邱县经济社会基本情况

一　邱县基本概况

（一）地理区位及特点

邱县位于河北省邯郸市东北部，属黑龙港流域上游、华北平原腹地，地貌属古黄河、古漳河冲积平原，境内多沙丘，地势由东南向西北倾斜，海拔在32.7米—40.8米之间，土质以潮土为主，是典型的平原县。县境内河流主要有老沙河、沙东干渠、老漳河等，均为时令性河流。

邱县总面积448.789平方公里，纵长36.3公里，横阔24公里。东及东南与临西、馆陶接壤，西与西南与曲周相连，北与平乡、广宗、威县毗邻。全县共辖4镇3乡218个行政村。4镇为新马头镇（辖60个村7.3万人）、邱城镇（辖32个村3.6万人）、香城固镇（辖35个村3.4万人）、梁二庄镇（辖31个村3.2万人），3乡为古城营乡（辖29个村3.5万人）、南辛店乡（辖26个村2.7万人）、陈村回族乡（辖5个村0.7万人）。

（二）交通状况

邱县北靠京津，东依山东，南近河南，西望山西，与京广、京九铁路及107、309国道为邻，县城区北距首都北京400公里，西北距省会石家庄197公里，西距邯郸市、京广铁路75公里，东距京九铁路50公里。大广高速、106国道纵穿南北，邯（郸）临（清）一级公路横贯东西。天津港、青岛港为邱县联系世界之通道，邯郸机场、石家庄机场、郑州机场、济南机场均为邱县的出入航空港，四省交汇，五洲通衢，邱县交通条件十分优越，交通来往非常便利。

（三）气候条件

邱县属北暖温带亚湿润大陆性气候，四季分明。春季多风少雨，夏季多雨高温，雨热同季，秋季天高气爽，冬季寒冷干燥，极端灾害性天气较少。年均气温 13.0℃，其中最热月平均气温 26.8℃，最冷月平均气温 -2.8℃；无霜期 207 天，平均初霜日 10 月 25 日左右，平均终霜日 4 月 5 日左右；年均降雨量 524.6 毫米，近三年年均降雨量约 460 毫米，多集中在 6 月到 8 月份；室外相对湿度 66%，年主导风向为东南—西北向，夏季多偏南风，冬季多偏北风，平均风速 3.1 米/秒；平均年日照时间为 2539.2 小时。气候条件非常适合农业种植业和林业发展。

二　经济社会发展基本情况

（一）总体经济发展情况

“十一五”时期，邱县坚持把循环经济发展作为实践科学发展观的重要载体，积极推进“工业立县、项目兴县、开放活县”进程，经济社会发展取得了较大成就，圆满完成了“十一五”规划确定的各项目标任务。据统计，“十一五”期间，全县全社会固定资产投资年均增长 28.7%，增幅位居邯郸市前列，取得了历史性的突破，地区生产总值年均增长 13.8%，财政收入突破亿元大关，年均增长 23.1%，实现了翻一番的总体目标，县域经济综合实力显著增强，迈入了经济社会发展新阶段。

尽管如此，作为邯郸市东部平原典型的农业县，邱县经济发展水平依然相对滞后，经济总量和居民人均收入水平在邯郸市各县（市、区）中的排名都比较靠后。立足邱县平原农业县的实际，抓住河北省尤其是邯郸市大力发展循环经济和邯郸市东部振兴规划机遇，通过实施产业倍增计划，进一步加快发展步伐，加快城镇化，迅速摆脱贫穷落后状态，实现富民强县，不仅是邱县落实科学发展观的内在要求，也是邱县人民的迫切要求。

（二）产业结构和主导产业

从三次产业结构上看，2010 年，邱县第一、二、三产业比重为 29.8∶39.6∶30.6，与“十五”末相比，农业比重稳步下降，服务业发展进入快速增长期，坚持“工业立县”战略取得新突破，第二产业尤其是工业经济保持较快增长。三次产业内部结构不断优化。在粮食产量稳步增加的同时，种植业结构持续改善，粮食种植业比重由 2005 年的 29.07%

调整为 2010 年的 17.62%，经济作物种植比重比 2002 年上升了 10 个百分点。棉花等特色优势产业发展势头强劲，棉花产量位居全国棉花百强县第 47 位，棉花产量年均增长 5%。畜牧业得到长足发展，羊、猪和鸡等主要特色养殖业逐渐形成，畜禽养殖逐步由散养向规模化转化。第二产业中规模以上工业发展较快，“十一五”期间第二产业增加值和规模以上工业增加值分别年均增长 27% 和 45%、

从具体产业来看，邱县主导产业和支柱产业发展特色鲜明。邱县农业特色可以概括为“两白一绿”，即棉花种植业、畜禽（羊）养殖业和林业三大主导产业。邱县植棉历史悠久，棉花绒长，属优质棉，也是邱县最主要的农产品。邱县境内现已经形成了冀南棉花市场。邱县常年植棉面积 45 万亩以上，占全部种植面积的近 78%，位列全国棉花百强县第 47 位、河北省第 2 位，是河北省“优质棉基地县”和著名的“棉花之乡”。畜禽养殖以林下养殖为主，主要有羊、鸭、鸡和牛。蝉、野兔和鸵鸟等林下养殖正在蓬勃发展。但养殖业设施化和规模养殖水平亟待提高。2010 年，全县第一产业完成增加值 13.8 亿元，其中棉业和养殖业增加值分别完成 7.1 亿元和 3.5 亿元，占比达 51.4% 和 25.4%。林业是近年兴起的新兴产业，通过创新机制，大力植树造林，全县树木存量达 1700 万株，林地覆盖面积达到 25 万亩，初步形成了环城、环乡、环村、环宅、环路、沿河渠沟塘的平原绿环林业经济新格局，是“全国绿化先进集体”。2010 年 12 月，被河北省政府命名为省级园林县城。

经过几年发展，邱县工业基本形成以棉纺、林板、食品三大产业为主导，化工医药、机械装备两大产业为辅助的发展格局。全县规模以上企业 30 家，较 2005 年增加了 13 家，其中 2010 年全县纳税超百万元的生产型企业共 6 家。多数工业企业规模相对较小，竞争力不强，工业规模不大，仍处于起步发展阶段。

总体上，从产业结构和主导产业来看，邱县的特征非常明显，第一产业在地区生产总值中的比重为 30% 左右，比邯郸市及河北省高出 18 个百分点左右，而第二产业所占比重则明显低于邯郸市和整个河北省的比重。“十一五”末，邱县农村居民人均纯收入为 5625 元；两者都明显低于邯郸市和河北省的平均水平，也低于全国平均水平。与农业发展密切相关的棉纺、林板、食品三大主导产业增加值占全县国内生产总值比重超过 20%，农业主导产业与工业主导产业发展具有较高相关性，但邱县的农业

优势向工业优势转化尚有很大潜力。

（三）产业布局

2000年后，邱县经济和城市建设快速发展，但出现无序建设态势，特别是工业遍地开花，企业“小、散、乱”的格局带来了环境污染，资源难以高效循环利用，影响了经济持续健康发展。2005年8月，为了改善这种局面，邱县在县城西部原“乡镇企业工业小区”基础上，累计投入资金4.4亿元，对循环经济工业园区进行重新规划和升级改造，设立了河北省邯郸鑫马工业园区，并于2005年开工建设。2006年，邱县在此基础上进一步规划了工业区，引导工业企业集中布局。近年来，邱县按照“企业入园、产业集聚”的发展方针，以园区建设带动工业发展，不断壮大棉纺、林板、食品加工业、医药化工、机械制造等优势产业，产业布局不断优化，积极推进经济结构调整及发展方式转变。2010年7月，邱县工业区正式获批省级经济开发区。

该开发区立足本地区位、资源优势和原有的工业基础，结合国家产业政策和市场导向，着力发展棉秸秆发电、林板家具、纺织服装、机械加工、医药化工、食品深加工等特色产业群。目前，该开发区内拥有投产达效企业96家，正在建设的企业47家，初步形成了威利邦木业、天资家纺、华林纺织、华勤机械、天合制药、恩溢纺织、扭扭食品、抗原清真食品等一批具有代表性的龙头企业。

总体来看，在乡镇企业工业小区基础上发展起来的开发区仍存在用地杂乱、厂房建设无序、产业布局不够合理等状况，土地集约利用率不高。造纸厂等部分企业仍存在较严重的污染，工业水循环利用率仍有较大提升空间。除少数新建设企业技术水平较高外，多数企业主要依赖对农业种植业、养殖业等原料的简单加工，规模小，生产技术水平低，技术创新能力弱，产业链条短，附加值不高，严重制约了产业集群的壮大和县域经济的发展。

除开发区集中布局工业企业外，结合历史发展，邱县各乡镇均形成了较有特色的优势产业，产业集群化发展特征日益明显。如陈村乡发展成为冀南地区羊业加工销售基地，古城营乡漳逯五金工业园区已被列入河北省黑龙港流域特色产业园区之一。

（四）社会发展情况

“十一五”期间，邱县各项社会事业得到长足发展。教育资源全面整合，“初中进县城”目标实现，学前三年教育和特殊教育全面普及。邱县是“中国民间特色艺术之乡”、“全国儿童漫画教育基地”。农民漫画在全国一枝独秀，主要创作团队有“青蛙”漫画组和“绿色工作室”。“青蛙”动漫有限公司和漫画博物馆相继挂牌成立，文化产业发展步伐不断加快。社会保障体系逐步完善，新型农村合作医疗年平均参合率达到95%以上，5年累计争取上级“新农合”配套资金1954万元，有效缓解了群众“看病难、看病贵”的问题。科技支撑经济社会发展方面，3年来申报专利26项，获批15项，其中国家发明专利2项。在工业、农业领域推广新品种、新技术50多项。邱县先后与中国社会科学院、中国农业大学、河北科技大学等16家科研院校开展合作，共建项目20多项。2010年被省科技厅授予“科技富民强县师范县”，2011年被授予“全国科普示范县”。

三　资源环境基本情况

（一）资源现状

邱县无矿产资源。但土地资源较为丰富，现有耕地58万亩，人均耕地约2.4亩。境内淡水资源总量5218.26万立方米/年，地表水主要来源于降水及客水[①]，降水以汛期降雨为主，客水主要来源于老沙河、宋八疃、沙东干渠。现在除老沙河外，均无取水利用价值。地面以下40米以上为浅水层，其中东部以淡化和微咸水为主，西部多为咸水，由于补给量少，基本上仅作为农业用水源。受干旱和超量开采地下水影响，浅层地下水日趋枯竭，水位每年下降0.5—1.0米，城镇生活用水主要取深度300米以下的地下水。水资源短缺已构成邱县经济社会发展的严重制约。在制定邱县经济社会发展规划和循环经济规划时，必须将水资源制约因素作为重中之重加以考虑。

相对于其他区县，邱县具有比较优势的资源是农产品资源，主要包括棉花、森林资源和养殖畜禽产品资源。全县现年产籽棉14万吨以上，年产皮棉4万吨以上；森林资源中存量达1700余万株，林地覆盖面积达到25万亩；畜禽产品资源以肉质羊为主，年存栏量约30万只，其他如肉鸭、鸡等，均有一定规模。

---

① 客水，指本地区以外的来水。

（二）环境现状

由于工业基础薄弱，邱县环境状况较好，主要污染物总量均控制在目标范围内。2010 年，城区空气质量稳定达到国家二级以上标准，全年空气质量优良天数达到 325 天，优良率达 90% 以上。水环境方面，邱县建设了邯郸市首家县级污水处理厂。该污水处理厂于 2003 年开始兴建，2005 年正式运营，总投资 5600 万元，现日处理污水能力 3 万吨，处理后的水质可达国家二级排放标准。配合污水处理厂建设，铺设污水管网。在县城和循环经济园区的规划区内，累计铺设污水管网 38 公里，实现园区现有企业工业废水、县城生活污水管网与污水处理厂联网。为配合邯郸市生态水网工程，邱县规划建设了“邱县湖”人工湿地项目。该项目将利用循环经济园区附近的废弃洼地，建设一个占地面积 500 多亩、蓄水量达 200 万立方米的“邱县湖”生态湿地，用于集蓄水、地下水补给和工业供水。目前工业污水和生活污水统一排放污水管网，汇入污水处理厂集中处理，污水达标排放。目前邱县地表水、饮用水水质达标率稳定保持在 100%。由于化肥利用率不高，养殖业禽畜粪便尚未得到处理利用，浅表地下水有一定污染，农村面源污染呈加速扩散趋势，对地下水污染形成了较大压力。

第二节 “十一五”邱县循环经济发展状况

“十一五”以来，为加快产业结构调整升级步伐，壮大县域经济实力，邱县依托农业资源优势，不断延伸农产品生产加工产业链条，增加产业附加值。在此过程中，逐步构建了几个物质和能源循环利用的产业链，县域内循环经济发展模式已初具雏形，为平原农业县摆脱资源环境束缚、加快新型工业发展进程、提升经济发展质量进行了有益的探索，为产业链条的纵向延伸和横向扩展，建设以农业资源为条件的工业循环经济工业区奠定了一定基础，并已经被河北省确定为省级循环经济试点县。

一 循环经济发展成效

（一）开发区循环化改造成效显著

邱县重新规划后的开发区西区占地面积约 8 平方公里。园区建设规划充分立足于邱县现有的“棉、羊、林”三大优势农业产品资源，按照

“减量化、再利用、资源化”的原则和工农业协同发展的思路，以发展工农复合型循环经济为主线，结合产业和项目规划，对园区进行整体布局、在现有投产和在建项目以及龙头企业的基础上，园区初步规划为“林板加工区”、“纺织加工区”、“医药化工区”、“食品加工区”和“机械制造加工区”五个项目聚集区，并在县城与工业区交汇处，规划建设商业金融、行政办公、文化娱乐中心等配套功能区域。改造升级后的循环经济园区，在空间布局上充分考虑了物质资源循环利用、企业项目相互衔接等因素。

目前开发区内实现了通路、通水、通电、通气、通信、通邮、通有线电视、土地平等“七通一平”，邱县污水处理厂建于开发区内，基础设施较为完善。规划建设了占地面积528亩的“邱县湖”，划分了一类、二类、三类工业用地。成立了邱县开发区管委会，设立了办事大厅，园区管理进一步规范，开发区规划和循环化改造，对于邱县产业优化布局、经济按照循环经济模式发展具有重要意义。目前，区内局部循环经济链条不断形成，未来有望进一步整合为完整的产业体系。

（二）从单纯农业循环经济走上工农复合型循环经济之路

邱县从“解决吃饭照明”、发展沼气等农村循环经济项目的简单理念走出来，逐步走上了农业循环经济、工业循环经济、工农复合循环经济体系化发展之路，按照“依托优势建企业、围绕企业壮产业、产业链上谋项目、延伸链条增效益”的思路，大力发展农产品深加工以及煤化工等具有一定基础的产业，推进县域产业发展。逐步形成了多条“以农业资源为基础支撑，以工农产业复合衔接为主要特点，初步具备物质循环和废弃物资源化等基本特征”的循环生态产业链条，主要有：

产业链之一：“棉花种植→棉纺加工→棉秸秆发电”生产链。充分利用棉花种植资源。发展棉花精深加工，形成涵盖轧棉、榨油、棉籽→棉短绒→棉浆粕、纺纱、印染、织布、服装、家纺等多个环节的棉花循环经济产业集群。与此同时，着眼于每年30多万吨棉花秸秆的有效利用，投资兴建秸秆热电项目，既可以避免以往秸秆焚烧造成的浪费和污染，又节约了煤炭资源，降低了烟尘和二氧化碳排放。

产业链之二：“速生基地林→中（高）密度纤维板→生物质发电”生产链。以河北威利邦木业有限公司为依托，大面积种植速生基地林。树木成熟后与废旧木材共同作为原材料用于加工中（高）密度纤维板，加工密度板剩余废料为秸秆热电工程提供部分生物质原料。

产业链之三："基地林→林下种养→畜禽粪便返田"生态链。充分利用速生基地林的林下空间，推广林棉、林药、林菌间作等立体种养新模式；同时在林下养殖柴鸡、鸭、鹅、羊等禽畜。养殖产生的畜禽粪便作为生物肥料直接返回林田，可以促进林木和作物生长。

产业链之四："种植业→养殖→沼气→种植业"循环生态链。依托种植业提供饲料发展猪、羊等养殖业，鼓励农户建造沼气池，将收集的畜禽粪便用于沼气原料，解决农户做饭、取暖、照明等生活用能。沼渣、沼液作为有机肥直接循环回种植业。部分实现了养殖业、农村家用能源与种植业的良性互动。

产业链之五：化工循环经济产业链。龙港化工已经形成利用低热值造气炉渣、"合成气"和"造气吹风气"等实现混燃热电联产，煤灰制建材等典型的循环经济产业链。既保证了化肥、化工生产工艺的正常运转，又提高了燃料的利用率，减少了资源的浪费，使周围的环境得到有效的改善。

（三）循环经济公共基础设施建设取得重大进展

近年来邱县政府不断加大节能减排及环保方面的基础设施建设力度，在财政较为紧张的情况下，投资5600万元建成了日处理能力为3万吨的邯郸市首家县级污水处理厂，20多家工业企业与污水处理厂实现了联网，县规划区域内15.6平方公里的生活污水、工业废水得到集中处理。处理后的水质可达到国家二级排放标准，可用于农业灌溉、县城绿化以及部分工业企业的再利用。在此基础上，邱县还计划投资建设中水回用项目，日供中水2万吨，为周边用水企业大户提供水资源的循环利用。为配合邯郸市生态水网工程，邱县还建设了"邱县湖"人工湿地项目。此外，为配套秸秆电热项目，邱县会同有关单位专门在循环经济园区附近建设了一座110千伏输变电站，铺设了40000米供热管网。这些基础设施的建成，将有效保证热电项目建成后供电、供热渠道通畅，也为更加充分有效促进资源循环利用打下了较好的基础。

（四）充分利用剩余劳动力和传统非劳动人员发展地方特色产业

随着农业发展，农村富余劳动力或者正常劳动力的富余时间越来越多，劳动力闲置、浪费、效率问题严重。发挥农村非完全就业劳动力和老弱病残的生产力作用符合循环经济"再利用"、"资源化"原则。邱县以农村中年妇女、残疾人、下岗职工等就业困难人员为对象，专门免费培训具有传统工艺地方特色的手工编织、绣花、织布、土布生产、传统布鞋加工等加工制作技术，解决因年龄、身体原因不能外出务工的劳动力就地就近转移就业。仅锦绣土布坊一家公司就免费培训农村中年妇女、残疾人、下岗职工等就业困难对象达 2 万余人，就地转移就业 1.8 万人。

邱县是“中国民间特色艺术之乡”、“全国儿童漫画教学基地”，农民漫画在全国一枝独秀，主要创作团体有“青蛙”漫画组和“绿色工作室”。“青蛙”动漫有限公司和漫画博物馆相继挂牌成立，文化产业发展步伐不断加快，吸纳了大量就业人员。

为促进剩余闲置劳动力资源再利用，邱县于 2011 年成立了邯郸市首家“乡镇就业培训维权服务中心”，并构建以县劳动就业服务局为中心，七个乡镇服务中心为依托，各村、企业为触角的“县、乡、村、企”四级就业服务平台网络，开通务工人员服务热线，成功搭建企业与劳动者之间的沟通桥梁。

（五）循环经济成效显著，“邱县模式”反响强烈

为最大限度延长棉花、林木、养殖等特色优势产业链条，邱县有选择地上项目、建企业，产业链条日益完善，能源和资源得到充分利用。据统计，2010 年全县国内生产总值单位能耗达到 1.017 吨标准煤/万元，同比下降 3.29%，“十一五”期间累计降低率为 20.12%。就邯郸市东部十县“十一五”国内生产总值单位能耗累计降低率完成情况看，邱县排第三位。在工业经济尤其是规模工业快速发展的情况下，节能减排降耗超额完成预期目标任务，循环经济发展发挥了不可替代的作用。

邱县目前已形成了“以农业为基础、循环经济开发区为平台、四个循环圈（高效利用区域水循环圈、节能降耗企业内小循环圈、配套生产企业间中循环圈、互利共赢产业间大循环圈）为驱动、八条产业链（棉花—棉纺—家纺链，秸秆—发电—供热、供电—秸秆灰还田链，棉籽—短绒—棉浆粕—粘胶纤维链，林木—板材—家具链，基地林—林下养殖—清真食品链，小麦、玉米—休闲食品、酒类链，基地林—林下养殖—畜禽粪便还田链和养殖—沼气—农业循环链）为牵引”的循环经济发展模式，先后受到省有关领导的肯定。2009 年 5 月，河北省循环经济示范试点县（区）建设经验交流会在邱县召开，邱县发展循环经济的做法被誉为平原

农业县循环经济发展的“邱县模式”。中央和省市媒体广泛报道邱县发展循环经济的经验和成效，“邱县模式”引起强烈反响。

二　循环经济发展存在的问题

（一）循环经济尚未实现规模化发展

邱县经济总量较小，基础相对薄弱，循环经济虽有发展，但速度仍然偏慢。突出表现为以下几点：

1. 农业规模化设施水平不高。虽然邱县耕地资源比较丰富，农民人均耕地面积达到3亩左右，而且全部为平原高质量耕地，但以规模化、设施化等为特征的现代农业尚未形成，农民持续增收难度较大。

2. 县域财力较低，财政调控能力有限。在目前中国的生产性税收制度框架下，工业发展滞后必然影响财政收入的增长，加上近几年来全面推行农村税费改革，邱县财政困难状况至今仍未得到根本缓解，政府调控经济发展能力受到较大制约。

3. 循环经济发展刚刚起步。在过去几年时间里，邱县通过项目策划，本地创业推动和对外招商引资发展了一批工业和循环经济项目，部分企业已形成一定规模，但总体来说，邱县的工业发展还处于刚刚起步阶段，县域经济工业化和循环化仍然任重道远。

（二）部分项目运转、改造、升级或者搬迁存在困难

邱县发展循环经济的整体势头虽然不错，但部分项目运转存在困难，甚至处于半开工状态。邱县已建成邯郸市第一家县级污水处理厂，设计标准为3万吨/日。“十二五”期间，邱县将进一步加快城区污水收集管道建设，将城区生活污水与工业废水统一汇合到污水处理厂中集中处理。随着开发区工业发展和城市规模的扩大，工业废水和生活污水规模将不断增长，邱县将适时启动污水处理厂二期建设，将现有处理规模扩充到5万吨/日。同时将在污水处理基础上，建设中水利用项目，设计规模为2万吨/日，处理后的中水将供开发区工业企业使用。但因为开发区目前项目不多，不仅缺乏污水输入的上游客户，也缺少处理后清洁水源的用户，再加上基础设施尚待完善，污水处理厂生产不能形成规模，至今只是部分运转。

部分项目搬迁、改造或者升级存在困难。龙港化工厂是开发区的主要污染源头，主要有以下几种污染：产生的工业废气、含有氢气和一氧化碳气体的造气炉吹风气、合成氨生产过程排放的含有甲烷的“合成气”以

及生产过程中排放的空气、甲醇生产中排放的低压饱和蒸汽和富裕的二氧化碳气体等。其中，“合成气”排放量约为每年 0.0576 亿标准立方米，“造气炉吹风气”排放量约为每年 3.96 亿标准立方米，二者合计约为 4 亿标准立方米。目前，这些废弃只经过简单的除尘处理就排放到了大气中，严重污染了大气环境，造成了能源浪费。为推进节能减排，需要对龙港化工厂项目进行环保升级，实施“三废”混燃发电项目改造，采用高效除尘设备收集烟气中的飞灰，采用高烟囱排放废气，装设烟气连续监测装置，同时还要自动监测大气污染物排放情况，为环境管理提供监测数据，发现问题及时解决。或者将龙港化工厂实施整体搬迁、改造。但无论是改造费用，还是搬迁费用，都是邱县薄弱财政所难以负担的。

农业循环经济项目改造或者升级进展缓慢，农业面源污染仍然严重。邱县农业面源污染主要来自种植业农业和化肥过量使用，以及大范围、小规模、分散式畜禽养殖。按照畜禽养殖废弃物排放达到资源化处理规模经济的要求，“十二五”期间，邱县需要大力推动畜禽养殖规模化和设施化水平，围绕规模养殖企业（场）就近建设一批大中型沼气系统，沼气供居民和企业使用，沼液进一步发酵加工生产高效有机液态肥。据其他地区广泛推广使用高效有机液态肥试验表明，蔬菜平均可减少化肥使用 200 公斤，大幅度减少农药使用。邱县还需要加强高效液态肥的推广使用，以降低面源污染度。邱县饲养业和畜牧业的循环经济改造任重道远。

（三）市场信用建设有待加强

邱县循环经济发展的时间还不长，不可避免地出现了一些初级阶段发展问题，如再生资源回收环节市场秩序较为混乱，道德风险呈现。秸秆是千百年来邱县农村的典型废弃物，量大分散，往往被搁置在田间地头，资源利用价值极低；如果通过燃烧形成草木灰还田，则不仅能源浪费严重，而且环境污染严重。邱县通过政府补贴，改进秸秆利用方式，实施秸秆发电项目，不仅能够还给农村一个清洁的环境，弥补农村能源不足，还有利于改善民生，农民再也不用为处理秸秆花费大量劳力，且能获得一定收益。但随着秸秆发电项目的相继建成，秸秆需求量大量增加，农民开始将秸秆看作盈利性资源，不断向发电厂索要高价，更有甚者为谋取更多经济利益在秸秆中掺杂泥巴和石子。10 斤秸秆掺上 3—5 斤添加物，以致生物质发电原料不仅收购价格高，且质量低劣，不符合生产要求。发电厂本来就是政府补贴的项目，经济收益很有限，通过政府每千瓦时电补贴 2 毛钱维持运转。混乱的再生资源回收市场，高价低质的原材料使生物质发电难以为继。

技术薄弱、新路径变化也给从事循环经济的企业带来风险。循环经济和技术在当前还属于新鲜事物，远未成熟，技术更新和替代风险大。一种副产品或者废弃品的利用可能有多种技术路线，如对家禽粪便的循环利用技术可达数十种。技术路径变化尽管为废弃物和副产品本身的利用提供多种可能，甚至是更有效的选择，但给先期循环经济投资带来的风险也不可忽视，技术变化易，但设备更改不易，企业转型不易。新技术的出现可能迅速淘汰一批企业，使企业的沉没成本不可收回，由此带来巨大的循环经济投资风险。

此外，政府财政支持方式需要进一步改进。循环经济要发展，公共基础设施需要先行，政府投入是循环经济投融资的一个重要特征。由于非效率导向，更多扶贫导向，转移支付导向，加之投入过程公开性、透明性不够，前期可行性论证不够，循环经济项目重复投资、超规模投入等问题严重。一个区域的循环经济资源如废弃物和副产品均有限度，盲目支持更多项目投资，将直接导致各个项目均“吃不饱”。

（四）循环产业链条有待进一步整合

“十一五”以来，邱县循环经济已经取得较大进展，但从系统集成的角度来看，虽然循环已经初步实现，但仍然处于低层次的分散小循环，没有进入高层的大系统循环，缺乏对农业节水、种植业、养殖业、饲料产业、农产品加工业、沼气产业、有机肥产业、太阳能等产业的高效有机集成。从生态产业链构成来看，虽然已经形成多条以农业资源为依托，以资源循环利用为特征的产业生态链条。但是，一些养殖业、农产品加工业还游离于工业区的循环经济网络之外，在产业链条的纵向拓展延伸、链条之间的横向关联衔接、不同资源循环体系的集成等方面都有待改进。

第一，现有产业链延伸不够，循环利用效率有待提高。园区内的屠宰、林板和棉籽壳加工等产业直接以农业养殖业、种植业产品为原料进行初级加工，链条不长，延伸有限。即使是利用工业中间品纱线的棉纺织业，其加工利用水平也不高，深加工环节少。

第二，种植业、养殖业、农产品加工业、林业、生物质能源、饲料、有机肥等的全面集成循环需要继续推进。园区内种植业、养殖业、饲料、沼气、有机肥、农产品加工废弃物之间循环链条还处于分立状态，一些农产品加工企业分散布局，没有与园区其他企业形成循环产业链，如养殖业粪便规模化利用制沼气和高效有机肥等重要节点项目还没有建成，完整的

“基地林—林下种养—畜禽粪便返田”生态链未能形成。

第三节　“十二五”邱县农业循环经济体系构建

一　“十二五”邱县农业循环经济发展思路、任务与重点领域

“十二五”期间，邱县进一步发展循环经济的整体思路应是：通过优化产业布局，新建循环经济节点项目和改扩建现有循环经济项目、设施，补充和完善目前循环经济产业链条尚不完善的部分，纵向延伸和横向扩展循环经济产业链，从而建立跨企业、跨产业（农业种植、养殖、林业与工业）、跨生产生活、完整高效的循环经济网络和产业体系，形成以开发区为中心的经济增长极，以城区为核心的循环型社会，实现以工促农、工农联动，以城带乡、城乡协调的发展战略。

为落实上述思路，需要实现以下主要任务（可以概括为“15464”工程）：把握一条主线，构建两主三辅五大循环型产业体系，建设四大体系促进形成循环型社会，实施六大循环经济节点项目，形成四大发展示范。

“一条主线”即坚持以循环促发展，建设“产业集聚、企业入园，生态设计、产业成链，工农复合、清洁生产，高效循环、绿色能源，园区内外、集成循环”为主线的国内一流的标杆性县域循环经济体系。

构建三主二辅五大循环型产业体系，即在已形成的棉花、林板、食品加工三大主导产业，化工医药和装备制造两个辅助产业的基础上，构建覆盖全社会的循环经济体系。

建设四大体系包括污水与中水循环利用体系、供暖改造和余热利用体系、生活废弃物回收与处置体系、再生资源回收体系建设。

六大循环经济节点项目包括林板电热气一体化项目、大型沼气池发电及沼液制生物液态肥生产项目、龙岗化工厂“三废”发电项目、污水处理与循环利用项目、棉浆粕生产项目、脱酚棉籽蛋白生产项目。

四大发展示范即复合循环经济模式示范、高效碳循环示范、污水负排放示范、县域经济统筹发展和优化升级示范。

二　“十二五”邱县农业循环经济体系构建

（一）棉产业循环体系

棉产业循环体系主要包括棉花种植和棉纺两大产业，未来将在现有企

业基础上重点发展六个方面：

第一，棉花种植方面，与养殖业、沼气新能源、沼液制取生物液态肥产业耦合，用生物有机肥部分替代化肥和农药，提升棉花产量和质量，减少农业面源污染，促进棉产业种植生态化发展，塑造邱县棉花和棉制品的生态、绿色、环保、健康形象。

第二，在棉花及相关产品流通方面，充分利用区域棉花产量优势，建设区域棉花、轧棉、棉纱、棉布等交易和集散市场，形成流通中心，完善棉产业流通体系，增强棉产业的基础地位。

第三，鼓励棉纺企业加速技术改造，提高棉纱纺织、印染加工能力和技术水平。引进先进技术装备，降低印染污染，强化污水处理与循环利用。发展高质棉纱产品，提高附加值率。

第四，引进高端品牌和提升本地品牌知名度相结合，提升服装企业生产能力和市场占有率。

第五，利用东南沿海和山东地区棉浆粕产业转移机会，提升棉浆粕生产能力和技术水平，形成我国重要的棉浆粕供给基地，纵向延伸和横向拓展延伸棉浆粕产业链，进一步壮大棉产业体系。

第六，强化棉籽综合利用。开发棉籽壳生产食用菌；通过脱酚去毒等技术创新，开发棉籽饼制优质饲料蛋白添加剂产业；开发以棉酚为原料的医药产业，延长棉籽产业链，提高棉籽综合利用水平和附加价值。

（二）林产业循环体系

林产业循环体系主要完成以下三大任务：

第一，继续大力推动林板电热气一体化生产体系，向深加工、高附加价值方向发展，开发包装和装饰材料、建材、家具制造、造纸等高档化和系列化产品，提升技术水平，延长产业链条，提高附加价值。

第二，与高效有机肥产业链接，提高土地生产力，增强林产品产出率和可持续性，提升林木供给和原材料保障能力。充分利用清洁发展机制（CDM）发展碳循环和碳汇产业。

第三，大力发展林下种植和林下养殖。试验经济林与作物套种，扩大林下养鸭、养羊规模；发展立体化循环经济。

（三）种养与食品加工产业体系

第一，完善清洁型养殖及畜禽产品生产链。充分发挥清真禽类加工产业优势，壮大康远肉食公司等清真屠宰加工规模，带动邱县畜禽养殖规模化、设施化和标准化发展水平。同时要在规模化养殖企业（户）和畜禽屠宰加工企业内部实施清洁生产，实现清洁型养殖。

第二，延长食品加工产业链。在种植业和养殖业壮大的基础上，逐步推动食品加工企业康远肉食公司等扩大产能，延长食品加工产业链，逐步向熟食、包装食品等方向发展，改变现有肉制品加工业主要以提供冷冻肉为主的局面。引导和鼓励扭扭食品公司等充分利用邱县生态种植农产品，开发系列化休闲保健类食品，提升农业种植业原料价值，逐步形成高档化、系列化的食品生产基地。以食品加工业升级发展进一步带动种植业和养殖业协同发展。

第三，适时引进并启动饲料加工项目。一方面要加强邱县啤酒厂和白酒厂的酒糟废弃物开发利用，生产饲料添加剂；另一方面要充分利用邱县生态种植业的小麦、秸秆等农产品和农业废弃物资源生产饲料。鉴于邱县现有养殖业远不足以支撑食品加工业发展，规划引进建设30吨/年饲料项目，以带动养殖业和食品加工业发展。

第四，积极发展以食品加工业废弃物为原料的战略性新兴产业。在屠宰加工和食品加工规模扩大基础上，为促进与食品加工直接相关的循环经济发展，要加强加工废弃物的资源化利用，包括利用屠宰下脚料加工胶原蛋白等生物制品、利用屠宰生物血制取生物制品等。研发生物制品，可以延长食品加工产业链，提升资源综合利用价值，积极促进形成战略性新兴产业，培育邱县新兴经济增长点。

第五，加快发展沼气与生物肥产业，促进新能源和生态种植业发展。利用规模化养殖废弃物和屠宰废弃物，结合太阳能，就近建设大中型沼气。沼气可用于发电上网，或为居民供气。沼渣可进一步加工成固态有机肥，沼液可进一步采用生物技术发酵加工生产高效有机叶面肥。有机肥部分替代化肥和农药，发展邱县生态种植业，提升种植业产量和质量。同时，可以依托未来沼气与高效有机肥的发展，积极发展有机蔬菜、有机瓜果、有机食用菌、有机粮食的种植，进一步提高土地资源产出率。

（四）医药化工产业体系

第一，把化工制药、生物制药和中草制药作为邱县医药化工产业发展的主要方向，避免“小而全”。要紧密结合林下中草药种植等生产生物制品，发展以中草药片剂、制剂等具有保健功能的制品产品，提升医药制品的生产能力和产品档次，形成医药特色。当前突出工作是加快天合制药公司等制药企业的技术升级步伐，理顺企业产权关系，引进战略投资者或国内大中型上市医药企业。

第二，充分利用丰富的羊皮和动物血液等废弃资源优势，加大招商引资力度，发展利用羊皮制取胶原蛋白和动物血液制取生物制品等项目，发展高科技企业，为进一步发展化妆品等精细化工产品奠定基础。

第三，将医药化工产业体系的废水和固体废弃物纳入工业区资源回收再生利用体系，统一回收处理和再生利用。

第四，加快龙岗化工公司技术升级步伐。龙岗化工目前仍是工业区骨干化工企业，其未来的主要任务是调整产品结构，逐步淘汰碳铵化肥生产，将产品转型至挥发性相对较小、肥效较好的化肥产品。在根据国家产业政策实现转产和扩产之前，要加快“三废”混燃发电项目建设，彻底解决环境污染问题，发展成为“小而优”的化工企业典范。

（五）装备制药产业体系

其发展方向是通过错位发展，实现特色化和品牌化，重点是：

第一，充分利用国家支持农机发展政策，结合现有农机制造优势，支持企业加快技术引进，促进农机发展的品牌化和规模化。

第二，充分利用壮大装备制造业的机遇和政策，进一步促进轴承和喷油器总成等具有一定技术含量的产业发展，积极帮助企业与套装设备等企业建立紧密合作关系，减少经济波动带来的市场风险。

第三，鉴于目前企业分布于几个乡镇，未来装备企业要适当向工业区集中，进入循环经济网络体系，以便共用工业区基础设施，共同处理污水和固体废弃物。不能集中的乡镇零部件加工业发展要引导向零部件加工特色化、专业化发展，形成乡镇特色产业集群。

三　农业循环经济体系建设保障措施

邱县需要在现有园区的基础上修订规划并建立循环经济工业区，通过企业集聚和合理布局，缩短物资资源在不同环节、不同链条间流转的物理距离，为产业链条的进一步延伸和链条之间的衔接和集成创造条件，实现资源的循环利用和产业附加值的提高，实现能量梯级开发与利用，从而最终达到资源投入减量化、产品生产清洁化以及生产废物再资源化的总目标。

（一）强化不同层次的资源循环利用社会协作体系

完善物质循环体系。需要在现有共处一园的化工工业、机械制造业、医药工业、农产品加工业等不同产业的项目之间建立明确的物质循环关系，建立科学的物质流管理体系，为整个园区内外实现资源大循环，污染低排放直至零排放提供管理平台和载体。需要强化主体行动和社会协作。如水资源利用方面，在企业层次开展清洁生产，开展企业生产污水的升级处理，提高自身工业水平的循环利用率，并降低单位产品水耗。在园区层次，针对小企业规模占多数、污水治理难以达到规模经济水平、经济实力低制约污水治理能力等现实，由污水处理厂集中处理工业园区工业污水和县城区生活污水，实现环境基础设施共享。促进中水利用，缓解水资源短缺对工业园区和邱县未来经济社会发展的制约。

（二）提高循环经济项目招商和引资质量

催生企业家，促进中小微企业创业。充分认识到企业及其创业在循环经济发展、整个产业体系建设中的重要意义，采取有效措施，包括融资优惠、信用担保社会培训、技术支持、产权保护等扶持中小微企业创业。落后农业县的外来人口少，因而推动本地人创业主要应参照本地传统技艺，依据本地人口素质和技能特征，并结合循环经济产业引导目录，发展适合本地人和资源条件的创业。同时，循环经济多立足于当地现有物资资源，对于这些资源，当地人比外来人口更加熟悉，在资源保护和环境保护上当地人比外来人口更有责任心，因而当地创业、当地企业发展是循环经济的一个重要特点。

循环项目招商引资应立足于当地已有产业条件。应认识到单纯引进传统项目，单个的单向物质流项目不是落后农业县的优势所在，几十年的发展，落后农业县之所以仍旧为落后农业县，就是因为传统工业项目竞争方面当地不具备竞争力。因此应从发挥综合循环经济效益的角度开展招商引资。首先，应引进有利于当地循环经济开展的传统产业项目。传统产业项目和循环经济项目并无绝对的区别，末端废弃物和初始资源能够匹配的两个传统项目连接，就可构成循环经济项目，这启示出在招商引资时应多寻找能够与现有企业进行物质流配套的项目。其次，引进直接补充当地传统项目循环链的资源再生利用。只有这类有针对性的招商才能发挥循环经济园区的优势，使引进来的企业能够留下来，扎根于当地。

（三）围绕主导链条发展循环经济产业集群

强化技术创新支撑。邱县已先后分别与中国社会科学院中国循环经济与环境评估预测研究中心、河北科技大学建立合作关系。中国社会科学院将邱县列为循环经济调研基地，河北科技大学已先后三次组织县内企业开展产学研对接活动，与神农印染公司、恩溢纺织服装公司等企业签署4项技术合作课题，开展棉织物高校节能处理助剂茶皂素的研发与应用等研究。“十二五”期间，邱县需要在进一步引导企业加大技术改造力度的同时加强与中国社会科学院、河北科技大学和相关机构的联系，研究参与建立工农复合循环经济技术创新联盟，开展关键技术研发和应用示范工作，推动先进技术在邱县循环经济发展中的应用。

重视循环经济项目的规模化发展。循环经济利用的资源主要是消费末端的废弃物和工农业生产过程的副产品，不像自然资源更多以原始矿藏的形式出现；再生资源分布一般较为分散，规模化较小；因而自然资源的采掘和利用容易达到规模经济，而在再生资源的收集和利用过程中，规模化是一大瓶颈问题。在一个循环产业园中，如果某类废弃物的排放主体达不到相应的规模，其废弃物规模也就难以达到一定程度，收集和利用也就相应难有经济性。尤其对于工业副产品而言，它相对于主产品，量小、规模小，一般要有一个足够大规模的副产品供给主体，才能够支撑一个相对小规模的资源再生利用企业。因而，循环经济项目规模对循环经济体系构建意义重大。

围绕主导产业链和循环产业链紧抓配套。在国家循环经济法规制约和相应产业激励政策引导下，循环经济逐渐成为各个地方经济发展的主题，新一轮的循环经济发展热潮正在兴起，竞争态势不断呈现。循环经济在各地的发展体现为循环产业项目在各地的竞争——包括各地招商引资争项目，各地基础设施打造促创业，各地优惠政策出台促在建项目发展。对政府而言，在循环经济产业调控和政策刺激过程中，产业抓主线、项目抓配套是中心内容。对企业而言，良好配套是循环产业发展，走向深加工、精加工，整个产业升级的重要条件。

（四）用好国家相关政策，进一步争取外部支持

邱县已列入河北省循环经济示范县。鉴于邱县加快发展循环经济的紧迫性和必要性，以及探索平原农业县经济发展模式的开创性和先进性，邱县计划下一步争取列入国家“十二五”循环经济发展示范名单，争取更好的政策支持和资金支持。因此，笔者建议省市有关部门优先推荐邱县进入国家循环经济示范候选名单。制约邱县循环经济发展的主要因素是投资和资金。邱县的相关规划共确定了主要循环经济项目47个，初步总投资

约为172亿元人民币。其中近期项目25个，总投资约为98.64亿元人民币；中远期项目22个，初步总投资约为73.62亿元人民币。

项目资金筹措采取多元化渠道进行：一是企业自筹；二是银行贷款；三是申请中央资金支持；四是引进战略投资合作伙伴融资。不同种类的项目资金比例和银行贷款比例不同，初步估算近期25个项目在2009年—2015年需要地方和企业自筹资金总额为39.5亿元，申请银行贷款总额约为49亿元。为推动邱县循环经济工业区确实完成发展循环经济的主要任务，实现确定的发展目标，弥补邱县资金短缺的问题，笔者建议河北省和国家有关部门安排专项资金10亿元，约占25个重点项目近期总投资98.64亿元的10.14%，其中，对于农业、生态建设、基础设施等建设项目国家给予40%的资金支持。邱县分年度将国家支持的资金全部用于项目发展，在此资金安排框架下，邱县要抓紧项目的前期工作，同时需要国家和省市有关部门及时审批，并按照中央预算内资金和财政奖励资金等管理和申报程序，安排资金支持。

确保政策支持的针对性、科学性和连续性。应改进现行循环经济的支持方式。一是让有限的政策资金流向真正想搞循环经济的地方，杜绝假借循环经济之名，行套取循环经济之实，切实防范投机型地方政府引致的中央财政被"钓鱼"风险；二是中央财政重点支持有资金配套的区域，确保一定的循环经济投资强度；三是评估项目实施的规模可行性，不在一个地区重复投资，防止出现产能过剩，或者出现再生资源瓶颈；四是考虑到地方财力的有限性及循环经济投资周期长、见效慢等特点，增加项目的后期投入，确保项目发展的持续性；五是注意循环经济重点投入，尤其是围绕产业链和循环链，集中力量办好大事。

（五）把握机遇，以循环利用促县域经济发展

坚定信心，切实认识循环经济发展的战略性、长期性、艰巨性和过程性。首先，循环经济关系到国家的资源安全和经济安全，是经济社会发展的重大战略问题，应置于发展的重要地位。其次，对自然资源利用的传统经济经历了人类历史的漫长时期，才发展到目前的高水平，以再生资源利用为特征的循环经济出现时间还不长，还需要长期发展。再次，当前需要在循环领域发展各类应用技术，产业组织体系面临重新组织，全球地理分工格局也在酝酿变动，循环经济发展任重道远，不可能一蹴而就。还有，循环经济发展是一个阶段性的过程，它建立于传统产业基础之上，是对传

统产业的超越。

对邱县这样一个落后农业县而言，发展传统经济并非其优势所在，应牢牢把握好转变经济发展方式，建设资源节约型和环境友好型社会，实现绿色可持续发展给邱县带来的良好机遇，紧扣循环经济和再生资源，将本地资源基础做大。依靠循环经济，搞活农业，发展农业，推动服务业；进行产业链再造，带动相关产业发展；在发展基础薄弱的情况下，适应国家政策调整方向，自觉将自己纳入国家政策支持体系，获取更多的外部支持；突破封闭的小农经济，纳入区域协作体系，乃至全球分工体系。

第十七章　广西壮族自治区河池市有色金属尾矿无害化及综合利用案例

中国有一批因资源而建的新兴城市。资源开采加工促进了地区经济社会的快速发展和城市的快速扩张，但与此同时，在资源快速开发过程中，由于受到当时采、选、冶技术等限制和环境意识的欠缺，资源综合利用率低，资源浪费和贫化的弊端开始突现，一些城市和地区大量尾矿堆积，不仅造成资源的极大浪费，对城市发展、生产生活安全也带来极大威胁。因此，加强尾矿无害化处理和综合利用既是中国当前循环经济发展急需解决的突出任务之一，也是事关这些地区实现可持续发展、事关国家资源安全的重要战略举措。

广西壮族自治区河池市是一座典型的资源型城市，有色金属资源开发利用促进了地区经济社会的快速发展，但也曾因资源开发利用管理不当带来过血的教训。2011 年，经工信部批准，河池市成为首批 12 个国家工业固体废弃物综合利用基地建设试点地区之一。河池市根据自身资源禀赋，主导产业和主要工业的固体废物类型，选择将有色金属尾矿无害化处理和综合利用作为工作重点，并正在推进国家级有色金属工业循环经济示范园区建设，取得了初步成效，也为其他资源型城市开展工业固体废物综合利用提供了重要启示。

第一节　河池市有色金属尾矿无害化及综合利用

一　河池市概况

河池市地处广西壮族自治区西北部，东连柳州，南接南宁，西接百色，北邻贵州省黔南布依族自治州，是大西南通向沿海港口的重要通道，为广西北部较大的城市。同时，河池市也是一座年轻而富有朝气的城市，2002年经国务院批准设立。现全市下辖金城江、罗城、环江、南丹、天峨、东兰、巴马、凤山、都安、大化、宜州11个县（市，区），国土总面积3.35万平方米，总人口409万人，是广西壮族自治区少数民族聚居最多的地区之一。

从地理上来看，河池市地处环太平洋金属成矿带，是世界上罕见的多金属共生富矿区，属南岭成矿带的一部分，矿产资源特别是有色金属矿产资源十分丰富，具有矿种齐全、共生、伴生矿种多、分布广、质量好、储量大、综合利用性强和价值高等特点。根据勘探来看，目前全市11个县（市，区）都有矿藏，已探明的有锡、锑、锌、铟、铜、铁、金、银、锰、砷等46种矿种。

河池市有色金属矿产在全国、广西省都占有很大的比重，是全国著名的"有色金属之乡"，保有储量居广西省首位的有锡、铅、锌、锑、银、铟、镉、硫、砷9种。其中锡金属储量超过90万吨，约占全国的1/3，居全国之首；铅锌金属储量超过600万吨，居全国第二位；锑金属资源储量超过72万吨，占广西总量的87%以上，居全国第二位；铟金属储量占广西的90%以上，占世界的50%以上，是世界"铟都"。此外，镓、钒、钼、镉、钯、钴等伴生贵重金属保有储量也达10万吨以上，金、铁、石灰石、大理石、煤的储量也极为丰富。

除有色金属矿产资源外，水和水能资源也是河池市另一个重要的资源。河池市年均水资源总量高达250亿立方米，约占广西省水资源总量的13.3%，远高于全国平均水平。境内主要有红水河和龙江河两大干流，均位于柳江上游，属西江水系。丰富的水资源和独特的地形地势，造就了河池市丰富的水能资源。全市水能资源蕴藏量约1200万千瓦，占广西水能资源的60%以上，是国家规划建设的华南能源中心之一。国家计划在红水河建设的10座梯级电站，有4座位于河池境内，现已建成大化电站和岩滩电站，总装机容量达140万千瓦。正在建设的龙滩电站是我国仅次于三峡水电站的大型水电工程，一期装机容量490万千瓦已并网发电，二期规划建设140万千瓦，装机总容量达到630万千瓦。

二　有色金属产业发展现状

丰富的有色金属矿产资源、水资源和水能（电力）资源为河池市有色金属产业发展提供了得天独厚的条件。与此同时，广西壮族自治区“十一五”规划将河池市有色金属工业基地列为广西省重点培育的新三大工业基地之一，河池市“十一五”规划则提出，把河池建成广西最大、全国有名、在世界上有一定影响力的有色金属工业基地。近年来，河池市有色金属产业逐步改变了过去只靠挖矿卖矿，依靠采选业的单一发展模式。有色金属产业不仅是河池市的支柱产业，更成为河池市工业的五大优势产业之首。2010年，河池市有色金属产业总产值突破百亿元大关，其产值约占全部规模以上工业产值的50%。

目前河池市现有规模以上采选企业40余家，年采选能力约550万吨（原矿），规模以上冶炼及加工企业30余家，年冶炼能力达90多万吨（金属），是国内规模较大的锡、锌等生产基地。全市亿元产值以上企业中，有色金属企业约占一半，部分品种如铟等，其产量对国际铟交易市场有重要影响。金河和吉朗等一批强优企业迅速发展，有色金属产业综合实力不断提升。国际先进的“锡多金属硫化矿无抑制选矿工艺”“艾萨法（ISA）奥斯特熔炉铜冶炼工艺”等采选工艺和技术装备逐步推广，采、选、冶炼技术水平不断提高。

三 有色金属产业发展面临的主要问题

尽管河池市有色金属产业取得了快速发展，国内外影响日益提升，但面临的问题也日渐突出。概括起来，主要包括如下四大问题：

一是资源枯竭风险与资源破坏并存。河池市部分矿山开采超过20年，生产能力逐步萎缩，资源消耗过快导致部分矿种、矿井面临资源枯竭风险。与此同时，锑、锡等矿种部分存在乱采、乱挖现象，仍然存在不同程度的资源破坏现象。

二是资源综合利用水平低，资源产出率不高。全市有色金属行业处于产业链低端的企业多，技术水平总体不高，尤其是缺乏核心技术，先进技术并未得到推广，导致资源综合利用率较低。尤其是综合回收的有价金属元素种类少、综合回收率低，造成大量矿产资源的浪费。目前，河池市的有色金属企业仅有实力回收其中的锡、锑、锌、铜、金、银、铟、铋、镉等几种有价金属元素，其余大部分元素没有实力回收，被作为尾矿丢弃。即使能回收的这些金属元素，其综合回收率也很低，只有30%左右。

三是尾矿无害化处理和综合利用迫在眉睫。由于河池市有色金属矿产资源点多面广，而有色金属平均品位较低，且主要利用部分只是有价元素，导致有色金属尾矿成为河池市目前产出量最大、综合利用率最低的大宗工业固体废弃物。由于尾矿规模大，既含有大量有价元素，也普遍含有砷等元素，因此大量尾矿不仅严重浪费资源，污染和环境隐患突出，而且存在着重大的安全隐患。尾矿污染和综合利用问题已成为制约河池市有色金属产业可持续发展的重大制约因素和障碍。

四　尾矿资源综合利用现状与问题

尾矿为矿石矿山开采的副产品，包括堆存的低品位矿石、选矿尾矿等。

在长期的发展过程中，由于受到当时采、选、冶技术的限制，回收率较低，矿山排放的尾矿砂及冶炼企业的炉渣等常年大量堆积，形成尾矿库（渣场）。

目前全市共有有色金属尾矿库77座，已堆库容3200万立方米（约6000万吨），主要分布于南丹（32座）、环江（10座）、金城江（11座）、罗成（12座）等县（市、区）。其中，南丹县占全市尾矿已堆库容的81%（2600万平方米）。随着有色金属采选企业生产的不断增加，初步估算河池市尾矿每年新增量约400万吨，从而不断增加库容存放的压力。

除此之外，每年长生矿渣100万吨以上。根据2009年统计，在几个主要矿种冶炼过程中，铅冶炼产生矿渣约28.7万吨，锌冶炼（含电解、焙烧）后产生矿渣约53.8万吨，锑冶炼后产生矿渣约3万吨，硫铁矿生产硫酸后产生矿渣约15万吨。

目前河池市有色金属尾矿资源利用主要通过有色金属尾矿提取多金属、硫铁矿渣综合开发、废弃尾砂胶结充填采空区、废弃尾砂和炼铁水渣研发建材等途径进行，现有有色金属固体废物综合利用重点企业17家，年利用工业固体废物220万吨，年产值超20亿元，工业固体废物利用取得了初步成效，但利用规模有待扩大，利用效率有待提升。

有色金属尾矿含有大量的有价金属元素，如铅、锌、锡、锑、硫、铁、铟等。根据地质报告资料显示，河池市尾矿砂锡的平均品位0.58%；铅的平均品位0.99%；锌的平均品位0.99%。目前绝大多数尾矿未能得到很好的回收利用，常年堆积于尾矿库（渣场），造成资源的极大浪费。

尤其是河池市几乎所有有色金属矿源中都含有砷、硫等有毒、有害物质。目前河池市有色金属工业的选矿、冶炼企业共108家，包括选矿企业45家和冶炼企业63家，均为涉砷企业。选矿企业长期堆积了大量富含砷、硫等有毒有害物质的尾矿，是严重的环境污染风险源，不仅严重地制约了当地工业的可持续发展，潜在环境安全隐患也是对人民生活的巨大威胁。

五 推进有色金属尾矿无害化和综合利用的政策与措施

河池市有色金属尾矿无害化和综合利用是一个系统工程，涉及方方面面。目前河池市政府和有关部门制定了一些政策，采取了一些措施，为推进尾矿无害化和综合利用打下了较好基础。

（一）完善管理体制，健全管理政策

河池市政府成立了有色金属尾矿资源综合开发领导小组，组长由市政府领导担任，成员由工信、发改委、国土、安监、环保、水利、林业、技术监督、财政、税务、科技、金融部门以及涉及的县市区领导组成。领导小组负责对全市有色金属尾矿资源进行整合，研究协调尾矿综合开发过程中的重大问题。加强宏观调控，及时引导、化解内部各方面的矛盾，处理好各方面利益，维护正常的尾矿开发秩序，防止和及时制止乱采滥伐、破坏环境现象，防止和纠正简单回收不搞综合回收现象，促进尾矿资源整体开发利用，实现全市工业经济可持续发展。

与此同时，河池市出台了一系列促进有色金属尾矿环境污染和综合利用的政策和工作方案，包括《河池市涉砷行业企业整治工作实施方案》（河政办发〔2009〕261号）、《河池市开展有色金属行业企业环境整治专项行动工作方案》、《关于印发〈河池市开展以环境倒逼机制推动产业转型升级攻坚战行动方案〉的通知》（河发〔2012〕8号）、《河池市有色金属尾矿资源综合利用实施意见》等。此外，河池市还委托环境保护部环境规划院编制《河池生态环保型有色金属产业示范基地规划》，《河池市重金属污染防治规划》也正在编制中。

（二）全行业排查整治，摸清资源分布和利用情况

根据自治区和河池市有关安排，河池市对全市范围内的铅、锌、锡、砷、咯、汞、铜、硒有色金属采选与冶炼，再生资源回收与加工等重金属污染物产生企业存在的环境风险和安全隐患进行了排查整治，包括审批备案、环评、安评等行政手续，企业主要原料、种类、数量、生产工艺和设

备，产污环节、风险源，主要污染物排放成分、含量、数量和排污去向，污染物治理及排放情况，固体废物种类、数量及利用和处置方式，排污口规范化管理情况，以及周边环境安全状况等，被逐一建立档案和列入数据库，为下一步实施全过程监管，加强有色金属产业废弃物无害化和资源综合利用打下了较好基础。

为了查清尾矿资源家底，从 2002 年 9 月开始，尾矿资源较多的南丹县国土资源局联合有关部门和单位依法对全县境内各种权属尾矿进行概查和地质全面评价。通过地质勘查、化验分析、风选、磁选、化学选矿试验，基本查明了矿体规模、形态、产状，尾矿砂的来源，尾矿砂类型及粒度、主要矿物成分及结构特征，基本查明锡、铅、锌、锑、银等含量，对尾矿资源利用提供了可靠的第一手资料和依据。

（三）帮扶龙头企业和重点项目，推广无害化和资源化技术

龙头企业生产规模大，技术水平相对较高，有利于为循环经济发展提供技术支撑。以 2012 年初龙江河镉污染事件治理为契机，河池市按照自治区党委、政府的部署，对全市 154 家涉重金属企业进行环境安全风险隐患大排查、大整治活动，坚决关闭取缔了其中 96 家（占 62%）企业，加快兼并重组其余 58 家涉重金属企业。目前，涉重金属企业数量已经从 154 家减少至 50 家，实现了企业数量减少 60% 的阶段性目标。与此同时，河池市重点帮扶华西集团、五吉公司、吉朗公司、南方公司等一批龙头企业，在全市范围内推广采用浮—重选联合流程、砷回收技术、炉渣综合利用等一批先进技术，支持吉朗公司年产 10 万吨硫酸和砷回收等一批重点项目，逐步形成了比较成熟的有色金属综合回收和综合利用工艺技术体系，发挥了较好的示范作用。例如，尾矿在提取有效元素，制酸后，炉渣（含铁可达 50 度以上）用于炼铁，环江钢铁厂掺和率已达 30%。下一步，如硫酸渣经脱砷，砷含量低于 0.1%。掺和率可达 60% 以上。

（四）加大财政专项资金支持力度

从 2007 年以来，河池市每年安排专项资金 2000 万元，鼓励企业组织实施工业固体废物综合利用项目。同时，政府也正在加快出台相关配套政策措施，在工业固体废物综合利用项目的用地、税收等方面提供更多的优惠政策，全力推进工业固体废物综合利用示范基地建设。2009 年，全市工业实施技改项目 403 项，年度完成投资 61.33 亿元，同比增长 181.1%。“十一五”期间，全市在工业固体废物综合利用项目的投资达到 17.8 亿元。

六　推进有色金属尾矿无害化和综合利用的特点

总体而言，河池市推进有色金属尾矿无害化和综合利用工作仍然处于起步阶段，但为下一步工作奠定了较好基础。综合来看，河池市推进有色金属尾矿无害化和综合利用工作具有如下特点，可以供其他资源型城市借鉴。

（一）统筹规划产业增长与循环经济发展

有色金属产业是河池市的支柱产业，但作为典型的岩溶地区，河池市本身的生态环境十分脆弱，有色金属产业生产过程中产生的工业固体废物加重了河池市的生态压力。河池市吸取了过去的经验教训，不再简单考虑产业增长对区域经济增长的支撑作用，而是把循环经济作为全市工业经济新一轮发展中向低消耗、高效益、循环型、生态型转变的载体和助推器，创建有色金属尾矿无害化和综合利用示范基地，作为全市有色金属产业发展的关键补链环节，促进有色金属产业的循环化发展。

（二）逐步建立全员参与、广泛合作的综合利用管理模式

鉴于我国资源价格体系尚不完善，在类似于河池市这样的资源富集地区推进尾矿无害化和综合利用难度更大，单纯依靠政府引导的模式难以发挥理想效果。河池市建立了政府领导小组，结合行业企业环境整治专项行动，让全市全民参与，主导推进以尾矿无害化和综合利用为核心的有色金属产业循环经济发展。考虑到建立可持续发展机制，充分发挥市场作用，引导和吸引企业投资建立可盈利、可持续的项目。与此同时，基于河池市人才、技术等具体情况，不仅积极寻求国家和自治区相关部门的大力支持和协助，更充分利用外脑，寻求行业协会、大学和研究结构的技术、人力资源合作，形成工作推动合力。

（三）形成无害化处理和资源化利用结合的发展方式

污染、安全隐患和资源浪费是有色金属尾矿问题的核心，也是制约河池市有色金属产业可持续发展的关键。针对有色金属尾矿的特点，河池市采取了无害化和资源化结合并重的处理思路，以无害化处理为基础，进一步将经过除硫、除砷后的有色废料进行共伴生金属回收，再利用含铁成分供应炼铁。同时，硫、砷等不仅仅是简单脱除，而是回收用于生产原料。通过以无害化和资源化利用有机结合，不仅帮助企业实现转型，也延长拓展了产业链条，壮大了有色金属产业。

第二节　河池市有色金属尾矿无害化和综合利用中长期发展规划

一　无害化和综合利用的基本思路和重点

有色金属尾矿问题是有色金属产业长期粗放式发展的积累结果。鉴于河池市有色金属尾矿的有毒物质成分和资源属性，河池市主要是把实现尾矿无害化处理和综合利用作为建设生态型有色金属工业示范基地的重大补充，这也是当前河池市有色金属产业循环经济发展的工作重点。无毒化治理尾矿库是要消除尾矿和尾矿库带来的环境污染和安全隐患，进而改善矿区环境，包括消除老尾矿库安全隐患及工程示范，建设含砷尾矿无害化处理示范园区。尾矿资源综合利用主要是实现尾矿高附加值利用和大宗利用，为企业带来经济效益，促进产业良性发展。

具体来说，有色金属产业尾矿无害化和综合利用主要包括如下四个方面：

一是加强含砷尾矿无害化处理，确保珠江流域生态安全。主要是突出砷污染治理，引进专利技术对砷进行集中提取、集中管理、集中处理，实现含砷尾矿的综合利用和有害物质的无害化处理，从源头上消除砷、硫和其他重金属的污染，实现砷污染、重金属综合治理和环境修复，确保珠江流域生态安全。

二是科学地开展尾矿库治理工作，消除环境污染和安全隐患。主要是要提高尾矿库尾矿大规模安全低成本开采，对尾矿库进行规范化管理，编制规划，促进尾矿有序开发；开展尾矿库隐患治理工作，对存在隐患的一些尾矿库进行整顿，对被污染的区域进行全面治理。

三是强化综合利用技术攻关，保障示范基地快速发展。主要是针对制约瓶颈，实现产学研究结合，研究开发适合有色金属工业固体废物综合利用的新工艺、新技术，促进资源综合利用。提高资源综合利用率，实现矿产资源可持续发展。

四是拓展资源综合开发，促进有色金属产业优化升级。主要是通过技术创新，依靠科技进步，采用新技术、新工艺和新设备，对尾矿进行综合开发，通过金属回收，使有色金属尾矿变废为宝，成为河池市有色金属产业持续发展的重要资源。同时，推进金属产业向深加工方向延伸，形成循环经济产业链，提高资源综合利用的深度和水平。

河池市有色金属产业尾矿无害化和综合利用主要是采用分质处理、分质利用的思路。对于废弃尾矿砂，经过无害化处理后主要适用于矿山采空区填埋处理和生产建材；对于多金属尾矿，主要是通过进一步冶炼综合回收各种有价多金属产品，同时进一步回收冶炼废渣，以进一步利用铁元素；对于含铁尾矿，主要是通过无害化处理降低硫、砷等含量，利用铁渣供应钢铁产业，脱除含硫、含砷物质，生产相应产品。

由于河池市有色金属采选、加工点和企业较多，初期难以全面实现无害化和资源化利用。河池市规划在现有工业园区基础上，选择有色金属产业主要集聚区，集中力量建设若干示范园区，包括以南丹高新材料工业园为平台，建设尾矿多金属提取示范园、尾矿砷无害化处理示范园、尾矿胶结充填采空区示范园；以环江工业园区为平台，建设尾矿铁资源综合利用示范园；以河池城区工业园区为平台，设立尾矿研究开发建材产品示范园；以南丹有色金属新材料工业园区、金城江工业集中区为基础，建设综合回收多金属提取示范园。

二　建设尾矿有色金属综合回收示范园区

针对河池市有色金属矿 90% 以上为共（伴）生矿的特点，河池市将联合有关单位，选择合适的企业，开展有色金属尾矿中有价元素高效选矿回收及节能减排技术、有色金属选矿精矿中有价元素的分离提取技术、有色金属尾矿综合回收有用组分的选矿药剂及装备研究和开发，分选回收尾矿中铅、锌、锡、锑、银、金等多种金属矿和硫铁矿，提高有色金属资源综合利用水平。

在该示范园区内，将选择重点建设华锡集团、河池五吉、五一矿业、南方有色、津泰资源再生、广西金河矿业等 13 家企业的 14 个重点示范项目。规模较大的有：华锡集团投资 3.5 亿元，采用有色金属尾矿综合回收的浮选新工艺、锡石细泥浮选新工艺、分步分支磨矿和磨选循环的方法、超细贫铅锑锌絮凝载体浮选等方法，年处理有色金属尾矿 200 万吨；投资 4.5 亿元，采用氧气底吹炉和还原侧吹、转炉精炼等工艺技术，年处理锡、锌、铅、铟等冶炼废渣 100 万吨，除回收铅、锌金属以及硫铁矿外，另外综合回收金、银、铜、铋、锡、锑等有价金属。河池市南方有色冶炼有限责任公司投资约 3.2 亿元，采用新工艺，处理锌浸出渣、锌冶炼净化渣、锌冶炼渣、锌鼓风烟化渣等约35万吨/年；采用破碎、分级、两级高强度精选等工艺，年处理20万吨锌挥发窑渣；从俄罗斯引进世界先进水平的基夫赛特法（一步炼铅法）工艺，处理含铅银渣等各种废料95万吨。河池市津泰资源再生有限公司投资近4亿元，采用“烟化综合处理铅锌鼓风炉渣的工艺”和“综合回收利用铅锌鼓风炉渣的工艺”，年处理冶炼废渣10万吨和尾矿渣50万吨。广西成源矿冶有限责任公司投资约6.1亿元，引进国内专利的“SKS还原熔炼—电解精炼”工艺，配套建设大型渣场，从冶炼渣中提取铜，从锌净化渣中提取镉等。

三　建设含砷尾矿无害化处理示范园区

河池市将联合有关单位，选择合适的重点企业，开展老尾矿综合回收的高砷硫铁矿精矿进行清洁利用关键技术研究，包括含砷物料分段焙烧技术、多金属尾矿焙烧系统、硫铁尾矿焙烧系统、烟气制酸系统、旁路重金属回收系统、余热发电系统、尾气治理系统、环保设施配套系统等研究，并在小型试验基础上建立示范工程，进行工业试验。

示范园区目前主要规划南丹县吉朗铟业有限公司刁江重金属污染固体废物综合治理创新示范项目。项目总投资15000万元，采用选矿和冶炼工艺，通过引进南化集团研究院的砷回收专利技术，进一步研究完善硫、砷脱除回收技术，建设年处理有色金属尾矿60万吨的选矿流程生产线，通过冶炼综合回收，每年开发砷产品6000吨、回收铅锌金属3万吨、工业硫酸20万吨、铁渣13万吨。

四　建设含铁尾矿综合利用示范园区

针对除砷后的高铁硫酸烧渣，河池市将联合有关单位，选择合适的企业，开展规模化利用关键技术、关键装备以及工业废渣矿粉的规模化生产成套技术等研究开发，推进利用除砷后的高铁硫酸烧渣为炼铁厂提供原料，实现资源化利用。园区示范项目主要包括河池市环江钢铁厂制酸废渣综合利用项目和环江富鑫锻造材料有限公司制酸废渣综合利用项目。前者投资4.5亿元，采用“废渣预混合+特种破碎+煤气燃烧干燥+多级高强度磁选+先进炼铁”生产工艺，年处理回收硫铁矿制酸后的铁渣100万吨，年产生铁50万吨。后者投资5.5亿元，采用球磨、立磨粗磨、环辊磨细磨等多级破碎生产工艺，年处理冶炼处理后的铁矿100万吨，生产年产 50 万吨细度达 500 目的钢渣活性矿粉。

五 尾矿生产建材产品示范园区

针对尾矿规模大而建材产品需求量大的特点，河池市将联合有关部门，选择合适的企业，开展利用尾矿生产建材的关键技术开发和示范项目。关键技术包括研究利用富硅尾矿生产超高强度混凝土，利用普通尾矿生产加气混凝土；利用大部分尾矿的化学成分与玻璃或陶瓷相近的特性，生产具有耐高温性及低膨胀系数、高耐腐蚀、抗氧化、电绝缘性能好等优良的理化性能的微晶玻璃；利用尾矿大规模替代水泥原料制造水泥，生产免烧免蒸尾矿砌块、尾矿透水砖、尾矿地质聚合物夜光马路沿石、彩色地面砖，装饰板材等。

目前已规划确定的示范工程项目主要是广西虎鹰水泥有限公司多种工业废渣综合利用工程项目，投资 7600 万元，利用先进的粉磨工艺，年处理炼铁水渣 50 万吨，实现工业固体废物的综合利用，并降低生产成本。

六 尾矿充填采矿工程示范

针对充填成本高的问题，研究开发价格低廉、原料来源广泛、使用方便且能达到必要物理力学性能的新型胶凝材料，开发材料规模化生产技术、高浓度充填料浆高效制备关键技术、尾矿充填料输送技术、膏体尾矿干式堆存技术和尾矿高浓度充填自动化控制技术等，促进利用所形成的充填体进行地压力式管理，以控制围岩崩落和地表下沉，并为回采创造安全和便利的条件。

目前已规划有两个示范项目，即南丹县铜坑矿采空区治理项目和南丹县高锋矿采空区治理项目。两个项目分别投资 1100 万元和 1000 万元，设计年充填规模和崩落顶板治理规模分别为 30 万立方米和 20 万立方米。

七 消除老尾矿库安全隐患及工程示范

河池市将联合相关单位开展尾矿坝重大事故隐患的现场快速诊断和治理技术、尾矿库溃坝后果评判技术和方法研究，建立完善河池市尾矿数据库，对区域内尾矿库全部建立实时在线监测系统；构建河池市尾矿库安全监测监控信息平台，对尾矿库进行总体评价和监控、病险库治理、尾矿库复垦和尾矿库尾矿适度回采。此外，还采取分类实施的办法，首先对病危库进行治理，一方面对暂不回收利用的尾矿库采取生态复垦；另一方面是对可利用的尾矿进行科技开采并开展综合利用，主要是选择适宜的尾矿库，拟建每年30万吨的回采示范工程以及开展矿区复垦工程示范。

第十八章　山西省百成新能源电动汽车

“十二五”时期，中国经济发展将突出科学发展的主题，更加注重经济结构的战略性调整和社会的全面、协调和可持续发展。加快开发和利用新能源和可再生能源，对于转变经济发展方式，优化能源结构，缓解能源供应与环境压力，促进经济平稳较快发展具有重要的战略意义。经过十多年的努力，我国电动汽车自主创新取得了重要突破，自主开发的产品开始批量进入市场，发展环境逐步改善，产业发展具备了较好基础，具有了加快发展的有利条件和比较优势。

第一节　中国电动汽车发展概述

一　中国电动汽车市场分析

中国的汽车工业自1953年开始起步。经过几年的发展，中国已成为汽车生产大国，被国际制造商组织列为世界十大汽车生产国之一。根据中汽协会发布的信息，2010年，中国汽车销量达1806.19万辆，同比增长32.37%，继续居全球销量第一位。2010年，中国国内生产总值已超过日本，居全球第二位。与此同时，中国汽车整体保有量与发达国家相比，仍处于偏低的状态。来自公安部交通管理局的数据显示：截至2009年年底，我国轿车保有量仅为36辆/千人，与韩国1989年水平相当，远远低于全球120辆/千人的平均水平。

轿车先导国（日本、韩国）的发展经验表明：当R值（车价/人均国内生产总值）达到2—3时，轿车开始大规模进入家庭，轿车普及率迅速提高，轿车市场开始进入成长期。我国轿车消费先导地区市场（上海、北京、广州、深圳等）也同样遵从了R值规律，这些城市和地区在2003年R值达到3左右，已进入家庭轿车普及阶段，而其他大部分地区，R值仍远高于3，这说明，中国潜在的轿车消费需求仍然巨大。预计到2015年年底，我国轿车保有量将达到90—100辆/千人。

中国政府长期以来积极组织开展电动汽车的自主创新。“九五”期间，电动汽车被列入国家重大科技产业工程。“十五”、“十一五”期间电动汽车列入国家“863”计划。在自主创新过程中，坚持政府支持，以核心技术、关键部件和系统集成为重点的原则，以混合电动汽车、纯电动汽车、燃料电池汽车为“三纵”，以整车控制系统、电机驱动系统、动力蓄电池/燃料电池为“三横”，通过产学研紧密合作，推进中国电动汽车自主创新。

电动汽车的核心是动力系统电气化。中国电动汽车开发从高起点起步，围绕重点目标和核心技术，建立了纯电动、混合动力和燃料电池三类汽车动力系统技术平台和产学研合作研发体系，取得了一系列突破性成果，为整车开发奠定了坚实的基础。2002年—2008年，中国在电动汽车领域已获得专利1796项，其中发明专利达940项。混合动力汽车在系统集成、可靠性、节油性等方面进步显著，不同技术方案可实现节油10%—40%；纯电动汽车技术在国际上处于先进水平，大容量锂离子动力电池纯电动客车实现了规模应用，小型纯电动轿车批量出口欧美；燃料电池汽车可靠性明显提高，无故障间隔里程与国外同步，达到3000公里，燃料经济性居国际领先地位。

根据中国汽车产业政策和中国汽车工业发展规划的要求，我国电动汽车产业合理和可行的目标是：争取到2020年把我国初步建成汽车产业强国，其中，传统汽车真正实现国际化，2020年中国汽车和零部件出口额占世界汽车产品贸易总额的10%以上；新能源汽车产业化和市场规模达到世界第一，新能源汽车保有量达到500万辆。到2030年，随着科技发展和技术进步，电池系统和动力系统的进一步完善，电动汽车会有一个高速的发展，预计届时电动汽车的产销量会占汽车产量的50%以上，年生产销售电动汽车1000万—1500万辆，市值可达30000亿元以上。

关于消费者对于电动汽车的态度，一组调查数据显示：95%的受众看好将来电动汽车在国内市场的成功推出；对于“您认为电动汽车成功进入市场还需要多少年"的问题，有65.7%的受众认为会在5年之内，22.3%的受众认为是5—10年的时间，12%的受众则认为时间会更长一些；当被问到将来是否会购买电动汽车时，高达77.5%的受众表示会购买；有 13.5% 的人觉得关键是要看实际的整车性能，也有受访者担心价格过高问题。

综合而言，“十二五”将成为中国电动汽车发展的重要时期，电动汽车将逐渐成为汽车工业新的亮点。“亚洲电动车之父”陈清泉在第二届新能源汽车及燃料电池技术国际论坛上预测，2020 年全球混合及电动汽车的销量，有可能占全年汽车销量的 7%—12%。而中国将超出这个比例，达到 15%。

二　中国新能源汽车相关政策

近年来，中国出台了一系列法律法规，鼓励和规范新能源汽车的发展。2007 年 10 月，国家发改委发布了《新能源汽车生产准入管理规则》，将新能源汽车发展划分为三个技术阶段（起初期产品是指技术原理的实现路径尚处于前期研究阶段，缺乏国家和行业有关标准，尚未具备产品产业化条件的产品；发展期产品是指技术原理的实现路径基本明确，国家和行业标准尚未完善，初步具备产业化条件的产品；成熟期产品是指技术原理的实现路径清晰，产品技术和生产技术成熟，国家和行业标准基本完备，可以进入产业化阶段的产品），对于不同技术阶段的产品采取了不同的管理方式。该规则对新能源汽车生产准入条件考核进行了严格规定。

2009 年 2 月，财政部和科技部联合下发了《关于开展节能与新能源汽车示范推广试点工作的通知》，决定在北京、上海、重庆、长春、大连、杭州、济南、武汉、合肥、长沙、昆明、南昌等十多个城市开展节能与新能源汽车示范推广试点工作，以财政政策鼓励在公交、出租、公务、环卫和邮政等公共服务领域率先推广使用节能与新能源汽车，对推广使用单位购买节能与新能源汽车给予补助。同时颁布了《节能与新能源汽车示范推广财政补助资金管理暂行办法》，中央财政对试点城市相关公共服务领域示范推广单位购买和使用节能与新能源汽车给予一次性定额补助。《管理暂行办法》要求示范推广的节能与新能源汽车必须纳入《节能与新能源汽车示范推广应用工程推荐车型目录》；混合动力乘用车和轻型商务车与同类传统车型相比节油率必须达到 5% 以上，混合动力客车节油率必须达到 10% 以上；混合动力汽车最大电功率和节油率必须经第三方检测机构依据 GB/T19753—2005《轻型混合动力电动汽车能量消耗量试验方法》、GB/T19754—2005《重型混合动力电动汽车能量消耗量试验方法》等检测后确定；生产企业对动力蓄电池等关键零部件必须提供不低于3年或15万公里（以先到者为准）的质保期限；汽车生产企业和动力蓄电池等关键零部件生产企业必须具备一定的产能规模。

2009年3月公布的《汽车产业调整和振兴规划》提出，2011年之前，中国将改造电动汽车生产能力，形成50万辆纯电动、充电式混合电动力和普通型混合动力等新能源汽车产能，新能源汽车销量占乘用车销售总量的5%左右。主要乘用车生产企业应具有通过认证的新能源汽车产品。2009年6月，工信部公布了《新能源汽车生产企业及产品准入管理规则》，除了对《新能源汽车生产企业准入条件及审查要求》进行了调查，增加了零件采购能力的要求之外，还制定了《新能源汽车产品专项检验标准目录》。

2012年6月，国务院印发了《节能与新能源汽车产业发展规划(2012—2020年)》，提出了新能源汽车发展技术路线，即以纯电驱动为新能源汽车发展和工业转型的主要战略取向，重点推进纯电动汽车和插电式混合动力汽车产业化，推广普及非插电式混合动力汽车、节能内燃机汽车，提升中国汽车产业整体技术水平。根据规划的目标要求，到2015年年底，纯电动汽车和插电式混合动力汽车累计产销量力争达到50万辆，当年生产的乘用车平均燃料消耗量降至6.9升/百公里，节能型乘用车燃料消耗量降至5.9升/百公里以下；到2020年，纯电动汽车和插电式混合动力汽车生产能力达到200万辆，累计产销量超过500万辆，燃料电池汽车、车用氢能源产业与国际同步发展，当年生产的乘用车平均燃料消耗量降至5.0升/百公里，节能型乘用车燃料消耗量降至4.5升/百公里以下；商用车新车燃料消耗量接近国际先进水平。新能源汽车、动力电池及关键零部件技术整体上达到国际先进水平，掌握混合动力、先进内燃机、高效变速器、汽车电子和轻量化材料等汽车节能关键核心技术，形成一批具有较强竞争力的节能与新能源汽车企业。关键零部件技术水平和生产规模基本满足国内市场需求。充电设施建设与新能源汽车产销规模相适应，满足重点区域内或城际新能源汽车运行需要。建立有效的节能与新能源汽车企业和产品相关管理制度，构建市场营销、售后服务及动力电池回收利用体系，完善扶持政策，形成比较完备的技术标准和管理规范体系。

第二节　山西省百成新能源汽车技术特性与推广价值

一　山西省百成新能源公司概况

山西省百成新能源有限公司成立于2011年5月，注册资本1亿元。公司坐落于资源丰富的山西省榆次地区，属于拥有纯电动汽车自主知识产权的高科技企业。纯电动汽车的动力系统、电池、电动和整车综合性能的各项指标经过国家相关权威机构检测，均处于国际先进、国内领先的地位。目前公司已拥有具备自主知识产权的电池、电机、电控三大核心技术，形成集研发、生产、销售、服务于一体的新能源汽车制造公司。公司设计规划在榆次第一期投入5亿元，厂区占地180亩；第二期为44.5亿元；在未来5年内总投入达到510亿元，形成1.5万亩土地以上规模的纯电动汽车产业链园区。上述规划目标实现后，园区产值将达到5000多亿元，创造税收1000多亿元，增加就业岗位12万余个。

公司经营理念是：以诚实守信为基石，以客户满意为准则，以技术创新为动力，以铸造精品为追求，发扬团队精神，展示品牌形象，谦虚、谨慎、开拓、奋进，博彩众长、创造完美。

公司企业宗旨是：发扬“开拓进取、以人为本、艰苦创业、求真务实”的企业精神，“做大做强、做大做响”，以能源产业为主营，以节能减排为中心，以高新技术为依托，以资本运营为纽带，努力创造更好的经营业绩，实现公司可持续发展。

二　山西省百成新能源汽车技术特征

目前，山西省百成新能源公司以湖北保康青山能源研究所的青山电动汽车项目相关技术为基础，形成了新能源电动汽车系列产品的设计和制造能力，其产品多项指标经国家权威机构检测，在行业内处于国内领先的地位，达到了国际先进水平。

单次充电续驶里程远。改装的“奇瑞QQ”小型车，一次充电后续驶里程可达800公里；改装的大客车，一次充电后续驶里程可达600公里。电池、电机和电控增加部分的重量不超过原车重量的10%。

充电时间短。客车充电时间为4到7小时。

整车成本低。整车成本与同类传统汽车持平，电池使用寿命长而使用成本低，电池生产成本低于我国同类产品30%。

百公里耗电量低。吨百公里耗电5千瓦时，百公里能耗费用仅为燃油轿车的1/10，大客车仅为1/8左右。

运行稳定可靠，安全性能优异。改装后的轿车曾往返湖北至北京，在远距离工况状态下行驶近5000公里，运行稳定可靠。2007年4月，青山纯电动汽车从保康出发到北京，又从北京至西藏，远距离行驶，运行稳定，并成功地翻越了唐古拉山。截至目前，青山纯电动汽车已累计行驶10余万公里，均安然无恙。

核心关键技术获得三项国家专利。独创的纯电动车的动力总成为具备自主知识产权的民族创新产品，目前在全球范围内居于领先水平。

电池使用寿命长。电池寿命在50万公里以上；电池可回收利用，废旧电池的回收率在70%以上。电池已经通过北方汽车质量监督检验鉴定试验所检验，并在2010年3月17日签发试验报告。在国家权威的专业检测报告中，经过穿刺、挤压、短路、切割、过充等30多项安全检测，结果表明其安全性能远高于国内同类产品，并符合国家标准。

与内燃机汽车相比，电动汽车拥有许多独特的优势。首先，电动汽车具有较高的环保效应。电动汽车无内燃机，汽车工作时不产生废气，不产生排气污染，与排放一氧化碳、碳氢化合物、氮氧化合物、微粒的内燃机汽车相比，在环境保护方面具有明显优势。其次，电动汽车能源效率高。研究表明，行驶速度不高，电动汽车更加适宜。电动汽车停止时不消耗电量，在制动过程中，电动机可自动转化为发电机，实现制动减速时能量的再利用。电动汽车的应用可有效地减少对石油资源的依赖，可将有限的石油用于更重要的方面，蓄电池充电的电力可以由煤炭、天然气、水力、核能、太阳能、风力、潮汐等能源转化。最后，电动汽车结构简单、使用维修方便。电动汽车较内燃机汽车结构简单，运转、传动部件少，维修保养工作量小，当采用交流感应电动机时，电机无须保养维护。更重要的是电动汽车易操纵。

电动汽车的价格比内燃机汽车高，决定了电动汽车的初期投入大、费用支出多，但是电动汽车的维修保养费用低，随着使用年限的延长，其使用费用支出会逐渐降低，甚至会低于内燃机汽车使用成本。公司产业化电动汽车的运营成本将大大低于内燃机汽车成本（见表18－1）。

表 18－1　　山西省百成新能源汽车与相关车型比较

	车辆类型	最大续驶里程（公里）	时速公里/小时	每百公里耗电	检测时间	检测机构
山西百成新能源公司	改装纯电动大客车	530	125	每吨百公里耗电5千瓦时以下	2006年5月	国家权威机构检测报告
万向电动汽车有限公司	纯电动大巴	200	90	70 千瓦时/百公里	2006年4月	自测
东风汽车	DFA6100EV	230	65		2009年7月	自测
海奥通	京华公交车	200	80		2009年7月	自测
美国加州AC公司	燃料电池豪华大巴	160—180	110		2005年6月	自测

三　山西省百成新能源汽车推广价值

作为节能环保领域的重要组成部分，新能源汽车将在中国未来经济社会发展中发挥重要作用。经过多年的努力探索，目前山西省百成新能源公司已经形成了电动汽车系列技术和产品，相关技术和产品具有较好的经济价值和社会价值。

（一）山西省百成新能源汽车节能效果分析

中国是一个石油进口国，石油储量很有限，大量进口石油对中国的能源安全造成威胁。随着汽车拥有量的快速增长，汽车已经成为中国石油消耗的重要领域。轿车耗油量每车年消耗 7.83 吨汽油，客车每车年消耗 26.3 吨柴油，2010 年，中国的轿车耗油量高达 2.31 亿吨。电动汽车的开发与应用可以在很大程度上缓解能源紧张问题，假设山西省百成新能源公司相关纯电动汽车电池技术 2010 年在全国轿车和客车拥有 10% 的应用，则可以节约石油 1.16 亿吨（见表 18－2）。

表 18－2　　山西省百成新能源电池技术应用节能效果估算　单位：亿吨、百亿元

车型＼项目		10%		20%		30%		40%	
		汽油	费用	汽油	费用	汽油	费用	汽油	费用
2009	轿车	0.19	0.10	0.39	0.20	0.59	0.31	0.79	0.41
	大客车	1.33	0.36	2.67	0.72	4.00	1.07	5.34	1.43
2010	轿车	0.25	0.13	0.51	0.26	0.76	0.39	1.01	0.53
	大客车	1.68	0.45	3.36	0.90	5.04	1.35	6.72	1.80

续表

车型 \ 项目		10%		20%		30%		40%	
		汽油	费用	汽油	费用	汽油	费用	汽油	费用
2011	轿车	0.33	0.17	0.65	0.34	0.98	0.51	1.30	0.68
	大客车	2.12	0.57	4.24	1.14	6.36	1.70	8.48	2.27
2020	轿车	3.15	1.64	6.31	3.29	9.46	4.93	12.61	6.58
	大客车	16.96	4.55	33.92	9.10	50.87	13.65	67.83	18.20

电动汽车电池技术的开发与应用，能够在很大程度上减轻中国对进口石油的依赖程度，减轻石油贸易和海上运输对中国的战略安全构成的潜在威胁。以山西省百成新能源公司电动汽车电池技术为例，按2010年占全国汽车30%的市场份额计算，可以为国家节约石油高达0.496亿吨，对进口石油的依赖程度将下降为42.69%，下降7.31个百分点；到2015年减轻我国对进口石油的依赖程度为46.34%，比预测值下降10.46个百分点；到2020年减轻我国对进口石油的依赖程度为52.35%，比预测值下降12.15个百分点（见表18－3）。

表18－3　**山西省百成新能源电池技术应用对石油依存度影响的估算**

年份	2010			2015			2020		
参数 \ 比例	10%	20%	30%	10%	20%	30%	10%	20%	30%
节约能源（亿吨）	0.165	0.330	0.496	0.280	0.560	0.840	0.476	0.952	1.428
依存度（%）	47.78	45.36	42.69	53.80	50.34	46.34	61.20	57.23	52.35
专家预测的依存度（%）	50	56.8	64.5						

（二）山西省百成新能源汽车环保效果分析

据有关资料显示，大气污染的60%来源于汽车尾气。每辆汽车每年大约排放1.5吨尾气，按当前国内汽车的保有量6000万辆估算，一年汽车尾气的排放量将达9000万吨。电动汽车的发展将大大改善能源环境，如果每个城市能使用1万辆山西省百成新能源公司电动汽车，按每辆汽车的尾气年排放量为1.5吨来计，则城市上空一年可减少1万—1.5万吨汽车废气（见表18－4）。

表 18－4 **山西省百成新能源电池技术每年减少尾气估算** 单位：万吨

年份＼比例	10%	20%	30%	40%	50%
2009	1137	2274	3411	4548	5685
2010	1443	2886	4329	5776	7215
2011	1831	3662	5493	7324	9155
2012	2324	4648	6972	9296	11620
2020	15712	31424	47136	62848	78560

后　　记

本文的撰写从立意到完稿，历经三载。过程之中，得到了众多领导、同事及好友的支持与帮助：中国社科院中国循环经济与环境评估预测研究中心齐建国主任以及众多致力于循环经济研究、资源再生产业发展的专家学者提供了大量的参考资料，河北省玉田“城市矿产”示范基地、湖南汨罗“城市矿产”示范基地、河北邱县县委县政府、广西壮族自治区政府、山西百成新能源有限公司等为本书提供了丰富的案例资料，引用参考文献的作者和编者为本文的论证和论据提供了有利的数据和思路，本书能够得以顺利完成与他们无私帮助是分不开的，在此致以衷心的感谢！

本书的出版还得到了湖北省教育厅科学技术研究项目、湖北省人文社会科学重点研究基地—资源枯竭城市转型与发展研究中心、湖北师范学院学术著作出版基金、湖北师范学院应用经济学省级重点学科的资助，湖北师范学院经济与管理学院李福安教授、肖六亿博士并多位同仁对本书的最后出版也给予了鼎力支持，在此一并致谢！

邓光君

2014 年 8 月于湖北黄石